U0926168

普通高等院校国际化与创新型人才培养·现代经济学专业课程“十三五”规划系列教材

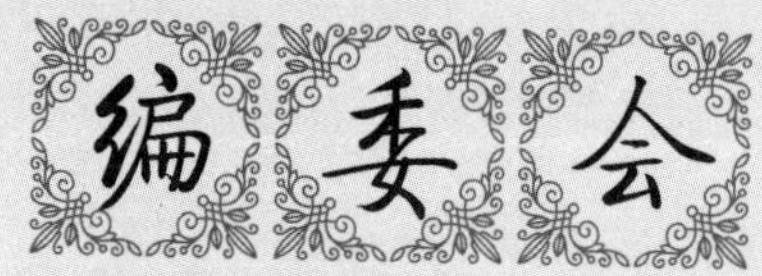

主　任

张建华

副主任

欧阳红兵　江洪洋

委　员（以姓氏拼音为序）

崔金涛　范红忠　方齐云　刘海云　钱雪松　宋德勇

孙焱林　唐齐鸣　王少平　徐长生　杨继生　张卫东

普通高等院校国际化与创新型人才培养
现代经济学专业课程“十三五”规划系列教材

· 华中科技大学教材建设成果

企业战略管理

Enterprise Strategic Management

孙焱林◎编著

http://www.hustp.com

中国 · 武汉

内容提要

“人无远虑，必有近忧。”组织没有长远规划，必有发展的起起落落与来来回回。本书以企业这一复杂组织为研究对象，简要梳理战略管理的起源与发展，描述战略管理的特征，阐述战略管理的意义，总结战略管理的过程与类型；用简洁的语言概括主流战略管理理论产生背景和基本内容；在理论上系统阐述环境分析、实力分析、愿景使命与战略目标、总体战略、竞争战略、职能战略和战略选择等战略框架、思路、方法；在应用中系统介绍了战略计划、战略实施和战略控制的思想、思路与方法。本书的创新之处在于用较小的篇幅和通俗的语言对经典战略管理理论进行了全面梳理；将当前出现的共享经济、互联网＋、物联网、大数据等新业态和新技术融合到经典战略管理理论框架；努力用古语或实例说明理论，每一章后面都有应用案例；将战略管理的思想、经验、方法、案例融合到相应的管理理论系统框架之下，使原理与理念、方法等紧密结合，形成系统知识。本书有利于读者全面系统掌握战略管理理论和应用知识，有利于读者开阔战略视野，有利于读者提高战略决策和规划能力。本书适合对战略管理有兴趣的人士阅读，特别适合经济管理专业的研究生和在职管理者阅读。

图书在版编目(CIP)数据

企业战略管理/孙焱林编著. —武汉：华中科技大学出版社，2020.12
ISBN 978-7-5680-1721-3

Ⅰ. ①企…　Ⅱ. ①孙…　Ⅲ. ①企业战略-战略管理-高等学校-教材　Ⅳ. ①F272.1

中国版本图书馆 CIP 数据核字(2020)第 238316 号

企业战略管理　　孙焱林　编著
Qiye Zhanlüe Guanli

策划编辑：周晓方　陈培斌
责任编辑：苏克超
封面设计：原色设计
责任校对：刘　竣
责任监印：周治超
出版发行：华中科技大学出版社(中国·武汉)　电话：(027)81321913
武汉市东湖新技术开发区华工科技园　邮编：430223
录　排：华中科技大学惠友文印中心
印　刷：武汉市籍缘印刷厂
开　本：787mm×1092mm　1/16
印　张：15　插页：2
字　数：347 千字
版　次：2020 年 12 月第 1 版第 1 次印刷
定　价：48.00 元

本书若有印装质量问题，请向出版社营销中心调换
全国免费服务热线：400-6679-118　竭诚为您服务
版权所有　侵权必究

习近平总书记在全国高校思想政治工作会议上指出，要坚持把立德树人作为中心环节，把思想政治工作贯穿教育教学全过程，实现全程育人、全方位育人。根据这一要求，对于致力于世界一流大学和一流学科建设的中国高校来说，其根本任务就是贯彻落实立德树人宗旨，全面促进一流人才培养工作。

为了体现这一宗旨，华中科技大学经济学院制定了教学与人才培养“十三五”规划。基本思路是：贯彻坚守“一流教学，一流人才”的理念，抓好人才分类培养工作，更加重视国际化与创新型拔尖人才的培养。在教学方面，立足中国实际和发展需要，参照国际一流大学经济系本科和研究生课程设置，制定先进的课程体系和培养方案，为优秀的学生提供优质的专业教育和丰富的素质教育，培养具有创新能力的领军人才。为此，我们必须推进教学的国际化、数字化、数量化、应用化，改进教学方式，大力推进研讨式、启发型教学，加强实践性环节，着力培养创新型、领导型人才；进一步推进教学内容与方式的改革，规划建设一流的现代经济学专业系列教材，构建起我们自己的中国化的高水平的教材体系（即这些教材应当具有国际前沿的理论、中国的问题和中国的素材）。与此同时，注重规范教学，提高教学质量，建设并继续增加国家级精品课程及教学团队，组织教学与课程系统改革并探索创新人才培养的新模式。此外，还要加强实践环节，广泛建立学生实习实训基地。以此培养出一批具备扎实的马克思主义理论功底、掌握现代经济学分析工具、熟悉国际国内经济实践、能够理论联系实际的高素质人才，以适应国家和社会的需要。总之，这一规划确立的主题和中心工作就是：瞄准“双一流”目标，聚焦人才培养，积极行动，着力探索国际化与创新型人才培养新方案、新模式与新途径。我们也意识到，高质量的课程是科研与教学的交汇点，没有一流的课程，“双一流”就不可能实现。因此，抓教学改革、抓教材建设，就是实施这种探索的重要体现。

那么，如何做好现代经济学专业课程系列教材编写呢？习近平总书记提出，应按照“立足中国、借鉴国外，挖掘历史、把握当代，关怀人类、面向未来”的思路，着力建设中国特色社会主义政治经济学。根据习近平总书记系列讲话精神，一是要在经济学科体系建设上，着力在继承性、民族性、原创性、时代性、系统性、专业性上下功夫。要面向未来，从教材体系建设入手，从战略层面重视教材建设，总结提炼中国经验、讲好中国故事，教育引导青年学子在为祖国、为人民立德、立言中成就自我、实现价值。要着眼未来学科建设目标，凝练学科方向，聚焦重大问题，在指导思想、学科体系、学术体系、话语体系等方面充分体现中国特色、中国风格、中国气派。二是要研究中国问题。张培刚先生开创的发展经济学植根于中国建设与发展的伟大实践，是华中科技大学经济学科的优势所在。经济学科要继承好、发扬好这个优良传统，要以我国改革发展的伟大实践为观照，从中挖掘新材料、发现新问题、提出新观点、构建新理论，瞄准国家和地方的重大战略需求，做好经济学科“中国化、时代化、大众化”这篇大文章。

编写本系列教材的思路主要体现在如下几个方面。第一，体现“教书育人”的根本使命，坚持贯彻“一流教学，一流人才”的理念，落实英才培育工程。第二，通过教材建设，集中反映经济学科前沿进展，汇聚创新的教学材料和方法，建立先进的课程体系和培养方案，培养具有创新能力的领军人才。第三，通过教材建设，推进教学内容与方式的改革，构建具备中国特色的高水平的教材体系，体现国际前沿的理论、包含中国现实的问题和具备中国特色的研究元素。第四，通过教材建设，加强师资队伍建设，向教学一线集中一流师资，起到示范和带动作用，培育课程团队。

本系列教材编写的原则主要有如下三个。第一，出精品原则。确立以“质量为主”的理念，坚持科学性与思想性相结合，致力于培育国家级和省级精品教材，出版高质量、具有特色的系列教材。坚持贯彻科学的价值观和发展理念，以正确的观点、方法揭示事物的本质规律，建立科学的知识体系。第二，重创新原则。吸收国内外最新理论研究与实践成果，特别是我国经济学领域的理论研究与实践的经验教训，力求在内容和方法上多有突破，形成特色。第三，实用性原则。教材编写坚持理论联系实际，注重联系学生的生活经验及已有的知识、能力、志趣、品德的实际，联系理论知识在实际工作和社会生活中的实际，联系本学科最新学术成果的实际，通过理论知识的学习和专题研究，培养学生独立分析问题和解决问题的能力。编写的教材既要具有较高学术价值，又要具有推广和广泛应用的空间，能为更多高校采用。

本系列教材编写的规范要求如下。第一，政治规范。必须符合党和国家的大政方针，务必与国家现行政策保持一致，不能有政治错误，不涉及有关宗教、民族和国际性敏感问题的表述。第二，学术规范。教材并非学术专著，对于学术界有争议的学术观点慎重对待，应以目前通行说法为主。注意避免在知识产权方面存在纠纷。第三，表述规范。教材编写坚持通俗易懂、亲近读者的文风，尽量避免过于抽象的理论阐述，使用鲜活的案例和表达方式。

本系列教材的定位与特色如下。第一，促进国际化与本土化融合。将国际上先进的经济学理论和教学体系与国内有特色的经济实践充分结合，在中国具体国情和社会现实的基础上，体现本土化特色。第二，加强中国元素与案例分析。通过对大量典型的、成熟的案例的分析、研讨、模拟训练，帮助学生拓展眼界、积累经验，培养学生独立分析问题、解决问题、动手操作等能力。第三，内容上力求突破与创新。结合学科最新进展，针对已出版教材的不足之处，结合当前学生在学习和实践中存在的困难、急需解决的问题，积极寻求内容上的突破与创新。第四，注重教学上的衔接与配套。与经济学院引进版核心课程教材内容配套，成为学生学习经济学类核心课程必备的教学参考书。

根据总体部署，我们计划，在"十三五"期间，本系列教材按照四大板块进行规划和构架。第一板块：经济学基本原理与方法，包括政治经济学、经济思想史、经济学原理、微观经济学、宏观经济学、计量经济学、国际经济学、发展经济学、中国经济改革与发展、现代管理学等。第二板块：经济学重要分支领域，包括国际贸易、国际金融、产业经济学、劳动经济学、财政学、区域经济学、资源环境经济学等。第三板块：交叉应用与新兴领域，包括幸福经济学、结构金融学、金融工程、市场营销、电子商务、国际商务等。第四板块：创新实践与案例教学，包括各类经济实践和案例应用，如开发性金融、货币银行学案例、公司金融案例、MATLAB与量化投资、国际贸易实务等。当然，在实际执行中，可能会根据情况变化适当进行调整。

本系列教材建设是一项巨大的系统工程，不少工作是尝试性的，无论是编写系列教材的总体构架和框架设计，还是具体课程的挑选，以及内容取舍和体例安排，它们是否恰当，仍有待广大读者来评判和检验。期待大家提出宝贵的意见和建议。

华中科技大学经济学院院长，教授、博士生导师

张建华

2017年7月

前言

没有舵的船只会原地转圈！远洋航行的指南针保障船队在风云变幻和波涛汹涌的大海上远航，安全前行。战略指导组织在纷繁复杂、变幻莫测的环境中拨云见日，方向清晰，目标明确，保持定力，勇往直前到达理想的彼岸。

21 世纪是全球化与逆全球化博弈的世纪，是以大数据、物联网和云计算为代表的新型信息技术应用推进新一轮产业变革和区域经济消长的世纪，是互联网＋的世纪，是加速创新的世纪，是智能大战的世纪，是跨界竞争的世纪，也是跨文化融合的世纪。中国经济经过四十多年的大开放、大改革、大开发和大发展，传统产业供给出现全面过剩，急需经济增长新动能。随着时间的推移，投机机会越来越少，人口红利逐渐远去，人才红利来临，西方个别国家贸易保护主义抬头给企业带来较大的国际环境不确定性。如何审时度势，把握新时代脉搏，驾驭新时代列车，成为新时代所有有志者关心的共同问题。李嘉诚、杰克・韦尔奇、比尔・盖茨、任正非、马云等优秀决策者及相关团队中那些专业而执着的管理者用他们的行动毫不吝啬地回答了我们，那就是虚心学习战略管理知识，明察时代发展趋势，科学研究战略问题，精准把握战略脉动，时刻保持坚如磐石的战略定力。正是这样，许多百年老店永葆青春，熠熠生辉。

全球经济正在进行复杂而快速的深度整合，小富即安的时代一去不复返；决策拍脑袋、管理凭经验的粗放型管理已成过去；思维理念化、眼光战略化、经营绿色化、决策定量化、创新发展和管理智能化的超精细化管理已成时代要求。中国正处于和平崛起与跨越"中等收入陷阱"的关键时期，社会经济的可持续发展、企业的可持续成长呼唤有战略眼光的国际级企业家和职业经理人，学习战略管理大有前途。长寿的企业成千上万，短命的企业数不胜数。自战略思想诞生以来，每时每刻都有数以万计的学者投身于战略管理的研究之中，他们默默耕耘，总结成功者的经验和失败者的教训，将其浓缩成一系列战略管理理论和方法，供世人学习和借鉴。学战略，做大事，事半功倍走捷径，企业基业长青；不学战略，做小事，事倍功半走弯路，企业朝起夕落。学战略，既是具有大智慧者的选择，也是成为大企业家和职业经理人的必由之路。

本书编者往来于大学讲台、地方政府和企业高管之间，具有坚实理论基础和丰富实践经验，深刻洞悉企业所需。根据按需索求的原则决定了本书的如下特点。

第一，理论最新化。环境在变化，技术在进步，战略管理理论也层出不穷。本书用通俗易懂的语言，不仅介绍了20世纪60年代出现的PEST分析框架和SWOT分析方法、80年代的SPACE矩阵分析、90年代波特提出的“5＋1”力模型，还囊括彼得·圣吉的学习型组织等一系列最新理论。

第二，理论实用化。图书市场上的战略类读物要么是纯理论的教科书，要么是规划编制，二者有机结合并不多见。本书前面介绍理论，后面介绍规划编制。在理论介绍中，力争在每一部分理论后面有实例说明，每一章后面都有与本章内容相对应的案例。做到理论与实际相结合，便于读者理解和应用所学理论和方法，避免学了不会用、用了不知所以然。

第三，知识系统化。图书市场上有大量诸如思路、经验、方法及案例等读物，这些读物可以开拓读者的视野，但更容易让缺乏系统战略管理知识的读者眼花缭乱、目不暇接，无法了解现象后面的本质，导致外行看热闹或盲目模仿。本书针对这一问题，将思路、经验、方法及案例等融合到相应的管理理论系统框架之下，使原理与方法及模式等紧密结合，便于读者系统掌握战略管理知识。

第四，内容信息化。本书力争用最小篇幅，让读者对战略管理理论、方法有全面的了解，为读者提供经典而规范化的案例，提供实用的知识和信息。力争使读者花费最少的时间，掌握实用的战略分析和编制战略规划的技巧。

本书的宗旨是传播实用战略管理与战略规划编制技巧，让企业家成为具有战略思维的企业舵手，让管理者成为善于运用专业思维、专业方法研究管理问题的职业经理人。让读者主宰自己，事业有成！让企业远离破产，蒸蒸日上，永葆活力！

“三人行，必有我师焉，择其善者而从之，其不善者而改之。”本书是集体智慧的结晶，是在大量吸收中外文献和深入总结实践经验的基础上完成的。本书由华中科技大学孙焱林教授团队执笔。在写作过程中，参阅了大量的相关著作、教材和案例资料，在此谨向相关作者表示由衷的感谢！学无止境，本书力争在结构上做一些创新，新事物总有不完美的地方，真诚企求专家和读者的赐教。

作者为选用本书做教材的高校教师免费提供电子课件和案例分析的参考答案。只需注明自己的姓名、职称和所在学校全名，发邮件到sunyanlin@hust. edu. cn，即可得到电子课件和案例分析的参考答案。

作　者

2019年10月

第一章 战略管理导论

战略是一种计划(plan),是为了应对未来不确定的形势而对行动做出的有意识的事先安排。

战略是一种策略(ploy),其目的是用智慧来战胜竞争对手。

战略是一种模式(pattern),指战略可以体现为企业一系列的具体行动和现实结果,而不仅仅是行动前的计划或手段。

战略是一种定位(position),是在组织和环境的匹配中找到最能充分利用组织有限的资源并使其持续创造利润的方法。

战略是一种视角(perspective),战略是主观而不是客观的产物。当企业战略决策者的主观判断符合企业内外部环境的实际情况时,所制定的战略是正确的;当其主观判断不符合环境现实时,企业战略是错误的。

——亨利·明茨伯格

亨利·明茨伯格

第一节 战略管理概述

一、战略管理的提出

1. 西方战略管理的起源与发展

战略源于战争实践,长期运用于军事领域,本意为指挥战争的艺术。西方战略思想源于希腊,战略这个词是从希腊词汇“strategos”中衍生出来的,由“军队”和“领导”两个

李德·哈特

克劳塞维茨

词合成。《新韦氏国际英语大辞典》(第三版)将战略一词定义为“军事指挥官克敌制胜的科学与艺术”。李德·哈特在其《战略论》中指出:战略思想史最自然的起点即为欧洲历史中的第一次大战——“大波斯战争”。战略思想的发展与整个历史演变过程有紧密的联系,“战略”的起点无法准确确定,只能通过一些重要历史节点和典籍资料窥见战略思想的演变。东罗马帝国(拜占庭帝国)皇帝莫里斯于公元580年前后写了一本训练高级将领的军事教科书,名为《将略》,意为将道或统帅艺术,与“战略”名异实同,被认为是西方第一部战略著作。克劳塞维茨的《战争论》被认为是一部运用辩证法全面论述战争基本原理的军事经典战略著作,他在著作中初步揭露战争现象的复杂本质、特殊的运动规律、整体运行机制;在此基础上,为战略决策提出了一套科学的方法,即军事指挥者如何对未来战争实施正确的战略指导、制订战略计划。

随着人类社会的发展,战略思想不限于军事领域,逐渐发展应用于政治、经济等其他领域。人们逐渐赋予战略不同的含义,指导不同领域的发展进步,并在实践过程中深化对战略的认识与应用,战略管理的思想也逐渐发展起来。战略管理在西方经历了兴起、热潮、回落、重振的历史时期,现在,它已经成为企业管理的一个重要发展方向。

20世纪60年代,战略管理开始兴起,这一阶段的研究主要针对理论问题。美国著名管理学者阿尔弗雷德·D.钱德勒的《战略与结构:美国工商企业成长的若干篇章》一书问世,揭开了战略问题研究的序幕。在论著中,钱德勒全面分析了环境、战略、组织结构之间的互动关联,并提出组织结构必须适应战略的要求,随战略发展的变化而变化。这个时期,战略研究取得重大进展,为分析问题打开了思路,为以后的战略管理奠定了坚实的基础。20世纪70年代,这一时期是战略研究的鼎盛时期,战略管理的理论与实践相互结合、相互促进,关于战略管理的研究视角更加开阔。1979年,安索夫出版了《战略管理》一书,系统提出战略管理模式,这是他的战略管理的核心内容。20世纪80年代,西方战略管理的研究已不如70年代那样红火,进入回落的阶段。其一,以美国为代表的西方管理理论在这一阶段异常活跃,他们认为传统的管理过于强调“战略”、“制度”、“组织”等硬性因素,忽略了软性因素的影响,主张发挥企业文化、作风等软性因素的作用;其二,有些企业在实际运用战略的过程中,没有理会战略管理的真正内涵,做出一些盲目决策,给企业带来难以估量的损失与失败。20世纪90年代至21世纪初,由于交通、通信的迅猛发展,尤其是网络时代的到来,组织面临的环境比任何一个时期都更加复杂,战略管理可以帮助组织预测与分析未来竞争环境,寻求长期竞争优势。正因为如此,西方各国逐步关注起被冷落的战略管理,理论界开始寻求新的工具、新的思路来研究战略,试图让战略管理发挥更大的现实意义。

2. 中国战略管理的起源与发展

在中国，“战略”一词源远流长，古代有关战争全局的筹划与指导，曾使用“兵略”、“谋略”和“方略”等特定的术语表述“战略”。在战国时期，诸侯国间混战割据，大小战争连绵不断，“战略”在这一时期得到广泛应用和充分发展。著名军事家孙武的《孙子兵法》被认为是我国有关战略的第一本著作，书中囊括了从战略分析、战略制定到战略实施的过程，强调必须在对天时、地利、人和做充分分析的前提下，选择适宜的作战形式，方能制敌取胜。在近代，毛泽东的《论持久战》系统阐述了中国抗日战争时期的战略精髓，他对战略做出精辟的概括：战略是两样东西，一个是方向，一个是主动权。由此可见，中国的“战略”也是起源于军事战争。

国外的战略管理经历了一个逐渐形成与发展的过程，而中国受经济体制的影响，战略管理的发展较晚，理论体系还不够完善。20 世纪 80 年代初，随着经济体制改革，一些国有大中型企业开始转变生产经营方式，学习国外先进管理技术，尤其是企业战略管理的最新理论、方法、技术，并根据实际情况将其用于实践过程中，从而逐渐形成战略管理雏形。20 世纪 80 年代中期，随着中国国民经济调整工作进一步理顺，国民经济结构也进一步协调，为了在竞争中保持优势，不同组织在战略管理的实践上进行艰苦探索，根据宏观经济形势，应用科学分析方法来确定战略。20 世纪 80 年代后期，在国际、国内经济形势的紧逼下，战略管理被推进到一个新的发展时期，中国企业逐步由国内经营转向国外经营，由为数很少的外向经营转向更多的外向经营，它们推进战略管理在更加广阔的世界经济舞台得以实施，也对战略管理的分析与制定提出了更高的要求。近年来，中国经济的发展速度迅猛，规模也越来越大，人们已深刻认识到进一步发展战略管理的重要性与紧迫性。

二、战略管理的特征

战略管理是确定组织使命，根据组织外部环境与内部要素确定目标，保证目标的正确落实并促进使命最终得以实现的一个动态过程。战略管理从全局和长远的视角研究分析组织在竞争环境下生存与发展的重大问题，是组织领导者需要深度思考的重大问题，在现代管理中处于核心地位。战略管理作为一门高级管理艺术，与其自身的特征密切相关。

1. 全局性

战略管理不是强调企业某一职能部门的重要性，而是将组织的发展全局作为管理对象，根据组织总体发展的需要制定组织使命与目标，在此基础上安排协调各职能部门的工作。它所管理的是企业的总体活动，规定企业的总体行动指南和发展方向，追求的是企业的总体效果。如在 2017 年中印洞朗对峙中，中国政府考虑到该事件不是中印关系的全部，排除各种干扰，坚定采取非战争手段解决争端，避免两国边界冲突升级，迎来了 2018 年印度总理两个月内 2 次访华的两国关系发展良好局面。

2. 长远性

长命百岁是人类的永恒梦想，百年老店是组织的孜孜追求，长期坚持才能形成核心竞争力。但很多人患有严重的战略近视症，甚至是井底之蛙或鼠目寸光，更多看到的是眼前的蝇头小利或者被眼前的成功冲昏头脑。人无远虑，必有近忧，短期行为可能伤害长远利益。只有瞄准遥远的灯塔，才能在浩瀚大海中乘风破浪到达高远的彼岸。组织战略不看重眼前的得失，重在追求长期高远目标及其过程中一路上的各个击破；要求企业预测未来机遇与挑战，结合自身优劣势制订长远计划并将其落实到短期计划和实际行动中。

3. 竞争性

组织是在竞争环境中谋求发展的，一个适时顺势的战略可以让组织在竞争中取得优势，立于不败之地。在抢占市场份额和稀缺资源的互相竞争中，组织战略发挥着不可替代的重要作用。事实上，组织制定战略是为了在与其他企业竞争时取得优势，获得更多的资源和社会效益，以利于自身更加全面和长远的发展。然而，不同组织之间也会有合作，达成战略联盟或者某种形式的合作，这主要是为了优势互补，共同应对外部剧烈的竞争环境。合作是为了更好地应对竞争，它既不排斥也不否定竞争。竞争是促进组织发展的一剂良药，也是对战略制定者的重大考验，它要求战略管理不是一成不变的思维定式，而是审时度势的管理艺术。

4. 风险性

战略并不一定能保证组织稳健发展，充满着失败的风险，集中体现在战略目标难以有效达成。在外部环境中，市场信息不对称，战略制定者在这种环境下拟定战略计划可能无法适应社会的发展，从而难以生存下去。另外，战略管理要求领导者具有高超的管理艺术和应变能力，领导者对外界认知能力的局限性会影响战略制定的准确性，从而进一步使企业偏离正确的轨道。环境变化的复杂性也会影响企业战略的实施，若战略的提出在合理预期的基础上，领导者却不能应对复杂的变化及时做出战略调整，不能察觉机会与威胁、优势与劣势的微妙变化的，则很容易使企业陷入被动的危险形势之中。受主客观条件的制约，组织战略往往隐藏着较大的风险。

三、战略管理的作用

阿尔温·托夫勒

阿尔温·托夫勒指出："对没有战略的企业而言，就像在险恶的气候中飞行的飞机，始终在气流中颠簸，在暴雨中穿行，最后可能迷失方向，即使飞机不坠毁也有耗尽燃料之虞。"阿诺尔特·魏斯曼指出："错误的企业战略是一切问题的根源。有了正确的企业战略，大多数问题会自行解决；而战略错了，就不可能取得成功。"

1. 确定组织未来发展方向，促进组织长期稳定发展

乔尔·罗斯和迈克尔·卡米认为："没有战略的企业就像一艘没有舵的航船一样只会在原地转圈，又像一个流浪汉一样无家可归。"战略管理在组织成长壮大的过程中就像一个航标，指明组织未来发展方向。一旦明确具体发展方向，组织就有了战略目标和实现目标的激励。通过分析

内外部环境因素，制定和评估实现目标的步骤，组织才能够安全度过每一个发展阶段，才能成功应对每一次挑战，才能实现长期稳定发展。

2. 提高组织环境应变能力，确保组织处于主动和优势地位

在复杂多变的外部环境中，存在着各种不确定性因素，这些因素既包括诱人的机遇，也包括令人窒息的挑战。而战略管理可以拨云见日，正确识别和评价外部的机会与威胁，制定明确的任务，设计实现长期战略目标所需的战略及相应的政策，组织便能够对环境中的不确定因素迅速做出进攻性或防御性的反应，在市场中取得主动地位和较大优势。

3. 帮助组织合理配置资源，提高组织经济效益

根据伯格・沃纳菲尔特在 1984 年提出的资源基础理论，组织具有的有形和无形资源可转变成独特的能力，这些资源与能力是组织取得效益的源泉。该理论强调组织是由一系列资源组成的集合，而通过战略管理才可以进行合理的资源配置。因此，在战略实施过程中，企业必须对其所拥有的资源进行优化配置。只有资源得到合理分配，才能提高有形和无形资源的利用效率，才有利于组织发挥自身优势，提高经济效益。

4. 打造组织共同愿景，提升组织凝聚力

战略管理是一个组织的全体员工通过共同努力以达到战略目标的过程，能让员工明白自己的社会责任、明确自己的光荣使命，能将所有员工的力量凝聚起来，打造共同愿景。战略管理使人们对未来产生美好的向往，有利于提升组织凝聚力，有利于召集所有员工集中力量和智慧为目标共同奋斗。

四、战略管理的过程

战略管理的过程指围绕战略生成和实施而展开的一系列活动，是组织进行战略分析后选择合适的战略以达成卓越绩效的过程，是一个连续循环过程。目的是有效应对复杂的内外部环境带来的挑战，提高战略的成功率。战略管理的过程包括战略分析、战略选择和战略实施三个阶段。

1. 战略分析

战略分析是运筹帷幄，是战略管理过程的起点，指通过收集和整理资料，进行环境分析和实力分析，确定组织的愿景、使命与战略目标。

第一，环境分析。组织生存环境包括宏观环境和行业结构两个方面，其中宏观环境包括政治、经济、社会、技术、自然环境和法律六个因素，行业结构包括供应商、顾客、新进入者、替代品、互补者和现有竞争对手六个因素。通过 PESTEL 分析和“5＋1”力分析，寻找组织的潜在机遇，甄别组织面临的挑战。

第二，实力分析。组织实力即组织自身在成长过程中具备的素质和条件。战略分析需要了解组织所处的相对地位、具备的资源以及战略能力，明确自身存在的优势和缺陷。常用的实力分析方法有资源与能力分析、核心竞争力分析、价值链分析等。

第三，确定组织的愿景、使命和战略目标。愿景是“愿望”和“憧憬”的结合体，是组织勾画的生动的未来前景。使命是组织的责任和义务，是对组织目标的构想。战略目标是对愿景和使命的明确化和具体化，指在一定时期内组织意图实现的一种理想成效。正如

德鲁克所说:“一个企业不是由它的名字、章程和条例来定义的。建立一个明确的企业使命,应成为企业家的首要责任。企业只有具备了明确的使命和愿景,才可能制定明确而现实的战略目标。”

2. 战略选择

在战略分析的基础上,组织要选择一个适合自身发展的战略模式,为战略实施做准备。在选定最终战略模式前,管理人员要根据组织内外部环境和自身实力的分析结果,确定适当的战略选择工具,并对具体的战略进行匹配。

第一,确定战略选择工具。常用的战略选择工具有 SWOT 分析、战略地位和行动评估矩阵(SPACE)、波士顿矩阵(BCG)和定量战略计划矩阵(QSPM)。此外,其他战略选择工具还有通用矩阵(GE)、战略群模型、以资源分配为基础的战略选择矩阵、战略聚类矩阵和生命周期组合矩阵等。每一种工具都有其自身的特点,组织可根据实际情况,确定科学合理的战略选择工具。

第二,进行具体战略匹配。战略匹配指根据对组织自身实际情况的分析,结合适当的战略选择工具确定可行战略方案的过程。具体包括基于生命周期、企业竞争力、产品价格与附加值的战略匹配。战略匹配能够保证选定的战略方案的正确性和合理性,在战略管理过程中起着重要作用。

3. 战略实施

战略实施是指将方案转化为行动,以实现组织战略目标。当组织选定最优战略方案后,即进入战略实施阶段,包括战略资源配置和战略控制。

第一,战略资源配置。战略资源配置指组织对其现有和潜在的资源进行全面分析,合理地确定资源在企业内部的分配和使用,以支持组织的战略实施计划。在战略实施过程中,企业必须对其所拥有的资源进行优化配置。有效的资源配置计划能提高战略管理的推进效率,进而保证战略目标的实现。

第二,战略控制。战略控制指组织在战略实施过程中,监督并纠正产生的偏差,以确保战略目标的实现。战略控制是战略管理过程中的重要环节,它既能帮助战略决策者明确决策内容,保证战略实施方向的正确性,又能通过评价系统有效地激励员工,为组织成长提供持续的动力,确保战略实施高效、有序地进行。

五、战略类型

组织是一个系统,面临外部的竞争和内部的分工合作。组织战略是一个战略集,包括总体战略、竞争战略和职能战略,三者各有侧重,联系紧密,是组织成功的保证。

1. 总体战略

总体战略是组织最高层次的战略,是组织最高管理层指导和控制组织一切行为的最高行动纲领,是有关组织全局发展的、整体的、长期的战略行为。总体战略的对象是组织整体,它需要根据组织的愿景和使命,选择组织可以与对手进行竞争的领域,合理配置组织的资源,决定组织整体的业务组合和核心业务,促使各项业务相互支持、相互协调。

总体战略与组织结构有着密切的关系。当组织结构简单、业务和目标单一时,总体战略是组织该项业务的战略。当组织结构为了适应环境而趋向复杂化,业务和目标也多元化时，组织的总体战略也就相应地复杂化。不过，由于战略是组织根据所处环境变化的需要而提出的，因此它对组织结构也有一定的反作用，要求组织结构在一定时期做出相应的调整。

2. 竞争战略

组织一旦选准了竞争对手，就应采用恰当的手段与之竞争，即竞争战略。企业中常用的行之有效的基本竞争战略主要有三种：低成本战略、产品差异化战略和集中战略。低成本战略指企业在保证质量的前提下，采用各种手段使成本处于同行业的较低水平，在竞争中仍可在本行业获得高于平均水平的利润，占据有利地位。产品差异化战略指企业提供在行业中具有独特性的产品或服务以满足一部分消费者的特殊偏好从而吸引和稳定这类消费者的战略。集中战略指企业集中全部资源，满足特定消费者的特殊需要，以有限的资源取得某一狭小领域的竞争优势，使竞争者难以进入，这种战略一般适用于一些中小型企业。当然，对于其他类型的组织，这三种类型的竞争战略同样适用。

3. 职能战略

职能战略指为贯彻、实施和支持总体战略与竞争战略而在组织特定的职能领域制定的战略，它让各职能部门更加清楚地认识到本职能部门在实施企业总体战略中的责任和要求。组织通过有效地运用研发、营销、生产、财务、人力资源等方面的职能，保证实现组织目标。

职能战略的侧重点在于发挥各部门的优势，提高组织的工作效率和资源的利用效率，以支持总体及竞争战略目标的实现。如果说战略目标及总体战略与竞争战略是目的，职能战略则是保证其有效实施的手段与途径。职能战略及其实施的好坏能在很大程度上影响组织战略目标的实现。相比总体战略和竞争战略，职能战略具有更详细、具体和可操作性强的特点。

第二节 战略管理十大学派

战略思想自古有之，可追溯到2500多年前的《孙子兵法》，但现代战略管理思想被公认为诞生于20世纪60年代的美国。随着管理环境的变化，管理思想可谓百花齐放、百家争鸣，主要形成了十大学派。前三个学派属说明性学派，说明战略理论上应该怎样形成；中间六个学派属描述性学派，说明战略在实践中怎样形成；第十个学派独树一帜，在融合了其他学派的观点的基础上，将战略形成过程描述为转变。

一、设计学派

设计学派起源于美国菲利普·塞兹尼克的《行政管理的领导》(1957年)和阿尔弗雷

德·D.钱德勒的《战略与结构:美国工商企业成长的若干篇章》(1962年)两本著作的主要思想,形成于20世纪60年代至80年代,主要代表人物和著作是美国肯尼斯·安德鲁斯及其与哈佛大学商学院同事合著的《经营战略:内容和案例》(1987年)。该学派的主要观点和贡献如下。

第一,战略是外部环境中的机遇与企业的资源能力之间的匹配,主张将战略形成分为战略制定和战略实施。其中,战略制定指使企业内部条件因素和企业外部环境因素相匹配,战略应简明清晰、易于贯彻;战略实施指为实现企业制定的战略目标而对战略规划予以执行。设计学派假设CEO这一战略家可以理解及正确评价组织和环境的一切。

第二,建立了知名的SWOT分析模型。该模型表明,形成战略最重要的因素是对外部因素和组织因素进行匹配。正如安德鲁斯所指出的那样:"战略是对公司的实力和机会的匹配。这种匹配将一个公司定位于它所处的环境之中。"因此,该模型既考虑了企业面临的威胁与机会,又考虑了企业本身的优势与劣势。

二、计划学派

计划学派起源于20世纪60年代大公司经营管理和政府宏观管理等实践对制定战略规划的需要,形成于20世纪70年代。主要代表人物和著作有美国伊戈尔·安索夫及其《公司战略》(1965年)、申德尔和霍弗及其《战略管理》(1979年)。该学派的主要观点和贡献如下。

第一,方案规划。战略是在专门的计划人员指导下,按照一定的战略计划模式,即规范进行设计的过程,是有控制、有目的的;战略计划必须明确具体地规定目标、预算、实施项目和各种作业计划。计划学派采用的基本战略计划模式是,以SWOT分析模型为主线,把整个战略计划过程分解成若干个相对独立又相互关联的阶段,对每个阶段做什么和使用的分析工具都有详细说明。

第二,战略控制。基于这样的观点,计划学派在最大限度内追求战略决策过程的正规化、条理化,强调"步骤"性和"命令"式的控制。安索夫最早描绘的战略计划模型使用了57个小方块和大量的箭头及图解,详细地描述了战略决策的过程,充分体现了这一点。在以后的十年中,计划学派的理论得到广泛的推广。在斯坦纳、艾考夫等人的推动下,该理论进一步与实践相结合,产生了如经验曲线、增长-份额矩阵、市场份额与获利能力的联系(PIMS)等概念和研究方法,大大丰富了战略管理理论。

三、定位学派

定位学派强调战略制定是分析研究过程的管理派别,其创始人是哈佛大学商学院的迈克尔·波特教授,他在1980年出版的《竞争战略》虽然没有创立一个学派,但它的确起到了推动作用。《竞争战略》引发了一代学者和咨询顾问的浓厚兴趣,带来了一系列的学术活动,这很快就使定位学派成为战略管理领域的主导学派。该学派的主要观点是"战略即定位",主要贡献如下。

第一,定位学派不只着眼于企业内部生产经营与资源配置的分析,而将战略分析的重点第一次由企业转向行业,强调对企业外部环境,尤其是行业特点和行业结构的分析。

为了帮助企业选择行业并制定符合企业发展的竞争战略，定位学派提出了诸多经典的行业分析方法，如五种竞争力（供应商、购买者、当前竞争对手、替代产品厂商和行业潜在进入者）模型、行业吸引力矩阵、价值链分析等。

第二，企业确定适合发展的行业后，就要考虑在行业中的自我定位，这个定位决定其盈利能力是高于行业平均水平或是低于平均水平。企业可以分析自身的优势与劣势、所处行业的机会与威胁，制定战略获得潜在利润，取得市场优势，增强其在行业的竞争地位，低成本、差异化和集中这三种战略则为较常用的一般战略。

第三，定位学派通过创建分析工具使战略分析走向简单化、规范化的研究过程。它认为在一个既定行业中，只有少数关键战略是符合要求的，因为战略是对企业外部环境和内部因素统筹分析后制定的，这是定位学派具有革命性的观点，但也有利有弊。

四、企业家学派

法国经济学家 J. B. 萨伊最先对企业家做了定义："把经济资源从生产率较低、产量较小的领域，转到生产率较高、产量更大的领域的人是企业家。"美国学者奈特在其博士论文《风险不确定性和利润》中认为，所谓企业家，是指那些在极不确定的环境下，做出决策并必须自己承担决策全部后果的人。他明确指出，企业家必然是工商企业主，而不是负责日常决策、领取薪水的经理。

企业家学派于 20 世纪 50 年代初形成，先后有 3 位经济学家进行理论上的研究并有著述，奈特的《企业家精神：处理不确定性》以及克林斯和摩尔的《组织的缔造者》是该学派的主要理论支撑。20 世纪 60 年代至 80 年代，该学派作为战略管理十大流派之一，被亨利・明茨伯格等人归纳编入《战略历程：穿越战略管理旷野的指南》一书。该学派的主要观点和贡献如下。

第一，企业家学派强调企业决策者的个人领导力与决断力以及对所处行业潜在威胁的规避能力，在企业目前具有的资源、技术等条件下，以最优的战略主张进行最优化配置，使得企业能够适应行业环境的变化并取得长足效益。

第二，企业家学派认为，拥有良好战略洞察力的企业家是一个企业取得成功的关键。许多发展较好的企业在建立初期并没有形成成文的、固定的战略计划，但它们依然取得了成功，很大一部分原因是企业家做出的高度前瞻性的决策。

第三，企业家学派的最大特征在于强调领导的积极性和战略直觉的重要性，核心可以归结为"远见"。它一方面将战略制定押在领导者的个人直觉上，另一方面认为不存在规范的战略制定过程。

第四，企业家学派称战略既是深思熟虑的，又是随机应变的：在总体思路和对发展方向的判断上深思熟虑，在具体细节上可以随机应变，在战略的执行过程中应按照市场的变化灵活变更。

五、认识学派

认识学派起源于 20 世纪 80 年代初，在 90 年代得到稳定发展。主要代表人物和著作有赫伯特・西蒙及其《管理决策：直觉和情绪的作用》（1987 年）、巴瑞及其《认知变化、战略行动和组织重建》和科纳及其《组织和个人关于选择的信息处理观点的整合》(1994年)。该学派的主要观点和贡献如下。

第一,战略的形成基于处理信息、获取知识、建立概念。战略制定者从外界获取直接经验,经过人脑形成认识,进而决定行动,行动又增加经验,形成动态循环。

第二,战略形成过程是战略制定者的认识过程,既包括理性思维,也包括非理性思维。赫伯特·西蒙认为人不可能完全理性,很难预测每个措施产生的结果,常常要在缺乏完全了解的基础上根据主观判断进行决策。

第三,个体作用在战略过程中占主要地位。在处理大量真假难辨的信息和应对复杂的环境时,不同的战略者形成的对客观世界的认识不同,从而制定不同的战略。

第四,战略形成偏重实用性。赫伯特·西蒙的决策理论认为,战略决策者受环境、决策成本等因素限制,所做决策不是所有方案中最好的,而是已知方案中满足要求的。

六、学习学派

学习学派起源于美国学者查尔斯·林德布罗姆的《“蒙混过关”的科学》(1959 年),形成于 20 世纪 80 年代初,至今仍有发展。主要代表人物和著作有爱德华·拉普及其《优秀的管理者不制定抉择》、詹姆斯·布莱恩·奎因及其《战略转变》,以及彼得·圣吉及其《第五项修炼》。该学派的主要观点和贡献如下。

第一,自然选择的观点。查尔斯·林德布罗姆认为,未来的不确定和不可控的外部因素能够影响战略实施,而大多数组织不能影响环境,只能受制于环境并根据其变化给出相应对策,所以战略形成过程类似于物种自然选择的过程。

第二,逻辑渐进的观点。詹姆斯·布莱恩·奎因认为,当计划没有描述如何形成战略时,渐进主义会促成战略形成,即高层管理人员应首先确定组织发展目标,然后根据环境变化不断调整战略。奎因对学习学派的形成起到了关键作用,他将林德布罗姆只是单纯的适应转变为一种有意识的学习。

第三,文化的观点。罗伯特·博格曼认为,面对复杂形势和环境巨变时,每个人都应不断学习。只要有学习能力和相应资源,战略雏形可以在任何时间以任何方式出现,当这些战略由个人扩散为集体中多数人的行为模式时,便成为组织战略。在这个过程中,战略制定和战略执行的界限变得模糊,此时管理者的作用是管理这个学习过程。

第四,想象的观点。卡尔·韦克和赫斯特·戴维认为,有些分析方法和管理技巧在应对环境变化时难以发挥作用,因此管理者应该凭借自己的直觉、经验和想象来做出决策。

七、权力学派

权力学派起源于新古典经济学芝加哥学派的有关思想,形成于 20 世纪 70 年代末,对公共政策的制定有较大的影响。主要代表人物和著作有麦克米兰及其《论战略形成:政治概念》(1978 年)、杰弗里·普费弗和杰拉尔德·R. 萨兰西克及其《组织的外部控制》(1978 年)。

权力关系既发生在组织之中,也发生在组织外部,由此这一学派存在两个分支:微观权力学派，以格雷厄姆·阿利森为代表，关注组织内部的政治行为，如在剥离一个部门时产生的各种冲突；宏观权力学派，以普费弗、萨兰西克为代表，他们关注的是组织对权力的应用，如处于破产边缘的企业要求政府为其提供贷款保证时出现的冲突。该学派的主要观点和贡献如下。

第一，战略形成是一个受到权力影响的利益协商过程。组织中存在着个人、集团和联盟之间的利益冲突，在局部利益的驱使下，各种正式和非正式的利益集团会利用各自的权力和政治手段对战略制定施加影响，最终在权力谈判中达到某种利益平衡。这里的“权力”指在纯经济范围以外运用影响力的行为，更接近于“政治”一词。

第二，微观权力把战略决策看作是在狭隘利益集团和诡诈的联盟之间，通过游说、议价或对抗表现出的相互作用；而宏观权力将组织看作是采取控制或与其他组织合作的方法，通过战略操纵或联盟中的集体战略，增进自身利益。

第三，在很多情况下，组织会受到政治因素的影响，如变革时期的权力关系发生重大转变时，许多参与者拥有权力并且倾向于攫取自身利益，此时政治在战略制定中会发挥重要作用。正如明茨伯格的观点，“将权力和政治引进战略形成过程是有意义的”。

八、文化学派

文化学派成立于20世纪60年代后期。主要代表人物及著作有艾瑞克·莱恩曼及其《长远规划的组织理论》(1973年)、彼得斯和沃特曼及其《追求卓越》(1982年)、博格·沃纳菲尔德及其《资源为本理论》(1984年)。英国安德鲁·佩蒂格鲁等揭示了文化因素在战略中的重要性，美国学者巴内提出文化是企业对付对手最有效、最坚固的壁垒。

文化学派认为，战略是一个集体思维的运作过程，战略形成是社会交互的过程，是个人通过文化潜移默化适应的过程，组织成员只能部分描述巩固着的组织文化信念；战略采取观念而非立场的形式，组织观念体系不鼓励战略改变。

九、环境学派

环境学派源自权变理论中阐述环境独特方面与组织特别属性之间联系的“偶然性理论”，成立于20世纪70年代后期，主要代表人物有汉南和弗里曼。该学派将战略管理完全变成一种被动的过程，组织的战略管理是组织观察了解环境并保证自己对环境的完全适应，不被淘汰。该学派的主要观点和贡献如下。

第一，环境是战略形成过程中考虑的核心。与其他学派将组织内部的某一个成分，如领导者、策划者、文化等作为战略制定过程中的“演员”，而将环境仅作为一种影响因素不同，环境学派将环境作为一种综合力量，作为战略形成过程中的重要角色。

第二，组织和领导成为被动成分，战略源于组织受环境影响的被动反应。环境学派奉行“物竞天择，适者生存”的哲学，认为组织必须适应环境，否则便会被淘汰。与此同时，领导变成了一种被动的因素，主要负责观察、了解环境并保证组织尽可能与之相适应。事实上并不存在组织内部的战略者，也不存在任何内部的战略过程和战略领导，是环境迫使组织进入特定的生态位置，从而影响战略。

十、结构学派

结构学派源自阿尔弗雷德·D.钱德勒的《战略与结构:美国工商企业成长的若干篇章》(1962年)的主要思想,成立于20世纪70年代早期。主要代表人物和著作有普拉迪普·坎德瓦拉、亨利·明茨伯格和米勒合著的《"里卡洛斯"的悖论》(1990年)。该学派的主要观点和贡献如下。

第一,企业战略和结构发展存在着阶段性。钱德勒在其1962年出版的《战略与结构:美国工商企业成长的若干篇章》一书中提出了企业战略和结构发展的四个阶段:资源积聚阶段、资源使用的合理化阶段、连续发展阶段和对扩展资源的使用合理化阶段。同时认为企业在经过第四阶段以后还将反复经历第三和第四阶段以获得长期发展。

第二,结构总是追随战略。战略的变化必然带动组织内各项结构关系的变化,所以企业应该根据战略的特性和需要设计自己的组织结构形式,并随着组织的变化及时做出调整。

第三,战略管理的过程是一个变革的过程。战略管理的特点和性质体现在两个方面:一方面,在一定时期内,战略需要形成多角度架构,在这一时期内战略是稳定的;另一方面,战略变革的过程穿插在一系列相对稳定的战略状态中,因此战略管理的变革也是不可避免的。

第二章 环境分析

知彼知己，胜乃不殆；知天知地，胜乃可全。

——《孙子兵法·地形篇》

夫兵形象水，水之形，避高而趋下，兵之形，避实而击虚。水因地而制流，兵因敌而制胜。故兵无常势，水无常形。能因敌变化而取胜者，谓之神。

——《孙子兵法·虚实篇》

科学的组织战略建立在对环境因素和自身因素的无遗漏盘点与预测基础上。环境分析有成熟的分析工具，包括PESTEL分析模型和“5+1”力模型。通过环境因素分析，评估组织现在与未来面临的机遇及可能遭遇的挑战，是制定战略的重要依据。

第一节 宏观环境分析

一国或地区的政治体制、法制水平、自然环境、宏观经济、技术进步和社会风俗等环境因素构成的宏观环境直接或间接影响组织生存和发展，对组织可能带来机会，也可能带来挑战。PESTEL分析模型从政治因素（political factor）、经济因素（economic factor）、社会因素（social factor）、技术因素（technological factor）、自然环境因素（environmental factor）和法律因素（legal factor）等六个维度分析组织所处的宏观环境，是环境分析的有效工具。

一、政治环境分析

组织的政治环境指对组织经营活动具有实际与潜在影响的政治力量和相关政策，主要包括政治制度，政党制度，路线、方针、政策及其持续性和稳定性，政治性团体，政治文明，政治局势，以及局部冲突与战争等。政治环境对组织的影响具有不可预测性、直接性和不可逆转性，制约组织经营行为，影响组织长期投资。

1. 所在国家和地区的政治制度和政局稳定状况

一国或地区的政治制度和政局稳定程度是影响组织生存与发展的基本环境因素。政权的性质及其稳定程度关系到政府干预经济的方式、范围和深度。政府对组织进行干预可以直接规定组织的目标、活动内容和方式，也可以通过调节宏观经济和市场环境，间接影响组织行为。不同的干预方式影响企业的设立、企业的活动效率及企业行为受政府直接约束的程度。具体而言，政府对经济主体的认识、对不同投资主体的态度、对经济和产业规制的态度以及对外资的态度，影响企业的财产组织形式、投资范围和市场竞争强度、运作方式、可能面临的竞争对手的来源和结构以及市场进入障碍；政权的稳定性更直接影响企业投资的存续期长度和投资的获利期长度，进而影响企业对所投资行业的选择。

2. 政治联盟或经济联盟

不少国家或地区都与其他国家或地区之间有着不同性质的政治联盟，这些政治联盟规定当某成员国或地区的某些利益受到伤害时，其他成员国或地区采取预先约定的共同制约手段。若组织的海外投资地恰好处于共同制约范围内，组织的业务活动会受到一定程度的影响。不同地区还可能成立经济联盟，原本政治上分割的地区具有整体的市场特征，增大组织政治环境范围。不同地区的产业政策不一致，组织在业务方面会产生矛盾和不稳定。

3. 产业政策

产业政策是政治环境中较受组织重视的方面。政府的产业政策决定了政府不同时期对不同产业的鼓励或约束力度，主要体现在政府安排产业布局和产业结构的基本态度和相应的财政、金融、税收、利息等政策上。产业准入条件规定了组织的投资范围，这些相关政策直接影响组织的投资成本，所以产业政策能对组织投资产生有力引导。如2018年，中国制造业政策重点立足于推动中国制造向中国创造转变，推动中国制造业加快迈向全球价值链中高端。党的十九大后，国务院和各部委出台的关于促进制造业发展的发展规划、指导意见和行动规划多达11个，对通信(5G相关)、物联网、人工智能、新能源汽车等行业的政策支持力度加大。企业对经济前景的信心、军民融合发展以及“一带一路”建设将带动设备更新换代、技术改造投资进入新一轮高潮。

政治环境既引导着组织经营活动的方向，也关乎个人职业发展的前景与变化。一方面，一个国家的政局稳定与否，给组织经营活动带来重大的影响。政局稳定，人民安居乐业，促进组织扩大经营；政局不稳，社会矛盾尖锐，阻碍经济发展和市场稳定。另一方面，个人若想在当今社会找到一份满意的职业，实现人生价值，对政治环境的分析与洞察必不可少。目前，中国政治稳定，市场经济已初步形成并步入正轨，为各类人才成长发展提供了前所未有的机遇，但人才竞争日趋激烈，大学生就业环境不容乐观。个人应在认真分析社会现状的基础上，有针对性地做好自身职业生涯规划。

二、经济环境分析

组织的经济环境指组织外部的经济结构、产业布局、资源状况、经济发展水平以及未来的经济走势等。与政治环境相比，经济环境对组织生产经营的影响更具体、更直接。经济景气对组织的经营十分有利，对个人的职业发展亦能锦上添花；经济低迷往往会导致全民失业率的上升和个人职业的困境。把握宏观经济环境，对组织稳健经营至关重要。分析组织的经济环境，应从社会经济发展状况和经济指标表现入手。

1. 社会经济结构

社会经济结构指国民经济中不同的经济成分、不同的产业部门及社会再生产各方面在组成国民经济整体时的相互适应性、占比和排列关联的状况，一般包括产业结构、分配结构、交换结构、消费结构和技术结构等内容。

2. 社会经济体制

建立社会主义市场经济体制是中国经济体制改革的目标。在这个总目标的指引下，中国正在进行财税体制、计划体制、经济体制、金融体制、外汇体制、社会保障制度等各项改革，改革措施、政策都对组织财务活动有重大影响，如金融体制改革的政策影响组织投资的资金来源和投资的预期收益，财税政策影响组织的资金结构和投资项目的选择，价格政策影响资金的投向和投资回收期等。

3. 国民经济运行状况

国民经济运行状况是宏观经济环境的基础，组织首先要清楚国民经济发展目前处于什么阶段（产业结构调整阶段、经济低速增长阶段、经济高速增长阶段等），具体分析国民生产总值、国民收入水平、国家预算及其分配状况等经济指标。一般而言，国民生产总值增速快时，居民用于个人消费的支出就相应增加，为开辟新市场或开办新企业提供机遇。

4. 利率

利率对组织的影响有两方面：影响组织的市场销售情况；影响组织的战略抉择。一般而言，利率较低可促进组织采取合并或兼并战略，利率较高则组织通常不会采取主动的增长战略。

5. 通货膨胀率

通货膨胀通常导致组织经营的各项成本（如原材料购买费用、工资等）提高，长期的通货膨胀会抑制组织的发展，促使政府采用紧缩政策，对整个宏观经济环境不利。

但对某些行业而言，较高的通货膨胀率反而是一种机遇。如贵金属的价值在通货膨胀率较高时期会加速增长，石油与天然气价格的增速会快于其他行业的产品，贵金属公司、石油开发公司因此而获利。

6. 汇率

汇率是一国货币购买力的表现形式，直接影响组织国际战略的制定。一般而言，如果本币购买力较高，国内商品相对于国外商品的价格高，有利于进口，企业乐意购买外国的产品与原材料，或到国外开办独资企业或合营企业；本币购买力较低，有利于本国产品出口，降低企业到海外投资的热情。

7. 经济全球化趋势

经济环境无法完全孤立于政治环境，政治联盟或经济联盟加速了区域经济一体化或经济全球化。在全球化大背景下，地区贸易组织及规则逐渐取代国家贸易壁垒。地区贸易组织一般在取消相互间关税的同时，要求一定比例的当地参与程度，迫使许多公司放弃出口，转而在当地从事业务活动。全球化对组织的影响主要体现在：政府权限的削弱降低了进入外地市场的壁垒，资本的国际流动降低了进入产业的资本门槛；产业地理区域的扩大和竞争者数量的增加促进了产业竞争的规范化，产业标准化程度的加剧促进了产品的价格竞争，从而加快了全球范围内的产品创新频率；增大了替代品出现的可能性；客户挑选空间的增大和商品转移成本的降低扩大了市场范围，为组织提供了更多机会，组织的不对称优势削弱；供应商整体数量的增加提高了组织与供应商的议价能力。

三、社会环境分析

组织的社会环境指组织所在社会中一定时期内的人口状况（包括数量、构成、分布、增长率等）、家庭结构、文化教育程度、宗教信仰、风俗习惯、价值观等。社会环境对组织有多方面的影响，最主要的是极大影响社会对产品的需求和消费。组织的社会环境包含范围甚广，主要包括人口因素、价值观等，对社会环境的分析主要是了解和把握社会发展现状及未来趋势。

1. 人口因素

人口因素包括组织所在地居民的地理分布及密度、年龄、教育水平、国籍等。大型企业通常会利用人口统计数据来进行客户定位，并用于研究应如何开发产品。对人口因素的分析可以采用以下指标：离婚率、出生率和死亡率、人口的平均寿命、人口的年龄分布和地区分布、人口在民族和性别上的比例、人口和地区在教育水平和生活方式上的差异等。

人口因素对企业战略的制定具有重大影响，例如：人口总数直接影响社会生产总规模；人口的地理分布影响企业的厂址选择；人口的性别比例和年龄结构在一定程度上决定了社会的需求结构，影响社会供给结构和企业生产结构；人口的教育文化水平影响企业的人力资源状况；家庭总数及其结构的变化影响耐用消费品的需求和变化趋势，进而影响耐用消费品的生产规模等。当今世界上人口变动的主要趋势是世界人口迅速增长，这意味着消费继续增长；许多国家人口趋于老龄化，企业应认真研究老龄化问题；人们的闲暇时间逐渐增多，企业也应该注意可能带来的市场机会。

2. 价值观

价值观指社会公众评价各种行为的观念标准，随时代的变迁不断变化。价值观具体表现为人们对于婚姻、生活方式、工作、道德、性别角色、公平、教育、退休等方面的态度和意见。价值观同人们的工作态度一起对组织的工作安排、管理行为、薪酬制度等产生重要影响。

不同国家和地区的价值观不同。西方国家的价值观核心是个人能力与事业心，东方国家的价值观核心是集体利益，如日韩企业注重内部关系的协调与合作，形成了东方企业自己的高效率模式。

3. 文化传统

文化传统是一个国家或地区在较长历史时期内所形成的一种道德、习惯、思维方式的总和，影响经济活动。不同国家有着不同的文化传统、不同的亚文化群、社会习俗和道德观念，这些影响着人们的消费方式和购买偏好，进而影响企业经营行为。

文化传统对企业的影响是间接的、潜在的和持久的，如中国的春节、西方的圣诞节为贺卡、礼品等零售业带来了商机。文化的基本要素包括哲学、宗教、语言文字、文学艺术等，其中，哲学在整个文化系统中起主导作用。语言文字和文学艺术是文化的具体表现，也是对社会现实的反映，它对企业职工和消费者的心理、人生观、价值观、性格、道德品质及审美观念的导向作用不容忽视。

4. 社会生活方式

随着社会经济发展和对外交流程度的不断提高，人们的生活方式随之发生变化。社会生活方式的改变具体表现在人们对物质需求越来越高，对精神需求变得越来越强烈，给企业带来新的机遇和挑战。

社会环境的变化使人们重新审视自己的信仰、追求和生活方式，影响着人们对穿着方式、消费倾向、业务爱好及产品或服务的需求。一方面，人们逐渐注重功利、实惠，甚至有些人变得极端"唯利是图"，只要求产品的更新换代日益加速，这些无止境的物质需求为企业发展创造了外部条件；另一方面，人们对社交、自尊、求知、审美等较高层次的需求愈发强烈，是组织面临的挑战之一，企业在产品设计上要更加关注消费者的精神需求。

5. 社会消费心理

社会消费心理对组织战略的制定产生重要影响。有些消费者追求新鲜感胜于实际需要，重视产品的创新性和独特性；有些消费者看重商品的实用性，要求产品方便使用和经久耐用；有些消费者认为商品价格越昂贵，越能显示自己的品位，要求商品看起来高端奢华。企业应根据消费主群体的心理设计不同的产品，提高企业利润。

社会环境对个人成长也有十分重要的影响。随着市场经济的建立，中西方文化交流的加强，在就业方面逐渐形成了一种积极上进、创新的思想意识和竞争意识。这种文化背景对当代大学生进行职业生涯规划起着导向作用。要想在这个激烈的社会环境下发展成长为强者，当代大学生更要形成一种开放创新、积极进取的心态，树立为社会主义现代化建设做贡献的宏伟目标，努力实现自己的人生价值。

四、技术环境分析

组织的技术环境不仅包括那些引起革命性变化的发明，还包括与企业生产有关的新技术、新工艺、新材料的出现和发展趋势以及应用前景。在科学技术高度发展的今天，技术环境变化对企业的影响可能是创造性的，也可能是破坏性的。企业需要预见这些新技术带来的变化，在战略管理上做出相应的决策和行动，获得新的竞争优势。

市场或企业内外部的技术趋势与事件会对企业战略产生重大影响，具体表现如下。①技术进步促使企业更有效地分析市场及客户。如使用数据库或自动化系统获取数据，更加准确地分析市场和客户需求的变化。②技术进步可能导致现有产品被淘汰，或大大缩短产品的生命周期。③技术进步创造竞争优势，促进企业利用新的生产方法，在不增加成本的情况下，提供更优质、更高性能的产品和服务。④新技术的出现造成社会对本行业产品和服务的需求增加，企业可以扩大经营范围或开辟新市场。⑤新技术的发展促使企业更多关注环境保护、企业的社会责任及可持续成长等问题。

在技术环境中，尤其值得一提的是信息化的影响。互联网改变了国际市场，改变了客户、供应商、企业的沟通方式及内部工作方式。如随着多媒体和网络技术的发展，出现了"电视购物"、"网上购物"等新型购物方式。人们还可以在家中通过"网络系统"订购车票、飞机票、戏票和球票。一方面，科技的运用缩短了消费者和商品之间的距离，降低了产品成本，快速变化的价格信息要求组织及时做好价格调整工作。另一方面，科技发展促进了流通方式的现代化，组织需要采用顾客自我服务和各种直销方式。科技发展使广告媒体多样化、信息传播快速化，市场范围的广阔性催生了促销方式的灵活性。如"互联网＋"技术的发展为经销商、中介机构和其他传统商业带来巨大挑战。

科技的变化可能给组织带来机会，也可能提出挑战。变革型的技术进步对组织产生巨大影响，组织几乎所有重要的决策都与技术相关。透彻分析技术环境带来的机会和威胁及评估这些因素在公司整体战略中的相对重要性，是组织制定有效战略的基础。在衡量技术环境的诸多指标中，整个国家的研究开发经费总额、企业所在产业的研究开发支出状况、技术开发力量集中的焦点、知识产权与专利保护、新产品开发状况、实验室技术向市场转移的最新发展趋势、信息与自动化技术发展可能带来的生产率提高前景等，都可以作为关键战略要素进行分析。

五、自然环境分析

组织的自然环境主要指组织的活动、产品或服务中能与环境发生相互作用的要素，包括组织所在地域的全部自然资源所组成的环境，如铁矿、煤矿、石油等矿产资源以及地理、气候等自然条件。科学技术的快速发展一方面创造了丰富的物质财富，满足了人们日益增长的需求；另一方面也带来了资源短缺、环境污染等问题。这些问题对组织经营提出了新的挑战。对组织而言，关注自然环境变化的趋势、分析组织经营的机会和威胁、制定相应的对策是相当重要的。主要的自然环境因素有地理位置、气候条件、资源状况和环境状况四项。

1. 地理位置

组织的地理位置直接影响投入要素的可获得性、质量和成本，如组织处于交通便利地区、港口城市或某要素的集散中心，则在原材料购买和产品输出上具备天然优势。此外，组织的地理位置影响组织人力资源的质量、适宜从事的业务种类、基本经营方式和可利用的社会协作关系。固定设施投资的可转移程度低，违背地理位置的投资不但会增加投资后的经营困难程度，还会成为退出障碍。如一线城市可以吸引众多优秀人才，人才流动性大，适宜发展金融业等第三产业，不适宜发展需要大量占用市政设施和消耗大量资源的大型制造业；中小城市成为特定产业和特定经营方式的集中地。不同的地理位置一般与不同的地方政府管理方式一致，因此，在进行地理位置分析时需要同时分析相应的政治环境。

2. 气候条件

技术的进步较大程度地提高了人类应对自然气候的能力，气候条件对组织的影响有所降低，但对组织经营仍产生作用。组织在做战略规划时应考虑所在地气候对特定产品性能方面的影响、对组织生产和安排的影响以及气候异常变化能提供的某些短期机会等。

3. 资源状况

国际化程度不断深入，技术对资源利用的影响越来越多，自然资源状况对组织战略决策的影响有所降低。但地区的自然资源拥有量和可利用情况是形成地区比较优势的重要因素，影响组织在当地的投资选择，不容忽视。一般而言，自然资源状况对从事资源开采和原材料初加工企业的影响较大。自然资源短缺，一方面使许多组织面临原材料价格大涨、生产成本大幅上升的威胁；另一方面又迫使组织研究更合理利用资源的方法，开发新的资源和代用品以节约成本，间接为企业提供了新的经营机会。

4. 环境状况

工业化、城镇化的发展对自然环境造成了很大的影响，尤其是环境污染问题日趋严重，许多地区的环境污染已经严重影响到人们的身体健康和自然生态平衡。环境污染问题已引起各国政府和公众的密切关注，这对组织发展是压力和约束，要求组织为治理环境污染付出一定的代价，如有些组织因治理污染需要大量投资，降低了扩大再生产的能力。但环境污染促使组织研究污染控制技术，兴建绿色工程，生产绿色产品，开发环保包装，为组织提供了新的发展机会。

组织要结合具体情况，制定有效的经营策略。既要消化环境保护所支付的必要成本，又要在经营活动中挖掘潜力，保证经营目标的实现。

六、法律环境分析

法律环境指组织外部的法律法规、司法状况和公民法律意识所组成的综合系统，主要包括政府制定的对组织经营具有约束力的法律法规等。这些法律法规的存在有以下目的：保护企业，反对不正当竞争；保护消费者，主要体现为涵盖商品包装、商标、食品卫生、广告及其他方面的消费者保护法规；保护员工，主要体现为员工招聘和对工作条件进行控制的健康与安全方面的法规；保障公众权益免受企业不合理行为的损害。法律环境对企业影响的特点跟政治环境相似，具有不可预测性、直接性和不可逆转性，主要体现在以下几个方面。

1. 法律规范

法律规范中与企业经营密切相关的经济法律法规有《公司法》、《中外合资经营企业法》、《经济合同法》、《专利法》、《商标法》、《税法》、《企业破产法》等。

2. 国家司法执法机关

我国有法院、检察院、公安机关及各种行政执法机关，与企业关系较为密切的行政执法机关有工商行政管理机关、税务机关、物价机关、计量管理机关、技术质量管理机关、专利机关、环境保护管理机关、政府审计机关。此外，还有一些临时性的行政执法机关，如各级政府的财政、税收、物价检查组织等。

3. 企业的法律意识

企业的法律意识是法律观、法律感和法律思想的总称，是企业对法律制度的认识和评价。企业的法律意识，最终都会物化为一定性质的法律行为，造成一定的行为后果，构成每个企业不得不面对的法律环境。

4. 国际法所规定的国际法律环境和目标国的国内法律环境

从事国际经营活动的组织，要遵守本国的法律制度，还要了解和遵守国外的法律制度及有关的国际法规、惯例和准则。如欧洲国家规定禁止销售不带安全保护装置的打火机，限制了中国低价打火机的出口市场。日本政府曾规定任何外国公司若想进入日本市场，必须要找一个日本公司同它合伙。组织了解、掌握了交易国家的相关贸易政策，才能制定有效的经营对策，在国际经营中取得主动权。

法律法规对组织的作用是双重的，一方面限制组织行为，另一方面保护组织的正当权利和合理竞争。法律环境是组织经营活动的准则，组织依法进行各种经营活动，才能受到国家法律的有效保护。如美国政府通过立法限制规模庞大的组织进一步发展为垄断组织；为适应经济体制改革和对外开放的需要，中国陆续制定和颁布了一系列法律法规，如《产品质量法》、《经济合同法》、《商标法》、《专利法》、《食品卫生法》、《环境保护法》、《反不正当竞争法》、《消费者权益保护法》、《进出口商品检验法》等。组织的经营管理者应熟知有关法律条文，保证组织经营的合法性，运用法律武器来保护组织与消费者的合法权益。

PESTEL 分析的执行步骤：①厘清使用 PESTEL 分析的目的。了解为什么要进行这项分析活动，希望从中得到的信息。②分别从政治、经济、社会、技术、自然环境、法律六个方面考虑影响企业经营的具体因素。③讨论上述因素，找出可能对企业的商业活动和经营战略起到重要影响的关键因素，并将有关信息收集起来。④将收集的信息整理清楚，在 PESTEL 分析中加以运用。

第二节 行业竞争结构分析

企业面临的最直接的影响来自企业所在的行业，诸多行业结构因素在行业的获利性和同行间竞争强度上发挥着重大作用。一个企业的赢利潜力决定于其所处的行业的赢利潜力；一个行业的赢利水平取决于这个行业的竞争强度；一个行业的竞争强度是该行业竞争结构的表现。

迈克尔·波特在《竞争战略》(1980年)一书中提出:存在于行业间的竞争力量远不止在现有企业间,每个行业中都存在着五种基本竞争力量,即现有竞争者的威胁、潜在进入者的威胁、替代品的威胁、购买者的议价能力和供应商的议价能力。大卫·亚非在此基础上又提出了第六种力量,即互补互助力(见图2-1)。"5+1"力的抗争中蕴含着三类成功的战略思想,是大家熟知的成本领先战略、产品差异化战略和集中化战略。这六种竞争力量强度的相互较量,共同决定了行业的竞争激烈程度及盈利水平,决定了企业在行业中的竞争优势。

迈克尔·波特

大卫·亚非

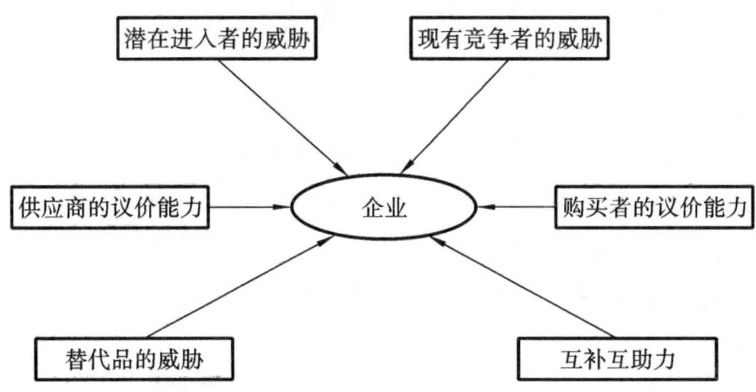

图 2-1　企业面临的六种基本竞争力量

一、现有竞争者分析

1. 现有竞争者的威胁

一般而言,同行业中的企业相互制约。各企业竞争战略的目标在于使自身获得相对于竞争对手的优势,在实施中就必然会产生冲突与对抗现象。这些冲突与对抗构成了现有企业之间的竞争,通常以价格竞争、广告战、产品引进及提高服务水平等形式表现出来,其强度与以下因素的显著程度正相关。

1) 现有竞争者实力

现有竞争者实力强一般表现在:当现有竞争者的数目众多、规模相当且拥有势均力敌的资源和能力时,竞争会相当激烈,企业甚至会为了争夺市场的领导者地位而展开"激战"。竞争者在战略、目标、文化等方面的形形色色、各有特点增加了行业竞争规则的辨别难度,从而加剧了行业的竞争激烈程度。

2) 产业发展速度

产业具有生命周期,当产业处于成熟期,市场需求增长缓慢,此时企业想继续增加市场份额十分困难。为了争取有限的市场份额,企业之间必然会发生激烈的竞争。

3) 产品缺乏差异

同一行业中,若各企业的产品保持差异性,消费者大多会根据偏好来购买，企业间的竞争会比较平缓；若各企业的产品同质性高，消费者会在价格和服务上进行选择，同行竞争者之间的竞争会十分激烈。

4）高成本

较高的固定成本迫使企业充分利用其生产能力，通过更大规模的产出来分担成本。然而，市场会因此供过于求，企业不得不降价销售以减少存货。高成本行业内容易形成激烈的价格竞争大战。

5）高退出障碍

退出障碍指企业退出某一行业时会遇到的障碍或承受的压力，常见的有专用性资产、退出的固定成本、政府和社会的约束等。退出障碍越高，企业越难以退出，越容易加剧竞争。

2. 关键竞争者分析

任何企业都难以拥有足够的资源和能力，与行业内企业全面为敌，它必须处理好主要的竞争关系，即与关键竞争者的关系。企业的真正竞争对手，即关键竞争者，往往与之处于同一战略群组。它们通常采用相同或相似的技术，生产相同或相似的产品，提供相同或相似的服务，采用具有相互竞争性的定价方法。战略群组间的竞争要比与战略群组外的竞争更直接、更激烈。

确立了关键竞争者后，需要对每个竞争者做尽可能深入、详细的分析，包括竞争者的未来目标、基本假设、现行战略和潜在能力，判断关键竞争者的反应情况（见图 2-2）。

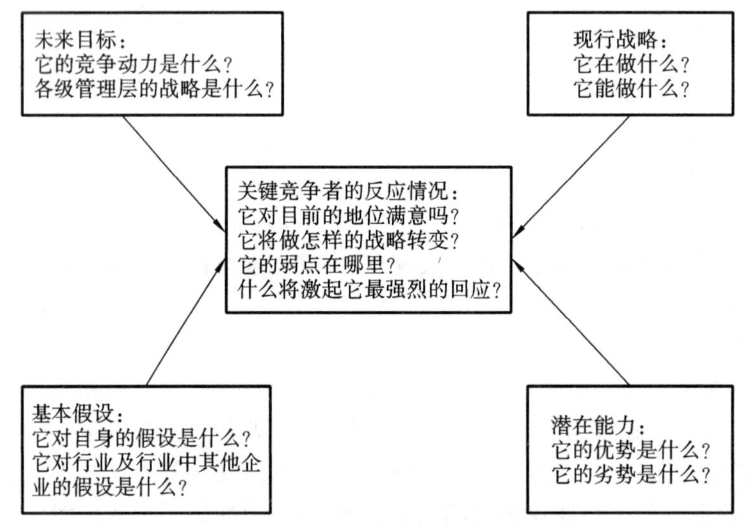

图 2-2　关键竞争者的分析维度

1）未来目标

对关键竞争者的未来目标的分析有助于推断其对目前的市场地位和收益水平是否满意，判断关键竞争者改变现行战略和采取竞争活动的可能性。

通常从以下几个方面考察关键竞争者的未来目标：竞争者未来将会把竞争的重点放在哪里？如何在长期增长和短期利润之间做出权衡？竞争者对风险持什么态度？如何

平衡获利能力、市场地位、增长率和风险之间的关系？竞争者是否想成为市场领导者？

2）基本假设

关键竞争者的战略目标建立在其基本假设之上。这些假设可以分为以下三类。①关键竞争者信奉的理论假设。如许多美国企业奉行短期利润，它们认为，只有利润才能支持发展。而日本企业信奉市场占有率和规模经济理论，它们认为，占领市场、扩大生产销售规模、降低单位成本，利润才会滚滚而来。②关键竞争者对自己的假设。有些企业认为自己在功能和质量上具有优势，有些企业认为自己在成本和价格上具有优势。名牌产品企业可能对低档产品的渗透不屑一顾，而以价格取胜的企业对其他企业的削价会迎头痛击。③关键竞争者对行业及行业内其他企业的假设。如美国哈雷公司在20世纪60年代不仅对摩托车行业充满信心，而且对日本企业掉以轻心，认为他们不过是在起步阶段，对自己构不成威胁。然而，日本人一边低头哈腰地表示“我们是小学生”，一边却对美国人小觑自己记在心间。经过约20年的修炼，日本摩托车终于在美国占据竞争优势。

实际上，关于战略假设，无论是对关键竞争者，还是对自身，都要仔细检验，认清对所处环境的偏见和盲点。需要注意的是，许多假设尚未被清楚意识到或者根本没有被意识到，甚至是错误的；有的假设过去正确，由于经营环境的变化而变得不再完全正确了，但企业仍在延续着过去的假设。

3）现行战略

了解关键竞争者的现行战略，在于探索竞争对手正在做什么、能够做什么，可从企业年报和企业网站上筛选有用信息，对竞争者的现行竞争战略做出以下评估：哪个竞争者有最好的战略，哪些竞争者的战略不适合？哪些竞争者将会赢得市场份额，哪些竞争者将守不住原有市场份额？哪些竞争者在未来5年内有可能跻身于行业领导者队伍，是否有足够的资源来取代现有行业领导者？

4）潜在能力

目标、战略要以能力为基础。在分析研究了关键竞争者的未来目标与战略途径之后，还要深入研究关键竞争者是否具有能力实现其目标。在对关键竞争者的潜在能力进行分析时，要重点考察它的核心能力、增长能力、迅速反应能力、适应变化的能力和维持长期较量的持久耐力。相较于关键竞争者，企业如果具有全面的竞争优势，则不必担心在何时何地发生冲突；如果不具有全面的竞争优势，而是在某些方面、某些领域具有差别优势，则应在自己具有差别优势的领域把文章做足，但要避免以己之短碰彼之长。当关键竞争者具有全面的竞争优势时，企业只有两种策略：甘心做一个跟随者，尽量不去触怒关键竞争者，或者避而远之。

二、潜在进入者分析

潜在进入者是目前不在本行业，但有能力进入本行业的企业，是现有企业的潜在竞争对手。利润对投资者是个信号，企业决定进入一个行业是因为该行业的某些企业正在赚取高额利润。潜在进入者在两方面对企业造成威胁：第一，潜在进入者会瓜分原有的市场份额；第二，潜在进入者会增加供给，激发行业内竞争，减少企业利润。

对一个行业来说，潜在进入者威胁的大小取决于进入障碍的大小。进入障碍指那些允许现有企业赚取正的利润而使新进入者无利可图的因素，包括结构性障碍和行为性障碍。进入障碍越小，潜在进入者的威胁越大；进入障碍越大，潜在进入者的威胁越小。

1. 结构性障碍

结构性障碍又称进入壁垒，按照贝恩的分类，主要有三种进入壁垒：规模经济、现有企业的市场优势、现有企业对资源的控制。

规模经济指在一定时期内，企业所生产的产品或劳务的绝对量增加时，其单位成本下降的现象。规模经济的存在使得新进入者陷于两难的境地，有力阻碍了潜在的进入者。进入规模较大，则需要较多资金，新进入者将承担与大规模投资相对应的高风险；进入规模较小，则缺乏成本优势。

现有企业的市场优势主要表现在产品差异化上。产品差异化指现有企业因以往的产品特色、广告、服务、信誉和顾客忠诚度而形成的品牌优势。顾客对现有的品牌有一定的忠诚度，迫使新进入者花费大量的资金来消除现有的顾客忠诚度，建立自己的客户群。这段时期，新进入者不得不承受较高的成本、较低的利润甚至亏损。一旦进入失败，则会血本无归。这个缓慢的且代价高昂的过程会降低进入威胁。

现有企业若控制了生产经营所必需的某种资源，或者拥有新进入者难以复制的优势，则新进入者不太容易对其构成威胁。现有企业对资源的控制一般包括以下几个方面。

第一，资本。一个行业对资本的要求较高，潜在进入者的威胁会较小。缺乏新行业中足够的人力资源和客户资源也会给新进入者带来困难。

第二，专利和专有技术。在诸多行业中，企业会自主研发新技术，这些技术受《专利法》保护。新进入者无论是开发潜在技术还是模仿现有专利技术，都将付出昂贵的成本。因此，关键的专利和技术的缺乏往往会阻碍潜在进入者。

第三，原材料供应。原材料的来源一定程度上影响了企业的最终获利能力。购买到性价比高的原材料可以有效建立企业的成本优势，再加上现有企业已与供应商建立过合作关系，对于新进入者来说，要取得原材料供应优势并非一朝一夕就能完成。

第四，有利的地理位置。地理位置的选择对企业来说至关重要，有利的地理位置可以大大降低企业的运输成本，甚至附带廉价的土地和劳动力。

第五，分销渠道。新进入者要想抢占新行业的市场份额，须确保其产品的分销渠道，但分销商通常不愿意经销消费者尚未接受的新产品。在这种情况下，新进入者只能通过压低产品价格、协同分担广告费用等促使分销渠道接受其产品，这些方法的使用势必会降低利润。

第六，学习曲线。学习曲线又称经验曲线。当企业的单个生产成本随经验和专有技术的积累而降低时，这种现象叫作学习曲线。和规模经济一样，学习曲线有利于企业形成成本优势。

第七，政府政策。政府往往对关系到国计民生、对财政收入有重要贡献的行业（如航空、能源、医药、交通、金融、广播等行业）实行严格的进入控制。

2. 行为性障碍

行为性障碍又称战略性障碍，即新进入者可能遇到的来自现有企业的反击，主要包括进入对方领域和限制进入定价。进入对方领域是寡头市场上常见的一种反击行为，其目的在于抵消新进入者先采取行动给自己带来的风险。限制进入定价往往是行业内大企业反击进入者的重要武器，其目的在于通过低价来告诉进入者自己是低成本的，即便进入也无利可图。

把进入障碍、退出障碍和利润情况综合起来分析更能看出行业内抗衡状况（见表2-1）。进入障碍高低决定行业的利润水平，退出障碍高低决定行业的投资风险水平。进入障碍和退出障碍都较低，行业的利润水平低、投资风险小；进入障碍高、退出障碍低，行业的利润水平高、投资风险小；进入障碍低、退出障碍高，行业的利润水平低、投资风险大；进入障碍和退出障碍都较高，行业的利润水平高、投资风险大。

表 2-1　进入障碍、退出障碍与行业利润的关系

项目	退出障碍低	退出障碍高
进入障碍低	低利润、低风险	低利润、高风险
进入障碍高	高利润、低风险	高利润、高风险

三、替代品分析

产品替代可分为直接产品替代和间接产品替代。直接产品替代，即某种产品被"进化的"新产品取代，如功能手机被智能手机取代；间接产品替代，即能够起到相同作用的产品代替另一种产品，如面包可以代替馒头当作早餐。直接替代品或间接替代品的进入都必然会对现有企业的利润造成威胁。

替代品往往是新技术结合社会新需求的产物。新产品能否取代老产品，主要取决于以下三个方面。

（1）替代品是否在价格上具有吸引力？如果替代品的价格比现有产品的价格低，现有企业为保持一定的销售额、留住顾客而不得不降低产品价格。

（2）购买者是否会对替代品的质量、性能、服务等方面有更高的满意度？顾客除了注重价格，也会比较替代品和现有产品的其他差异。替代品如果价格较低，而在质量、性能、服务等方面表现为无差异甚至更好，则很可能从现有市场夺取份额，对现有企业造成威胁。

（3）购买者的转换成本是否很低？购买者的转换成本指购买者转向替代品的成本。常见的转换成本有设备成本、学习成本以及相应的软件、零部件等成本。如果购买者的转换成本较低，替代品企业说服购买者转向购买它们的产品就较为容易。

替代品之间的竞争规律是价值高的产品有更大的竞争优势，即替代品价格越低、品质越好、购买者的转换成本越低，该企业产生的竞争压力就越大。这种来自替代品的竞争压力可以通过替代品的销售增长率、替代品企业的生产能力及盈利能力等来体现。

四、供应商分析

供应商指企业生产经营所需投入品的提供者。狭义的供应商指原材料、零部件等的供应者；广义的供应商还包括资金和劳动力等的提供者。这里主要指前者。供应商的议价能力指现有企业向供应商购买原料时，争取到有利于自己的价格的能力。供应商主要通过其提高投入要素价格与降低单位价值质量的能力，使一个行业因销售产品的价格跟不上成本的增加而失去利润，影响行业中现有买方企业的盈利能力与产品竞争力。

供应商议价能力的强弱主要取决于其所提供给买方企业的是什么投入要素。当供应商提供的投入要素对企业产品生产过程非常重要、严重影响企业产品的质量或者其价值占企业产品总成本的较大比例时，供应商对企业的潜在议价能力就较强。

一般来说，满足以下条件的供应商会具有比较强的议价能力：

(1) 供应商处于该行业的垄断地位；

(2) 供应商的产品具有高度的差异化或具有一定的特色，买方企业难以转换或转换成本过高；

(3) 供应商具有比较稳固的市场地位，产品的需求旺盛，单个买方企业不可能成为供方的重要客户；

(4) 供应商能够方便地实行前向一体化，而买方企业难以进行后向联合或一体化。

五、购买者分析

购买者主要通过压价与要求提供高质量的产品或服务，来影响行业中现有企业的盈利能力。一般来说，满足如下条件的购买者具有较强的讨价还价能力。

(1) 购买者集中或业务量大。如果某购买者的购货量占企业总销售量的比例很大，该购买者对本企业就很重要；且在固定成本高的行业，大购买者促使企业充分利用其生产能力。当购买者的购买力集中或业务量很大时，该购买者的讨价还价能力会增加。

(2) 购买的产品是标准化或无差异的产品。如果购买者购买的产品基本上是标准化或无差异的产品，购买者向多个卖主购买产品在经济上也完全可行。

(3) 购买者的利润很低。购买者的利润很低时，会对价格很敏感，极力去压低产品的价格，对卖方企业的利润造成威胁。

(4) 一体化程度。如果购买者实行部分一体化或形成了一种可信的后向一体化的威胁，其会要求卖方企业在交易中让步。但如果本行业的企业准备实行前向一体化而进入购买者所在行业，购买者的议价能力会降低。

(5) 信息掌握程度。当购买者充分了解需求、实际市场价格、供应商的成本等信息时，便掌握了更多讨价还价的筹码，从而保证自己从供应商那里得到最优惠的价格，且能在供应者声称其经营受到威胁时予以反击。

六、互补者分析

哈佛商学院的大卫·亚非在波特的基础上，提出了行业的第六种竞争力量——互补互助力，这种力量与企业的互补者有关。互补者指互补品的生产者，即销售的产品能够增加本企业销售产品价值的企业，这些产品结合在一起能够更好地满足顾客需求。通常互补者和本企业在产品上相互支持，属于“同路人”，但一些新技术、新方法、新工艺会影响互补品生产者的相对地位，甚至会使二者成为竞争对手。如顾客是否购买汽车，受到汽油、停车位等的影响，如果这些互补品紧缺，必然导致养车费用升高，限制顾客对汽车的购买。

任何行业内部都存在不同程度的互补产品或服务，战略制定者在制定战略前要认真识别具有战略意义的互补者，应有意识地帮助和促进行业互补者的健康发展。

行业结构分析的最后一个环节是依据前面的分析结果来识别行业是否具有足够的吸引力。行业的吸引力强度与该行业总体的利润水平有关。一般而言，行业内这六种竞争力量的影响越强，整个行业的利润水平越低。需要注意的是，这些竞争力量是相互影响的。最糟糕的情况是某一行业的竞争力量塑造的市场环境异常紧张，且进入障碍很低、供应商和购买者的议价能力都很强，这样的行业结构显然是没有吸引力的；最理想的情况是某一行业的竞争力量不强，且进入障碍较高、供应商和购买者的议价能力都较弱，也不存在很好的替代品，这样的行业结构是很有吸引力的。进行行业结构分析时，战略制定者应考虑所有的因素，尽可能克服这六种竞争力量的影响，帮助企业建立竞争优势来规避这些竞争力量带来的威胁。

在这里引入“三情(行情、敌情、我情)分析”，用来围绕“5＋1”力模型展开简单分析。

(1) 行情要关注：市场动态的发展，行业产品的发展，以及新产品、新材料、新工艺技术的应用趋势等。

(2) 敌情要分析：产品的竞争对手和上述的行情分析，比如有哪些企业现在和本企业的产品模式有交叉部分，它们会不会进入本企业所在的行业来竞争，以及该产品会不会被新产品替代。

(3) 我情要了解：我方供应商的能力，直接关系到企业产品的核心竞争力以及企业的成长能力；产品要面向市场，要关注客户；作为大企业来说，还要考虑市场进入企业的关键人物等。

案例　爱奇艺行业竞争环境分析

爱奇艺是百度在2010年1月6日以“奇艺”为名投资组建的独立视频公司，品牌主张为“悦享品质”。爱奇艺在成立伊始便意识到用户体验是促进视频网站发展的重要因素，因此一直致力于打造正版高清视频播放平台。2013年5月7日与PPS合并后，爱奇艺实现了视频资源的深度整合、平台的拓展以及内容分发技术的提升，优化了用户体验。2018年3月29日，爱奇艺在美国纳斯达克挂牌上市，让爱奇艺在融资方面又有了新的渠道，资金的支持能够让其在优化内容、提升技术以及宣传营销方面获得更多的动力。之所以选择爱奇艺这个视频网站作为透视整个网络视频行业竞争状况的放大镜，是基于其在近几年的发展速度上较为迅速，成功成为国内主流的视频网站的状况，通过考察爱奇艺具体的经营管理状况，能够了解网络视频行业的竞争环境。

一、现有竞争者的威胁

在爱奇艺所处的网络视频行业当中，具备了相当实力的腾讯视频、优酷视频、搜狐视频等视频网站都在不断寻找增加用户黏性的方法与策略，内容、服务、资本以及技术缺一不可。根据艾瑞在2016年12月的数据显示，爱奇艺、腾讯视频以及优酷视频分别以

4.81亿、3.97亿、2.89亿的月活跃用户量排在网络视频行业的前三名。排在第三名之后的有乐视视频(1.62亿)、小米视频(1.42亿)、快手(0.79亿)、芒果TV(0.74亿),而爱奇艺则以51%的市场份额和55.79亿小时的月观看时长保持在行业内的领先地位,由此可以看出当时网络视频行业所呈现出来的是以爱奇艺为首、腾讯视频与优酷紧随其后的"1+2"格局。

然而,随着时间的推移,"1+2"的格局虽然尚未发生转变,位置却出现了变换。截至2017年第四季度,在日活跃用户数量上,腾讯视频以1.37亿的活跃度领先于爱奇艺的1.26亿;截至2018年2月28日,爱奇艺付费会员数达到6010万,而腾讯视频付费会员数突破6259万;2018年2月,腾讯视频月播放量为7.9亿,也高于爱奇艺的7.1亿。在短短的一年时间内,腾讯视频便以微弱的优势逐渐赶超了爱奇艺。虽然目前网络视频行业的用户数量尚未达到饱和状态,但是行业内部的竞争保持着激烈的状态。竞争的主要状况为:①不断寻找充足的资金竞争优质内容,并在自制内容方面发力;②积极与其他平台进行资源整合或结盟;③网络视频行业第一梯队内"1+2"的格局短期内不会改变。

二、潜在进入者的威胁

当前,网络视频行业的基本格局不会发生太大的改变,爱奇艺、腾讯视频以及优酷视频仍然占据着这个市场的50%以上的份额,搜狐视频、芒果TV等排名靠前的视频网站也在不断发力,对于潜在进入者来说,若想成功进入网络视频行业或发展到一定规模,必然会遭遇不少挑战。

首先是进入网络视频行业的资金壁垒。视频网站需要在发展初期花费大量的资金去完善服务器与宽带,同时还需要购买大量的电视剧、电影以及综艺节目的版权,招纳负责运营维护的人才。在形成一定规模之后,视频网站需要考虑以自制内容来吸引观众,这仍然需要付出较多的制作成本。爱奇艺的招股书显示,其在2015年至2017年的总收入为53.19亿元、112.37亿元、173.78亿元,而总成本和费用分别为77亿元、140亿元、213亿元,净亏损分别为25亿元、31亿元以及37亿元,招股书也明确表示爱奇艺处于一个高度竞争的市场。除此之外,优酷视频在2017年上半年亏损了33.88亿元,腾讯在公布2017年第二季度财报时,执行董事刘炽平也承认腾讯视频部分亏损严重。尽管视频网站在收入方面有不断增长的趋势,所付出的成本却非常高昂,网络视频行业仍然处于入不敷出的状态。潜在进入者若想进入这个行业并且发展到一定的规模,首先需要面对较高的资金壁垒。

此外,技术壁垒也是潜在进入者在进入网络视频行业时需要面临的一个难题。爱奇艺在发展初期曾遭遇过技术短板,导致用户体验不佳,在2013年与PPS进行合并之后成功完成了CDN(内容分发网络)以及P2P技术整合。在此之后,爱奇艺在宽带技术方面释放了压力,从而减轻了网站主服务器需要承载的压力。网站技术的升级,不仅让爱奇艺在往后的发展当中减少了技术成本的投入,也给用户带来了良好的视频播放体验。除此之外,网络视频涉及音视频制作、编码,存储传输,解码以及无线流媒体技术等多项媒体信息技术和网络技术,都需要技术供应商不断完善与加强研发,从而满足市场的需求。

三、替代品的威胁

爱奇艺所提供的核心产品是视频内容,除了部分网播剧以及自制内容会在爱奇艺的平台播出之外,其他的视频内容会有多种播出渠道,从而成为爱奇艺的替代品。

首先是电视台。新媒体技术的发展使人们改变了使用媒介的习惯,因此人们更愿意到具有暂停、回放以及重播功能的网络平台去观看节目。但是从广告营收的角度来说,电视平台的市场号召力似乎更为强大。浙江卫视《奔跑吧兄弟》第四季冠名广告费为7.7亿元,爱奇艺作为这档节目的网络独播平台,所拿到的网络冠名广告费仅有1.8亿元。由此可见,不同平台播出相同的内容,所造成的广告价格差异悬殊。尽管爱奇艺所能够提供给观众的是具有调节内容播放功能的服务,但是在市场号召力方面还有所欠缺,因此更应该意识到培育优质内容的重要性,如此才能够将内容转化为市场价值。

其次是电影院线。爱奇艺在2016年的付费电影数量接近4000部,这是吸引用户流量的重要资源,多样化的电影选择能够在保证用户留存方面发挥作用。爱奇艺的电影播放平台与电影院相比,虽然在内容方面没有区别,但是对于一些新近上映的电影来说,在播出时间方面具有滞后性,视听效果也不如电影院有优势。此外,爱奇艺每部付费电影的价格基本都在5元以下,与高昂的版权费相比,恐怕难以获得较为理想的收益。

对于内容相同的电视剧、电影或综艺节目来说,爱奇艺与其替代品的优势是不相上下的,但是对于在爱奇艺平台进行独播的自制内容来说,则不存在替代品的威胁。《奇葩说》、《晓松奇谈》以及《奇葩大会》等优质的综艺节目已成为爱奇艺的品牌节目,这对于吸引新用户、维护老用户具有不容忽视的作用。

四、供应商的议价能力

爱奇艺作为视频网站,内容是其核心产品。爱奇艺视频内容的来源主要有三个方面:用户生产内容、爱奇艺参与制作的内容以及购买版权的内容。由于用户在爱奇艺平台当中上传的视频属于免费内容,因此尚不需要与爱奇艺进行议价。反而因为用户上传的内容质量参差不齐,而且部分内容还涉及版权问题,造成爱奇艺在用户生产内容管理方面的难题。因此,具备了议价能力的供应商应该是爱奇艺在自制内容时所需要的生产要素,以及优质内容的版权方。在此可以将供应商的议价能力界定为提供内容的一方在市场当中的影响力以及内容本身的优质程度。

2016年,爱奇艺网络大电影储备量有700多部,而付费电影数量接近4000部,会员电影的数量、网播量均高于同业,自制和众多版权内容构成丰富多彩的视频内容形态,体现出强大的行业覆盖能力。尽管如此,在所购买的版权中仍然有不少是与其他视频网站重复的内容,也使视频网站之间购买版权的竞争较为激烈,但是以往盗播的乱象在一定程度上已经被遏制,这都得益于网站版权意识的加强以及付费观看模式的建立。然而优质的内容有限,爱奇艺在与其他视频网站进行资源争夺时,卖方市场已经逐渐形成,内容供应商的议价能力也在逐渐增强。

除了购买版权外,爱奇艺也在不断开拓内容自制功能,央视原主持人兼制作人马东在成为爱奇艺的首席内容官后为爱奇艺制作及策划了多档节目,爱奇艺如今已逐渐形成自己的制作团队,同时还兼顾了跨领域的合作生产。优秀的人才及先进的制作技术为爱奇艺的自制团队注入了发展动力,既能够为自家的视频网站输入内容,又能够向其他网站卖出版权,从而实现多维创收。

五、购买者的议价能力

爱奇艺作为沟通用户与内容的媒介，在经营业务方面也遵循着二次售卖模式，通过视频内容吸引用户，再将用户的注意力作为产品售卖给广告商。因此，爱奇艺的消费者分为广告商以及网站用户。因为视频网站的会员不能直接参与爱奇艺关于内容产品价格的协商，因此可以将消费者的议价能力界定为用户对内容及服务的需求与黏性，也是用户留存度的状况。

此外，爱奇艺2018年第一季度的财报显示，其订阅用户数量已从2017年底的5080万增加到2018年3月31日的6130万。从多方的数据来看，爱奇艺在保持用户黏性方面有较为突出的成绩，这主要得益于爱奇艺视频内容质量的提升。在关注爱奇艺用户留存度的同时还需要注意的是维护用户的成本。根据爱奇艺对招股书的解释可以了解到，其在2017年中花在购买版权及自制内容上的费用是126.2亿元，占据了总营收七成左右的金额，而且该费用会逐年增加，这样才能够维持爱奇艺现有的用户并且吸引新用户。如果以月活跃用户数计算，爱奇艺要为每个用户付出近30元的内容成本，上一年这个数字是18.6元；付费用户每带来1元的收入，爱奇艺要为此付出1.93元的内容成本。由此可见，用户对于内容以及服务的需求较高，爱奇艺需要花费较多的资金来维护用户、增加用户，而广告商是以爱奇艺的用户数量以及留存度来决定广告是否投放以及投放的数量，因此对于爱奇艺来说，购买者的议价能力较强。

六、互补互助力

2012年11月，爱奇艺成为百度全资子公司，爱奇艺早期的发展主要得益于百度的大数据。众所周知，爱奇艺是国内首家专注于提供免费、高清长视频服务的大型专业网站，致力于打造互联网第一影视门户；百度是全球最大的中文搜索引擎。结合百度强大的AI技术，爱奇艺能够通过预测视频流量和电影票房决定内容成本，还能通过意图识别和机器学习为用户做个性化推荐。2016年8月6日，爱奇艺推出“科技让娱乐更有趣”的技术品牌主张，其后突飞猛进，甚至在用户使用时长上成为仅次于微信的第二大“国民应用”，付费会员用户达到6010万人。截至2017年12月31日，爱奇艺的移动月平均访问用户数约为4.213亿，移动日平均访问用户数为1.260亿；PC端月平均访问用户数约为4.241亿，PC端日平均访问用户数为5370万，是国内公认的视频网站领头羊。2018年，爱奇艺成功赴美上市。可以说，爱奇艺的成功，几乎每一步都源于互补者百度把脉时代的适时支持。

由此可见，爱奇艺所在的网络视频行业潜在进入者的威胁能力较弱，资金与技术两大壁垒虽然在一定程度上让潜在进入者遭遇了挑战，但对行业内部的视频网站仍然不能够掉以轻心，在拥有这两大优势之后更加需要积极寻找盈利的出路。

七、启示与反思

爱奇艺所遭遇的竞争问题，无疑也是众多视频网站无法避免的问题，在应对行业竞争、提升竞争力时，需要把握好网络视频行业在内容制作、行业资源以及相关产业链上的优势，寻找更加有效的盈利模式以及发展道路。

第一，把握用户诉求，加强内容制作能力。自制影视内容如今已经成为众多视频网站发力的领域，一旦优质内容被受众接受并且成为视频网站的王牌节目，就能够在一定程度上与视频网站的替代品抗衡，从而削弱相应替代品的威胁。把握用户的个性化需求、制作具有差异性的内容是这一环节的关键。低俗、博取眼球的内容经不住时间的考验，也无法让用户在情感上产生共鸣，只有能够突显社会价值关怀、人文关怀的内容才可以为用户创造良好的情感体验。

第二，进行资源整合，寻求多方位合作。在网络视频行业中寻求发展，不仅需要在内容及技术方面掌握竞争力，资金及渠道资源的支持也是必不可少的。在该行业当中排名前三的腾讯视频、爱奇艺以及优酷视频背后都有已经具备相当实力的BAT（百度、阿里巴巴、腾讯）作为靠山。为保证影视剧来源充足，爱奇艺不仅与华策影视、正午阳光、欢娱影视、华谊兄弟、唐人影视等老牌影视制作公司建立合作，积极导入内容资源，还不断寻求与有实力的新兴影视公司合作，擦出新的火花。视频网站在寻求合作时需要打造自己的品牌与口碑，以此来获得资金或资源方面的帮助，同时也需要多关注具有潜力的合作对象，实现双赢。

第三，延伸产业链，接触上游娱乐产业。视频网站在进行产业链上游延伸时，除了积极对接影视制作公司、加入内容制作工作这一措施之外，还能够培育属于自己的娱乐团队。爱奇艺的首席内容官马东在成立了米未传媒后，不仅能够为爱奇艺输入优质的综艺节目，同时还自行开展艺人经纪业务，培育了许多具有知名度的明星、网络红人以及辩手，多方面触及了娱乐产业的业务。视频网站若能以此种方式延伸产业链，组建娱乐团队，便能够为节目内容的制作提供更加优质的艺人资源或其他娱乐资源，这同时也是多维创收的一个新路径。

第三章 实力分析

要成为领袖，无论从事什么行业，都要比竞争对手做得好一点。

——李嘉诚

企业成功的关键在于认清哪些特色能使自己免于竞争。你必须强调这些特色，经常重申重要性，绝不能让它稀释淡化。

——罗蒂克·安妮塔

外部环境分析是“知彼”的过程，便于组织更好地抓住外部环境中的机遇，避开其中的威胁。实力分析在于“知己”，通过客观审视自身来清晰地把握企业内部资源与能力、优势与劣势。只有“知彼知己”，才能为制定适当的战略目标和战略方案提供尽可能多的信息资料，帮助组织在激烈的竞争中“百战不殆”。

第一节 资源与能力

资源基础学派

组织资源与能力是经营运作的基础，是实施组织战略、达成经营目标的保障。资源基础学派认为，组织内部资源对组织获利并维持竞争优势具有重要意义，同时认为资源整合能力是战略管理中最为重要的能力。

一、组织资源

组织资源指组织在向顾客提供产品或服务中，拥有或控制的能够实现组织战略目标的各种要素集合，包括设备、厂房、人员、土地、资金、商标、组织形象、技术、专利、文化等，是组织历史的积累和发展的基础。

1. 资源的分类

一种较为简单和经典的分类方法是将组织的资源分成有形资源、无形资源以及人力资源。

(1) 有形资源。有形资源是可见的、能用货币直接计量的资源,主要包括实物资源和财务资源。实物资源包括土地、厂房、生产设备、原材料等;财务资源是企业可以用来生产经营或投资的资产,包括货币资金、应收账款、有价证券等。有形资源可以较容易地识别和评估,并在组织财务报表中得以反映。

(2) 无形资源。无形资源是企业在经营中积累的、没有实物形态甚至无法用货币精确计量的资源,通常包括品牌、商誉、技术、专利、商标、企业文化及经验等。无形资源一般难以被竞争对手了解、购买、模仿或替代,是企业核心竞争力的重要来源。如果运用得当,有些无形资源在使用中不仅不会贬值,相反还可以增值。如日本本田公司拥有多汽缸科技专利,它将这项技术应用于摩托车、汽车、除草机及发电机设备,专利的价值得以充分利用和发挥。

(3) 人力资源。人力资源指推动组织发展的组织知识结构、技能和决策能力。人力资源是有形资源与无形资源的统一,一方面,它表现为一定的物质存在——员工的数量,另一方面表现为这些员工内在的体力、智力、人际关系、知识经验和心理特征等无形物质的总和。人力资源是企业资源结构中的关键资源,是企业技术资源和信息资源的载体,是其他资源的操作者,决定所有资源效力的发挥水平。

2. 资源分析的内容

组织的资源分析主要包括以下 4 个方面。

(1) 现有资源分析。列出资源清单,评价资源优势和劣势,为制定战略提供可靠依据。

(2) 资源利用情况分析。计算组织现有资源的投入产出效率,并与计划目标、行业平均水平、竞争对手和标杆组织进行比较,找出改进的机会和途径。

(3) 资源平衡性分析。主要分析现有资源在各项业务之间、当期和未来之间的分配是否合理以及各项资源与战略规划之间是否匹配。

(4) 资源适应性分析。着重分析当内外部环境发生变化或者做出战略调整时,组织及时对资源进行重新组合和开发新资源的可能性。其分析的重点是那些对环境变化特别敏感的资源类型。

二、组织能力

组织能力指运用、转换和整合自身资源并使其发挥作用的技能,包括组织财务、营销、生产、管理、文化等生产经营环节和职能领域的各个层面的能力。正如一支球队因优秀前锋归队而晋级,但成绩必须建立在其他队员与之配合默契,共同按照一套战略,充分发挥队员优势的基础上,是各种资源的有效组合。

1. 财务能力

财务能力指组织施加于财务资源的作用力,指企业所拥有的财务资源和所积累的财务学识的有机组合体。一般采用财务比率方法对组织的收益性、安全性、流动性、成长性和生产性等方面的指标进行计算，分别与行业竞争对手、行业平均水平、自身过去水平比较，以明确组织财务优劣势及发展趋势。

(1) 收益性指标。目的在于观察组织一定时期的收益及获利能力，是组织综合经济效益评价的重点，包括资产报酬率、所有者权益报酬率、每股利润、股利发放率、市盈率、销售利税率、销售毛利率、销售净利率、成本费用利润率等 9 个方面。

(2) 安全性指标。安全性指标是反映组织资金调度安全程度，即资金收支平衡状况的指标。分析安全性指标的目的在于观察组织一定时期内的偿债能力，它包括流动比率、速动比率、资产负债率、所有者权益比率、利息保障倍数等 5 个方面。

(3) 流动性指标。目的在于考察组织在一定时期内的资金周转状况，是对组织资金使用效率的分析，它包括存货周转率、应收账款周转率、流动资产周转率、固定资产周转率、总资产周转率等 5 个方面。

(4) 成长性指标。目的在于考察组织在一定时期内经营能力的发展变化趋势，它是反映组织发展的潜力大小和趋势好坏的指标。一个组织收益性高但成长不好，表明其发展的后劲不足，未来盈利能力可能比较差。因此分析组织的成长性对战略的选择至关重要，它包括销售收入增长率、税前利润增长率、固定资产增长率、人员增长率、产品成本降低率等 5 个方面。

(5) 生产性指标。目的在于判断组织在一定时期内的生产经营能力、生产经营水平和生产成果的分配等。生产性指标是考核劳动效率的指标，它包括人均销售收入、人均净利润、人均资产总额、人均工资等 4 个方面。

2. 营销能力

组织营销能力的强弱主要体现在其产品竞争能力、销售活动能力、新产品开发能力和市场决策能力等 4 个方面。营销能力分析是采用恰当的方法，分析这 4 种能力的强弱及其影响因子。

1) 产品竞争能力

产品竞争能力分析是对组织当前销售的各种产品的市场地位、收益性、成长性、竞争性和结构性等方面进行分析。

(1) 产品市场地位可以通过市场占有率、市场覆盖率指标进行分析。市场占有率是产品市场地位的重要标志。市场占有率越高，产品的知名度和影响力越大；同时大销量会降低产品成本，从而增强价格竞争的优势。市场占有率是企业重要的战略目标之一。市场占有率是本组织产品销售量占市场同类产品销售量之比，市场覆盖率是与市场占有率相关的一个指标，它是本组织产品的投放地区占应销售地区的百分比。

ABC 分析

(2) 产品收益性主要分析三个方面的内容。一是进行销售额的 ABC 分析，以确定深入调查的 A 类重点产品；二是进行边际利润分析，以明确各种产品的利润贡献度;三是进行量本利分析,以查明经营安全率和确定目标销售量。

(3) 产品成长性分析是将组织最近三五年的销售量或金额,按时间顺序画成折线图来观察其增长趋势,分析时,常用以下两种比率来进行对比。一是销售增长率。销售增长率是本年度销售量与上年度销售量之比,用以评价产品销售量的增长状况。二是市场扩大率。市场扩大率是本年度市场占有率与上年度市场占有率之比,用以分析组织市场地位的上升状况。

(4) 产品竞争性的衡量指标是产品强度。产品强度分析是组织的产品相对于竞争产品,在质量、外观、包装、商标、价格等方面具有的优越性。

(5) 产品结构性分析是把组织各种产品的销售收入、边际利润率和销售趋势画在同一幅图上,对产品的构成状况进行分析。

2) 销售活动能力

销售活动能力分析是对销售组织、销售成绩、销售渠道、促销活动、销售计划等方面进行分析,发现销售活动中存在的问题及原因,为制定销售战略、有效开展销售活动提供依据。

(1) 销售组织分析。对销售组织的分析主要从以下三个方面展开。一是销售组织机构分析。调查分析销售部门的人员编制、业务分工、责任权限、管理方式等情况,绘出销售组织结构图,分析其组织功能的不足之处,研究改进措施。二是销售人员素质分析。调查分析销售人员的年龄、工作年限、学历、商品知识、销售技术、业务管理以及近年来的培训进修情况,对销售队伍的素质进行评价。三是销售管理资料分析。调查分析销售活动计划、统计报表、用户档案、市场调查资料、规章制度等是否完善,销售活动的控制和管理状况是否良好。

(2) 销售成绩分析。销售成绩分析是从提高销售活动效率出发,发现销售管理的问题,为逐步深入研究提供线索。一是计划完成率分析。把最近一年的销售成绩与销售计划和上年度进行对比,计算各目标计划完成率,绘制折线图,分析各项计划完成情况和差异程度。二是地区发展性分析。计算产品在各个地区的销售收入和销售利润的构成比率,画出排列图,明确各个地区的重要性和发展性,确定应加强管理的重点地区。三是销售活动效率分析。根据各推销员的销售活动资料计算各项表示销售活动效率的指标,在各个推销员之间对比,发现推销员管理方面的问题,为培训、提高推销员的销售活动管理能力提供依据。

(3) 销售渠道分析。销售渠道分析是通过对中间商的评价,加强中间商管理,分析存在的问题。一是销售渠道结构分析。调查组织直接销售和间接销售的各种形式,绘制销售渠道结构图,计算各个销售渠道的销售额构成比例和利润贡献度,分析销售渠道是否合理。二是中间商评价。根据与中间商的交易额大小以及交易额增长率的高低,从各中间商的重要性和发展性两个侧面进行分类和评价,确定今后应扩大交易、需重点管理的中间商。三是销售渠道管理分析。调查企业的销售渠道方针、对中间商的管理资料、与中间商的协作配合情况,分析对中间商的指导援助和取得的实际效果。

(4) 促销活动分析。促销活动分析是对组织开展促销活动的方法、内容和效果进行评价,研究组织如何运用各种促销活动的组合,加强对市场的作用和影响,提升组织和产品的形象。

(5) 销售计划分析。销售计划由销售预测、确定目标销售额、分解目标销售额和制订实施计划4个部分组成。销售计划分析着重分析销售计划编制依据、编制方法合理性、计划内容是否完善等。

3) 新产品开发能力

新产品开发管理分析是在现有产品市场强度分析的基础上,着重从新产品开发组织、开发效果、开发过程和开发计划4个方面进行分析。其目的在于提高新产品开发的效果,改进企业的产品组合,增强企业的应变管理。

4) 市场决策能力

市场决策能力分析指以产品竞争能力分析、销售活动能力分析以及新产品开发能力分析的结果为依据,对照组织的经营方针和经营计划,指出组织在市场决策中的不当之处,探讨组织的中、长期营销课题和应采取的市场战略,提高组织经营领导层的决策管理能力和决策水平,使组织获得持续发展。

3. 生产管理能力

组织的生产包括将投入变成产出的所有活动。各个行业和企业的投入、加工、生产可能不同,但是生产管理方面的内容是一样的。生产管理部门的首要任务是开发和管理一个能够符合要求(数量、质量、成本和时间)的生产体系。美国管理学者罗杰尔·斯格罗德尔则进一步认为,生产管理包括5种职能或5个决策领域:生产过程、生产能力、库存、劳动力和质量。因此,生产管理能力分析也应从以下5个方面展开。

(1) 生产过程分析。生产过程分析主要涉及决定整个生产体系的设计,具体内容包括技术选择、设施选择、工艺流程分析、设施布局、生产线平衡、生产控制和运输安排等。

(2) 生产能力分析。生产能力分析主要涉及决定组织的最佳生产能力,具体包括产量预测、设施和设备计划、生产日程的安排等。

(3) 库存分析。库存分析主要涉及原材料、在制品及产成品的存量管理,具体内容包括订货的品种、时间、数量以及物料搬运等。

(4) 劳动力分析。劳动力分析主要涉及对熟练、非熟练工人及管理人员的管理,具体包括岗位设计、绩效测定、工作标准和激励方法等。

(5) 质量分析。质量分析主要涉及组织生产或提供高质量的产品或服务,具体内容包括质量控制、质量检测、质量保证和成本控制等。

组织的绝大部分人力和资产都与生产活动密不可分,绝大多数工业的生产或服务成本是发生在生产过程之中的,因此生产管理的好坏对于组织能否在竞争中取胜十分重要。上述5个方面的长处和弱点可以决定组织的成败。如美国的Goodyear公司以其先进的生产设备和工艺而占据美国三分之一和世界五分之一的轮胎市场。为了应对国际竞争,该公司在1973年至1983年共投资了2亿美元,全部用于改造生产设施和设备。生产设施和设备的更新使该企业成功抵消了外国竞争者拥有的低成本劳动力优势。

生产体系的设计和管理必须与组织现在的战略相适应。如果一个组织的战略是以一次性使用的低附加值产品占领市场,则其生产体系的设计便不是作坊式或间断式的;如果组织的战略是生产高技术和专业性很强的产品,则没必要设计一个生产批量很大的一条龙生产线。在组织管理者着手制定新的组织战略的时候，首先要针对组织现在的生产部门和生产管理认真分析，通过回答生产分析相关的问题可以帮助大多数组织的高层管理者了解其生产部门和生产管理方面的长处和弱点。美国通用汽车公司采用了这种方法之后，才发现需要将其原来装配线式的生产体系改成基本件生产装配线。

4. 组织管理能力

组织管理能力分析是组织实力分析的基本环节和主要内容。分析组织管理能力、发现制约组织长期发展的问题并加以改进，可为组织战略的正确制定和成功实施奠定坚实基础。组织管理涉及的问题纷繁复杂，对其实施分析应采取适当的方法与角度，一般可从以下几个角度入手。

（1）从分析组织任务分解入手，对组织任务的分解过程和分解结果进行逻辑分析，进而对组织任务分解的合理性做出判断。如分析职能管理体系的分工时，任务分解不合理（任务交叉、任务割裂、任务空档、轻重不分、横向协调不畅等），据此建立的职能组织结构也不可能合理。

（2）从分析岗位责任制、职责权限对等性入手，发现其是否有改善的可能性。在组织的等级链中，每一个环节即职位上都要贯彻责权对等原则。如果各个职位的责权不清晰、不对等，等级链缺乏牢固的连接环，整个组织会松垮、低效。

（3）从分析管理体制入手，对组织集权与分权的有效性进行分析。在分析时要注意分析影响本组织职权集中和分散的各种因素，如组织的规模、职责与决策的重要性，组织文化，下级管理人员数量和素质，控制技术的发展程度，以及环境的影响等，切忌“一刀切”。一般而言，规模较大的组织职权应适度分散，反之则应适度集中；从内部扩展起来的组织集权较多，合并或联合起来的组织分权较多；各级管理人员数量不足、素质不高就倾向于职权集中，反之则倾向于职权分散；实行多元化经营分权较多，实行专一化经营集权较多。其实，集权和分权对于一个组织都是有必要的，没有绝对的集权，也没有绝对的分权。分析组织管理能力时，要考虑的不是分权好还是集权好，而是如何合理确定集权与分权的程度以及哪些应集权、哪些该分权。

（4）从分析组织结构入手，确定现有组织结构是否适应现行战略的实施及未来战略方向。现代组织结构形式主要有直线职能制、事业部制、矩阵制、扁平式、网络式、虚拟式等。各种组织形式各有其优势，此项分析旨在确定适应未来战略方向的最佳组织形式。

（5）从分析管理层次和管理幅度入手，看是否可以新增或合并管理职能部门。管理层次决定组织的纵向结构，管理幅度决定组织的横向结构。古典组织学家主张采用狭窄的管理幅度以实现有效的控制；现代组织学家认为下级憎恶限制人们动机和行为的严密管理，主张宽幅度的管理以减少管理层次，加速组织中信息的传递。现实中，管理幅度和管理层次的确定需综合考虑企业规模、生产特点、经营性质、授权程度、组织协调程度、管理者的能力、下级的成熟程度、工作的标准化程度、工作条件、工作环境等因素。

（6）从分析人员入手，根据组织任务分解、职位标准和职务手册等对企业所有现职管理者承担现职工作的能力和职业前景进行分析和判断，确定现职管理者的胜任程度和职位标准等是否应当修正。

5. 组织文化

组织文化是组织在长期的生存和发展过程中形成的、为组织多数成员所共同遵循的经营观念或价值观体系。组织文化包括价值标准、管理制度、行为准则、道德规范、文化传统、风俗习惯、典礼仪式以及组织形象等。其中,共同的价值观是形成组织文化的核心。因此,组织文化是以组织价值观为核心,以组织精神为灵魂,以组织道德为准则,以组织形象为形式的系统理论。

1) 组织文化的特征

由于各个组织的历史传统和社会环境不同、行业特点不同、技术设备和生产经营状况不同、人员组成结构和员工素质不同,以及他们所处的社会文化环境不同,因此各个组织所形成的组织文化模式也不尽相同。尽管组织文化具有组织个性,但组织文化作为观念形态具有以下共同特征。

(1) 整体性。组织文化把组织作为一个整体,阐明组织内部各个子系统之间的内在联系、组织全体成员的行为规范、共同目标等,形成整体的信念和企业形象。

(2) 稳定性。任何一个组织的文化,总是与组织发展相联系。组织文化的形成是一个渐进的进程,一经形成就具有一定的稳定性,不会因组织的产品、制度和战略的改变而立即改变。

(3) 开放性。优秀的组织文化具有全方位开放的特征,它绝不排斥先进的管理思想和有效的经营模式的影响和冲击,通过引进、改造、吸收其他组织文化,促进自身发育成长,促进具有自身特色组织文化的发展。

(4) 可塑性。组织是一个有生命的有机体,组织活动是一种动态过程,随着社会和经济的发展,各种先天素质、历史经验、后天营养以及现实的环境因素等,都会对组织文化产生影响。

(5) 独特性。每个组织都有自己独特的文化,反映自身的特点,以此为标志与其他组织相区别。

2) 分析内容

当今,组织文化的价值愈益为组织所重视。组织文化建设不再是可有可无的装饰品,而是树立组织形象、密切与社会和公众的情感、获取信息、提高职工的文化素质、增加职工的自豪感、促进组织发展的重要手段。哈佛学者约翰·科特和詹姆斯·赫斯科特在对数百家企业进行长期研究的基础上撰写了《企业文化和经营业绩》一书,得出如下研究结论:第一,企业文化对企业的长期经营业绩具有重大影响;第二,企业文化在下一个十年内很有可能成为决定企业兴衰的关键要素;第三,影响企业长期发展的起负面作用的企业文化并不罕见,而且容易蔓延,即便在那些汇集了许多通情达理、文化程度高的人才的公司也是如此;第四,企业文化尽管不易改变,但它们完全有可能转化为有利于企业经营业绩增长的企业文化。理论界的研究和企业界的实践均已证明,组织文化的力量既有可能支持组织的战略管理,助其成功,也有可能抵制它们,促其失败。因此,分析组织文化的现状,从中找出能够制约组织战略的关键要素,进行加强或改进,就成为战略管理者面临的重要任务。对组织文化进行分析,应注意把握以下内容。

(1) 组织文化现状分析。应对组织的物质文化层、制度文化层、精神文化层逐一进行分析。如精神文化层需重点分析已为绝大多数员工认同的经营宗旨、价值观、思维方式、行为道德准则、心理期望、信念、具有组织个性特点的群体意识等。

(2) 组织文化建设过程分析。如组织领导人如何塑造组织文化，是否有科学的文化建设目标、计划、工作内容、预算保证等，组织如何宣传贯彻现行企业文化，现行企业文化是否为广大员工所接受并付诸实践。

(3) 组织文化特色分析。不同性质的组织，其生产经营各具特色，组织文化是组织独特的传统、习惯和价值观的积淀，它与组织的生产过程、产品形式与服务手段密不可分。重视组织文化特色在战略管理中的影响，制定按照自身特点去进行有效实施的战略，意味着组织在文化环境方面是有优势的。

(4) 组织文化与战略目标、战略及内外环境的一致性分析。分析过去几年里，组织文化是否与制定的战略目标、战略方向、战略业务选择及政策方针协调一致，所起的作用是正面的还是负面的、其对组织绩效的影响多大以及组织文化是否与社会文化环境和产业文化环境相适应，明确下一步文化建设的方向和思路。

第二节 核心竞争力

"核心竞争力"由普拉哈拉德和哈默尔于 1990 年提出，这一概念为时下工商业界人士所熟知，并成为被实业界提及与引用最多的概念之一。根据普拉哈拉德和哈默尔的定义，核心竞争力是组织中的积累性学识，特别是关于如何协调不同的生产技能和有机整合多种技术流的学识。

一、主要特征

判断组织的资源和能力是否核心竞争力的唯一标准，是看其能否产生持久性竞争优势。而要产生持久性竞争优势，则要求其同时符合价值性、稀缺性、难以模仿性和不可替代性四项具体标准。只有将四项标准结合起来，企业的能力才具有一种潜力，这种潜力可为企业创造持久的竞争优势。

1. 价值性

价值性是核心竞争力的本质属性，指其能够为组织和顾客带来优异的价值。对组织而言，价值性指组织拥有的资源和能力有助于其有效制定和实施战略，有助于其利用环境中的机会或者规避环境中的威胁。同时，对顾客而言，组织的核心竞争力应该是能够真正为其提供根本性好处、创造更多价值的能力。如戴尔计算机公司的制造专利和直销方式给顾客带来低价，给组织带来销售量和利润的增加。

2. 稀缺性

稀缺性指这种能力必须是为某组织所独有的、稀缺的，没有被当前或潜在竞争对手所拥有或者很难拥有。从竞争角度看，一项能力要成为核心竞争力就必须有一定的独特性。如果某种能力为整个行业普遍掌握，就不能成为核心竞争力，除非该组织的能力水平远远高出其他组织。这种能力是靠组织自身通过不间断的学习、创造、提高而逐渐建立起来的，具有独到之处，竞争对手难以获取，能给组织带来持久的竞争优势。

3. 难以模仿性

难以模仿的能力是其他组织不能通过轻易模仿建立起来的能力。一般能力是可以被竞争对手模仿的，只有那些不宜被模仿的能力才有可能成为核心竞争力。难以模仿性是组织创造价值的关键，因为它限制竞争。正因为组织的资源不可模仿，所以其创造的优势更容易保持，而竞争者所能够复制的资源和能力只能为其带来短暂的利润来源，却动摇不了组织的核心竞争地位。

资源基础学派代表人物巴尼认为，以下三种因素决定组织资源和能力难以被模仿。

1）独特的历史状况

竞争优势的产生依赖于独特的历史状况，这种情形也被称作历史依赖性或路径依赖性。有些资源和能力的形成具有特定的历史背景，如特有的组织文化和品牌。如计算机键盘的竞争能够很好说明历史依赖性。现在广泛使用的 QWERTY 型键盘在技术上并不是最好的，可它牢牢占据了市场，以致后来的键盘虽然在技术上比之先进，但是失去了竞争的先机。当一个组织赖以形成竞争优势的资源和能力具有历史依赖性或路径依赖性时，竞争对手模仿或复制这种资源和能力的代价就非常高昂。当竞争对手无法承受这种代价，或者模仿和复制行为的成本超过其收益时，这种资源和能力便可成为组织持续的竞争优势和经济利润的来源。

2）因果模糊性

因果模糊性指组织资源和能力与持续竞争优势之间关系的模糊，根植于未阐明的独特性资源、默会知识和核心竞争力之中，并自然产生模仿壁垒或隔离机制。在这种情况下，竞争对手无法清楚地了解组织怎样利用它的能力和资源作为竞争优势的基础。结果是竞争者不能确定其需要建立什么样的竞争能力、不知道如何学习或模仿这种能力，也不知道到底应当用自己的资源和能力去实施什么战略。

3）社会复杂性

社会复杂性意味着许多组织的能力是复杂社会现象的产物，如组织管理层之间、经理与员工之间的人际关系，组织与供应商、分销商、客户之间的信任与友谊，以及组织的社会声誉和各种社会关系等。它们构成组织的竞争优势，且难以模仿。

4. 不可替代性

特定资源和能力作为可持续竞争优势的来源必须满足的最后一个条件是，它们在战略上是不可替代的。如果两种不同的组织资源和能力，在执行相同战略的情况下，能分别产生同等价值，这两种资源和能力在战略上具有替代性，称它们为战略对等资源。一种能力越难被替代，它所产生的战略价值越高。能力越是不可见，越难找到它的替代能力，竞争对手越难以模仿。如组织的专有知识以及建立在经理和非经理员工之间信任基础上的工作关系是很难被了解也很难被替代的能力。

只有符合价值性、稀缺性、难以模仿性和不可替代性四项标准的资源和能力才能成为核心竞争力，核心竞争力能帮助组织获得持久的竞争优势。在上述四种核心竞争力评价标准中，价值性标准是最基本和必须具备的标准。组织的资源和能力不具备价值，则对组织的竞争优势毫无意义。由表3-1可以看出，核心竞争力四项标准的具体组合决定组织竞争的结果和竞争中的表现。组织战略管理者可以运用此表分析、判断组织各种资源和能力的战略价值，进而判断组织的核心竞争力所在。

表3-1　核心竞争力四项标准的组合及结果

能力和资源是否有价值	能力和资源是否稀缺	能力和资源是否难以模仿	能力和资源是否不可替代	竞争结果	业绩评价
否	否	否	否	竞争无优势	低于平均水平的回报
是	否	否	是/否	竞争对等	平均水平的回报
是	是	否	是/否	暂时性的竞争优势	平均水平的回报至高于平均水平的回报
是	是	是	是	持续性的竞争优势	高于平均水平的回报

二、分析方法

核心竞争力分析主要分析支持组织主营业务和核心产品的核心资源和能力是什么，组织管理人员是否对此达成共识；这些核心资源和能力的价值性、稀缺性、难以模仿性和不可替代性如何；这些核心资源和能力是否得到充分发挥，为组织带来何种竞争优势，强度如何；保护、保持和发展这些核心资源和能力的现实做法、方案和未来计划是什么。一般而言，可从以下三个方面对组织的核心竞争力进行分析。

1. 主营业务分析

主营业务分析指分析组织是否有明确的主营业务，组织优势是否体现在主营业务上，该主营业务是否有稳定的市场前景，以及本组织在该领域中与竞争对手相比的竞争地位如何。一个组织若没有明确的主营业务，经营内容过于分散，则很难形成核心竞争力。或者组织虽有主营业务，但在该业务领域中的竞争地位很弱，谈不上有核心竞争力。在分析中组织可以运用主营领域明确程度、主营领域市场占有率及其行业排名、主营领域收益占总收益的份额、主营市场前景预测等指标和方法对主营业务进行具体评价。

2. 核心产品分析

核心产品是核心竞争力与最终产品之间的有形联结，是决定最终产品价值的部件或组件。如本田公司的发动机、英特尔公司的微处理器都是核心产品。对核心产品具体应分析：组织是否有明确的核心产品，核心产品的销售现状、竞争地位、市场前景、差异性和延展性，扩大虚拟份额的可能性和具体思路等。核心产品可以延展至多个最终产品领域，最大限度地实现核心竞争力的范围经济。一个组织如果没有过硬的核心产品，则很难说该组织具有较强的核心竞争力。

3. 核心竞争力分析矩阵

在进行组织核心竞争力分析时，可运用核心竞争力分析矩阵（见图 3-1），以帮助组织准确把握核心竞争力的现状及未来的发展方向。

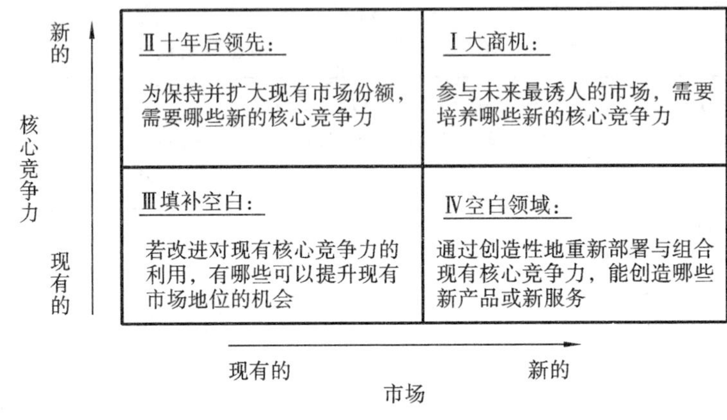

图 3-1　核心竞争力分析矩阵

(1) 大商机。象限Ⅰ中标示的商机和组织目前的产品市场以及现有核心竞争力都没有任何关系。但如果这种商机意义重大或十分诱人，也可以去捕捉。这时的战略可以是一系列规模不大但目标明确的并购或联营，组织可借此取得所需的核心竞争力，并研究其潜在用途。

(2) 十年后领先。象限Ⅱ提出了一个重要问题：现在我们应该建立什么样的核心竞争力，才能确保 5 年或 10 年后用户能将我们当作首选供货商。这里的目标是弄清需要建立何种核心竞争力，方可持续保持并扩大组织在现有市场上的份额。如 IBM 一直努力发展业务咨询技术，并认为只有建立这种专长，它作为强有力的信息技术提供商的地位方能长久保持和加强，因为用户需要购买的不仅是计算机和软件，还有解决实际问题的答案。

(3) 填补空白。象限Ⅲ是组织现有核心竞争力与现有产品或服务的组合。组织可首先列出自身现有的核心竞争力与目前提供的产品或服务，然后分析是否可以通过改进对现有核心竞争力的利用方法，来强化其产品或服务的市场地位。这种通过扩大、改进对现有核心竞争力的利用来增进现有市场地位的做法被称为“填补空白”，佳能和通用电气公司均成功运用了这一做法。

(4) 空白领域。象限Ⅳ指那些不属于组织现有业务领域的产品——市场商机。组织要做的是开发出或找到这样的商机，来扩大现有核心竞争力，将其运用到新产品市场上。索尼公司的随身听是一个开发空白领域商机的成功范例，它将自己在录音机和耳机方面的核心竞争力用于新产品。

三、培育与维护

1. 核心竞争力的培育

组织的核心竞争力是组织运行、发展的驱动力，是提高竞争优势的源泉。组织核心竞争力的培育是一个复杂的系统工程，可从以下几个方面着手。

1）积极打造人才团队

市场竞争的核心在人才，人才是组织核心竞争力的基础。组织要在激烈的市场竞争中占有一席之地，形成自己的核心竞争力，就必须打造一支高素质的人才队伍。第一，要提高高层管理人员的核心竞争力意识。组织高层管理人员的核心竞争力意识是获得核心竞争力的必要条件。具有核心竞争力意识的组织高层管理人员，往往能够在认准市场需求和产品技术变化趋势的基础上，对组织的核心竞争力进行准确定位，基于此建立相应的组织结构，创造相应的环境条件，来构造和提升组织的核心竞争力。第二，选拔和培养一批专业性、技术性人才，特别是市场开发、管理方面的人才。技术和管理知识与组织其他资源相结合可为组织带来超额利润，因此知识成为组织的利润源泉，人才成为组织核心竞争力的基础。

2）掌握核心技术

掌握核心技术对组织提升竞争力来说是至关重要的。核心技术是竞争对手难以超越的关键技术和能力，在不同产品中表现为专利、产业标准等不同形式的知识。这类技术可以重复使用，在使用过程中价值不但不减少，而且能够增加，具有连续增长、报酬递增的特征。组织可以通过自主研发，与高等院校联合开发、技术引进、并购关键技术组织等方式形成一定的技术储备，为提高产品的技术含量和市场竞争能力奠定基础。

3）建立有特色的资源与能力管理模式

建立有特色的资源与能力管理模式是培育组织核心竞争力的重要途径。各个组织所面临的内外环境不同，管理方式也有所差别，关键是要建立符合本组织实际的管理模式。组织应集中资源，通过对关键产品或服务的专注和持续投入，提高内部资源的配置效率，形成自己独特的可以提高竞争能力的管理模式。

4）实施名牌战略

在市场经济发达的今天，品牌已超越纯经济的范畴，成为组织竞争力的体现。品牌一般具有可靠的质量、极高的知名度和美誉以及巨大的市场影响力，能给组织带来极大的市场占有率，增强组织发展的后劲。组织的核心竞争力的直接表现形式主要是市场占有率，这是衡量组织核心竞争力强弱的一个重要指标。因此，要树立正确的品牌意识，实施名牌战略，即建立品牌发展战略管理体制，重视知识管理以及实施与品牌理念相配套的系统培训等。

5）建立学习型组织

把组织建成学习型组织，在不断学习中增加组织专有技能、不可模仿的隐性知识等，是组织不断适应环境变化、提高组织核心竞争力的有效途径和重要保证。通过营造学习型组织的工作氛围，积极进行全员学习、全程学习、团队学习，建立起“从学习到持续改进，再到建立竞争优势”的高效的学习型组织，增强组织的核心竞争力，实现组织的可持续发展。

6）建设组织文化

组织文化能产生核心竞争力。组织文化的本质是以人为中心的管理思想和管理方式，所以培育组织的核心竞争力，要注重培养、挖掘、发挥全体员工在组织生产、管理、营销等方面创新的积极性，同时要密切关注和服务组织所面对的目标顾客。在组织管理中充分运用激励机制和约束机制，把员工的积极性调动起来，创造更好的产品和服务来满足社会的需求，增强组织的核心竞争力，提升组织价值。

2. 核心竞争力的维护

组织的核心竞争力是通过长期的发展和强化建立起来的，是组织维持竞争优势的根本，使组织在竞争中获得超额收益。核心竞争力的缺失将给组织带来无法估量的损失，因此组织一定要重视核心竞争力的维护工作，针对其丧失的主要原因，采取有效的维护措施。

1）核心竞争力丧失的主要原因

（1）核心竞争力携带者的流失。核心竞争力携带者指体现和掌握核心竞争力的技术人员或管理人员，他们在组织核心竞争力的建立过程中起着支撑作用。核心竞争力携带者的流失，可能导致组织关键技术的泄密，核心竞争力相对于竞争对手的优势大为削弱。

（2）与其他组织合作。组织在与其他组织合作时，常常会扩散自己的核心竞争力。如国内汽车企业通过战略联盟从发达国家合作伙伴中获得大量的技术能力，从而得到汽车制造的核心技术能力，降低了发达国家汽车生产的竞争优势。

（3）过分追求多元化经营。组织核心竞争力的储备状况决定组织的经营范围，特别是决定组织多元化经营的广度和深度。过分追求多元化经营，将带来研发和经营投入的过于分散，造成组织核心竞争力的缺失。

（4）放弃某些经营业务。如 TCL 集团在 2005 年出售电工业务，从而失去了其在电工市场长期积累下的综合优势。

（5）组织形成的核心刚度。组织核心刚度，是指当组织具备的核心竞争力与内外环境不相适应时，因对组织内部习惯或惯例的过分遵循，核心竞争力表现出很难改变的路径依赖性，扼杀了创新与活力，使核心竞争力不能成为组织持续竞争优势的源泉。

（6）核心竞争力的贬值。随着时间的推移，组织原有的核心竞争力被竞争对手所获得，逐渐成为行业中必备的能力。

2）维护核心竞争力的措施

（1）实行分类分级管理。一是对核心技术、核心信息、核心资料、核心设备等实行一级管控，缩小知晓和掌握的范围；二是建立健全核心要素的内控机制，不可让一个人或一个部门独立掌控组织的全部核心要素；三是对核心竞争力携带者建立利益关联机制，防止关键人员的流失。如通过股权激励，使其利益与组织的利益保持一致，培养其对组织的忠诚度。

（2）自行设计和制造核心产品。核心产品是核心竞争力的物质体现，组织通过自行设计和制造核心产品，可以防止核心技术和独特技能的扩散，从而将核心竞争力保持在组织内部。可口可乐公司自行配制糖浆就说明了这一点。

(3) 谨慎处理多元化业务。组织应遵循理性的多元化原则，保持主业优势，实施关联多元化，避免背离自己的核心专长。另外，组织在处理放弃业务时必须谨慎，要充分考虑到业务的放弃或转让所造成的影响，看看是否会对组织和竞争对手的核心竞争力带来什么影响。

(4) 重视组织核心竞争力的改进。在原有的核心技术或技能融合模式基础上，利用全面质量管理及不断创新持续对其进行改良与改进，不断强化核心专长和竞争优势，提升组织的核心竞争力。

3) 核心竞争力的动态管理

如果组织想要具备长期成功的基础，核心竞争力就不能处于静态，而应当是动态变化的。大卫·蒂斯提出了动态能力的概念，它指组织更新与重建战略才能具有适应环境变化的能力。他进一步指出，构成竞争优势基础的能力，可能在一段时间后被竞争对手模仿而在行业内通行，或随着环境的变化而成为冗余。哈佛大学的多萝西·伦纳德-巴顿也警告，如果环境发生变化，这些能力可能会有“僵化”的危险。组织为了具有长久的竞争优势，必须不断保护和发展自己的核心竞争力。

大卫·蒂斯

当组织难以改变资源和能力的储备时，可以运用新的方式重新配置和整合这些资源。动态能力是组织通过整合、重新配置收购或者剥离资源等方式来建立资源和能力的新结构的过程。用“动态”一词来描述这种独特的能力，是因为动态性意指组织能够调整、改变资源和能力并使之与环境匹配。在快速变化的市场上，重新配置资源和能力的能力对组织尤其重要。

第三节 价值链分析

价值链由一系列的价值活动组成，组织的每项价值活动都会对组织最终能够实现多大的价值造成影响。同时，组织要在竞争中取得竞争优势，必须在创造价值方面比竞争对手做得更好。组织价值链分析，是对组织的价值活动进行深入考察，充分权衡其中的利弊，明确优劣势，以最大限度地实现组织的价值。

一、价值链的概念

迈克尔·波特在其《竞争优势》(1985 年)一书中提出了“价值链”的概念并对其进行了深入的研究。波特认为，组织的每项生产经营活动都是其创造价值的活动，组织所有不同且相互关联的生产经营活动便构成了创造价值的动态过程，即价值链(见图 3-2)。组织的价值链构成了组织的成本结构，也包含了组织的利润空间。

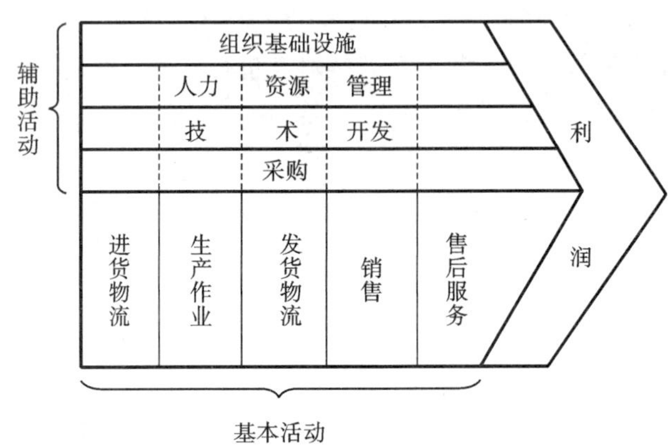

图 3-2　波特的价值链分析模型

价值链列示了总价值，并且包括价值活动和利润。价值活动是由影响竞争优势的各种相对独立的活动组成的。每种价值活动如何作用于组织经济效益将决定一个组织在成本上是否处于相对优势地位，在产品特点上是否区别于竞争对手。利润是总价值与从事各种价值活动的总成本之差，这一差额可以用很多方法来度量。组织与竞争对手在价值链的各种活动上的比较揭示了竞争优势的差异所在。

价值活动可分为两大类:基本活动和辅助活动。基本活动是涉及产品的物质创造及其销售、转移给买方和售后服务的各种活动。任何组织的基本价值活动都可以划分成进货物流、生产作业、发货物流、销售和售后服务五种。辅助活动是辅助基本活动并通过提供采购、投入技术与人力资源以及各种基础设施以相互支持的活动。

二、基本活动

1. 进货物流

进货物流是与接收、存储和分配相关联的各种活动，如原材料搬运、仓储、库存控制、车辆调度和向供应商退货等，它是组织价值链上的第一环。组织如果在进货物流相关活动中做得好，往往意味着组织在竞争中占得了先机，并且为组织在后续的生产、销售等活动中的竞争奠定了基础。在诸如连锁零售和火力发电等行业中，进货物流对于组织获得竞争优势具有至关重要的作用。泰国零售超市巨头卜蜂莲花在中国的迅速发展就与其出色的货品配送能力不无关系。为了及时准确地补充货品，卜蜂莲花建立了专门的配送中心。一旦门店商品库存低于要求，就有专门的订单管理部门向供应商发出订单，供应商接到订单后，按照订单的要求备货，并将商品送到配送中心，而不用配送到每个门店。

这样既节省了供应商的配送费用，又加强了组织对商品的掌控力度，可以保证商品及时到店，减少商品的缺货概率，这一点是没有配送中心的零售组织无可比拟的。

2. 生产作业

生产作业包括所有将投入变成最终产品或服务的一系列相关活动，如机械加工、包装、组装、设备维修、测试、印刷和厂房设施管理等。对于提供实物产品的组织，生产指制造，如饼干生产组织制造饼干。对于提供服务的组织，生产指把服务提供给顾客，如会计师事务所为组织提供审计服务。组织通过优化生产活动，有可能获得更低的成本结构，提高产品质量，创造出产品的差异化优势。在钢铁行业，生产工艺对于产品质量和成本均有很大影响，宝钢股份公司通过不断优化厚板产品一贯制生产工艺，改善了板坯质量和热送率，显著提高了生产的稳定性，同时使制造成本不断下降。

3. 发货物流

发货物流指有关集中、存储和把产品或服务分销给客户的活动，包括产成品库存管理、原材料搬运、送货车辆调度、订单处理和进度安排等。发货物流对组织的价值创造体现在产成品的储运成本、订单处理的及时性、生产进度安排的合理性及产品配送的准确性等方面。发货物流的工作效率与组织提供产品或服务的成本、质量紧密关联。如条形码扫描技术的广泛应用提高了订货信息输入的速度与准确性，并降低了处理成本。

4. 销售

销售指提供买方购买产品的方式和引导其进行购买等相关活动，如广告、促销、销售队伍、报价、渠道建设、渠道关系和定价等。利用销售环节来提高产品或服务价值的方式很多，如通过广告提高组织和产品在顾客心中的形象，通过促销提高产品销量，通过渠道建设提高买方获取产品和服务的便利程度，通过灵活的报价提高销售队伍获取订单的能力。销售还以一些间接的方式为组织创造价值。如在组织销售活动中会累积有关产品的有用信息，将这些信息反馈给设计、研发和生产部门将有助于组织生产出更符合顾客需要的产品。

5. 售后服务

售后服务包括所有与提供服务以提高或保持产品价值相关的活动，如安装、维修、培训、零部件供应和产品调试等。售后服务至关重要，虽然这些活动发生在顾客购买相关产品或服务之后，但是它们往往影响顾客的购买决策。在一些行业中，组织的竞争不在产品质量和成本上，而在售后服务上。

三、辅助活动

1. 采购

采购指购买组织价值链所需各种投入的活动，而非组织价值链所需的各种投入本身。采购投入包括原材料、储备物资和其他易耗品，也包括各种资产，如机器设备、办公设备和建筑物等。组织内的采购活动和组织的价值创造活动关系密切。当采购投入占组织总成本的比例较大时，采购对于组织的成本结构具有举足轻重的影响。这种情况在钢铁行业购买铁矿石、火力发电组织购买煤炭时很常见。另外，采购得到的材料的质量还直接影响产品的生产效率和质量，影响组织的价值创造。

2. 技术开发

组织的技术体现为专利技术、专有知识，也可能隐性地包含在组织使用的各种机器设备和最终产品中。技术广泛存在于组织的每项价值活动中，从行政办公系统到生产工艺流程，无处不包含着技术的成分。技术开发不仅仅存在于组织的基础活动，更不能局限于生产活动，辅助活动中包含的技术也很可能促进组织的价值创造。如 E-Learning（在线学习）在人力资源管理中的应用促进员工的学习效率，进而影响产品的成本结构和质量。

3. 人力资源管理

人力资源管理包括对各类人员的招聘、雇佣、培训、开发和报酬等活动。人力资源管理与价值链上的各种基本活动和辅助活动相关联，对于价值链上的各种价值活动都具有支持性作用。如生产活动需要雇佣胜任的人员来开展，人力资源管理活动本身也需要雇佣人力资源管理专业人员来实施。

4. 组织基础设施

组织基础设施由大量活动组成，包括总体管理、计划、财务、会计、法律、政府事务和质量管理等。基础设施作用于整个价值链，不对单个活动起辅助作用。在一定程度上，组织基础设施是其他价值活动发生的环境。最高管理层对公司基础设施的方方面面都有切实影响，所以组织的最高管理层往往被看作组织基础设施不可或缺的组成部分。

组织基础设施对组织竞争优势的影响是间接的。如组织文化作为组织基础设施的重要组成部分，对组织价值创造活动的影响被认为是缓慢的、温和的。同时，组织基础设施对于组织竞争优势的影响往往也是很重要的。同样以组织文化为例，它对组织竞争优势的影响通常是持久的，在一段较长时间中的累积效果通常比较显著。

四、具体实施

组织通过价值链获取的竞争优势，是其以竞争对手无法达到的方式来获得某种资源或能力并为组织创造价值的体现。价值链的分析可以拓展到微观和宏观两个层面：①微观层面，是将组织的价值链做更进一步的细分，如可将整个营销活动分解为产品、价格、渠道、促销、包装、人员、流程及与合作者的关系等，这样可以更加清楚地了解组织活动创造价值的来源；②宏观层面，是将组织的价值链扩展成整个产业的价值链系统来分析，除了组织自身的价值链外，还包括上游的供应商价值链和下游的渠道价值链、购买方价值链。

价值链分析视角结合精益化管理优势，组成了价值链精益化成本管理。在价值链分析视角下，组织精益化成本管理的目的在于科学管理组织价值链的相关活动。价值链精益化成本管理的具体实施如下。

1）关于采购环节

采购费用在组织价值链成本中占有较大的比例，故组织价值链中降低成本的关键之一在于控制采购成本。基于完善的组织采购体系，精益化采购成本将采购活动视为降低成本的切入点，通过对该环节采取有效的监管方法使其日渐制度化、规范化。具体做法主要包括以下四个方面：第一，结合组织实际情况，按需采购物资，对一切不合理的采购需求坚决不予批准;第二,本着公平公正的原则选取合适的供应商,拓宽物资采购的招标范围,竞标采购与比价采购相结合,有效降低组织采购成本;第三,积极保持与供应商之间良好的合作伙伴关系,做到互惠互利,建成稳定的低成本供货渠道,以此规避市场价格风险;第四,适时进行采购,科学控制库存,加快存货周转速度,合理有效控制存货周转率。

2)关于设计环节

国外研究资料指出,超过80%的产品在其产品设计阶段就已经形成,故在产品的开发设计过程中应始终关注成本的规划与控制。组织在确立目标成本后,应严格对产品设计阶段的开发成本加以控制,将目标成本分解落实到各个零部件及总成本上。为确保目标成本的可控性,在产品开发设计的每个环节应实施动态跟踪管理,实时记录实际成本水平并进行差异化对比分析,及时发现存在的问题,结合价值分析,研究并制定一系列合适的降低成本的措施。

3)关于生产环节

生产成本的控制首先要从系统工程的角度出发,通过科学的价值分析,彻底排查各个生产环节的各种浪费现象及其非增值因素,有效控制成本,最终实现成本的降低。应该从组织整体价值链的角度出发控制生产成本,从整体上考察构成成本的因素,包括原材料的采购和供应、生产设备的使用情况、人工成本支出及物流运输条件等,积极探索各生产环节中新的效用临界点。此外,组织生产技术水平、市场需求等方面的因素也不容忽视,综合考虑成本构成、产品功用二者之间的关系,而不是忽略产品的功能和质量来一味追求成本的降低。应追求产品性价比的提高,确保产品的基本功能,科学有效地对成本加以控制与管理。

4)关于流通环节

精益化物流成本管理,即按照精益生产管理模式的具体要求,运用系统化分析方法,综合分析生产各环节如产品包装、仓储管理、厂外运输、广告宣传、产品装卸运转及售后服务等方面,秉承不浪费、不等待、不倒流、不间断的原则,科学制定创造价值流的操作方案。同时,需要重视客户的价值需求,在确保物流各阶段正常运行时,权衡成本与收益间的关系。对物流各环节所产生的生产成本进行科学合理的管理,减少支出。

5)关于服务环节

目前,组织的战略重点趋于实现客户满意度的提高,借此占领更多的市场份额。精益化服务成本管理的目的在于尽可能满足客户的价值需求,对服务成本进行控制。当服务成本过高,客户满意度边际效用降低,并超出客户预期的满意水平时,会造成组织资源的浪费。服务成本作为组织价值链中不容忽视的一部分,应当以客户价值为控制成本的关键点,在满足客户价值需求的同时,控制过高的服务成本。

在精益化管理优势愈发明显的今天,组织生产经营过程中存在着许多问题,而成本控制只是诸多问题中需引起重视的一个方面,精益化成本管理也仅是价值链诸多环节中的一环。因此,战略制定者必须合理有效地运用精益化管理的精髓及价值链分析的方法,使组织实现价值增值,提高组织盈利能力。

案例　佳能公司以能力制胜

佳能公司(以下简称“佳能”)是全球领先的生产影像与信息产品的综合集团。自1937年成立以来,经过多年不懈努力,佳能已将自己的业务全球化并扩展到众多领域。目前,佳能的产品系列共分布于三大领域——个人产品、办公设备和工业设备,主要产品包括照相机及镜头、数码相机、打印机、复印机、传真机、扫描仪、广播设备、医疗器材及半导体生产设备等。佳能由于技术创新、市场营销专长、低成本高质量的制造而备受钦羡,这些都是公司力求成为领先企业的长期发展战略的结果。

1. 技术

促使佳能迅速成长的许多富有创造性产品的开发,很大程度上源于整合使用各种技术以及管理技术变革的能力。1937年,凭借光学技术起家,此后,佳能不断研发新技术,对技术研发的重视和投入,使佳能在数十年间不断发展壮大。佳能公司2017年在美国申请获得的专利高达3285项,排名第三。在美国获得专利方面,佳能连续32年排名前五,连续13年成为在美国获得专利数量最多的日本公司。可以看出,佳能在技术研发方面所做出的努力,还有整个品牌的创新能力。

2. 市场营销

佳能采取步步为营、精心设计来推出产品的市场营销策略,这非常有效。通常,产品先在国内市场推出和完善,然后走向国际市场。公司通过原先的分销渠道推出新的产品,以使风险最小化。只有产品成功推出后,公司才会寻求新的分销渠道。佳能认为与中间商的密切关系是公司的一项重要资产,可以及时了解顾客需求和存在的问题,并做出反应。广告是佳能市场营销策略的组成部分之一,以广告树立品牌,以合理的价格销售产品。

3. 制造

佳能的制造目标是低成本、高质量、及时供货。佳能通过稳定的生产计划程序、细致的材料计划、密切的供应商关系,坚持存货流动系统,把重点放在严格的存货管理上。在佳能,公司的每一个员工都对他制造的产品是否成功负责任。公司“停下来修理它”的哲学使工人在不能正确执行一项任务或发现质量问题时,都会停止生产线。佳能自己只保留具有独特技术的零部件,对其他元件,公司较愿意与其供应商发展长期合作关系。佳能产品实现低成本、高价格的另一个原因是,注意不同产品间元件的共享,佳能相邻产品间的元件共享率高达60%。

佳能非常重视进入新的产品领域后通过多元化保持继续增长。但是,佳能在多元化道路的选择上十分明智。佳能公司前总裁Kaku先生说,进入一项新的业务,这项业务如果与佳能现有技术无关,或需要不同的销售渠道,将给佳能带来50%的风险。如果佳能尝试进入一项既有新技术又有新销售渠道的业务,佳能将会有100%的风险。

第四章 愿景、使命、战略目标

企业家开启成功大门的真正密码，是看到别人看不到的东西，将洞察力与策略相结合，描绘出企业独一无二的愿景。

——加里·胡佛

作为确定的人，现实的人，你就有规定，就有使命，就有任务，至于你是否意识到这一点，那是无所谓的。

——马克思

富兰克林曾经说过："希望是生命的源泉，失去它生命会枯萎。"对于组织而言，愿景描述了未来希望达到的景象，是一个组织发展成长的源泉，像一盏明灯指引着组织前进的方向。使命明确了组织在社会中承担的角色，阐述了其存在的价值。为了完成使命，实现美好的愿景，组织需要搭建具体的战略目标体系，循序渐进地完成阶段性目标，一步步走向最终的坦途。

第一节 愿　景

美国汉诺瓦保险公司的总经理欧白恩曾说："我的愿景对你并不重要，唯有你的愿景才能够激励自己。"组织的愿景是组织中人们共同持有的意向，融合了所有成员的共同心愿，并非战略制定者个人的愿望。共同愿景可以激发员工深受感召的力量，凝聚内部力量，孕育无限创造力。因此，对于组织而言，建立共同愿景至关重要。

一、愿景的内涵

1. 愿景的来源

彼得·圣吉

“愿景”译自英语现代管理学术语“vision”，是我国台湾地区学者在翻译彼得·圣吉的名著《第五项修炼——学习型组织的艺术与实务》时所“创造”的新词。关于“vision”的意义，国外有一本教科书，曾用漫画作了形象化的诠释。画中，一条像小毛毛虫一样的蝴蝶幼虫，指着眼前漂亮的蝴蝶说“This is my vision”。2003 年，厦门大学嘉庚学院兴办之初，校董事会从新加坡聘请了一位早年毕业于厦门大学的学者回来担任院长，他写了一篇文章《学院的战略目标和愿景》放在学院主页，第一次提到“愿景”这个词，并对这个词做出注解。

2005 年 11 月中旬，彼得·圣吉在上海召开的第 11 届 SNA 经济论坛上发表演说，再次强调：“‘vision’是人们想要创造的未来图像，建立共同愿景是逐步发展永不止息的流程。共同愿景的整合，涉及发掘共有‘未来景象’技术，帮助组织培养成员共同真诚的投入，而非被动遵从。”由此可见，《第五项修炼——学习型组织的艺术与实务》中的“vision”有两层含义：一是内心的愿望，是主动实践的驱动力；二是图景，是具体生动的美好前景。台湾地区学者用“愿景”来翻译，准确传达了这两层含义。此前，还有“前景、远景、景象、视界”等多种译法，但远远不如“愿景”贴切到位。《第五项修炼——学习型组织的艺术与实务》在大陆发行后，“愿景”一词也开始在大陆使用。

2. 共同愿景的含义

个人愿景是人们在脑海中所持有的意向或景象，它包含个人对未来发展和生活状态的美好构想。共同愿景源于又高于个人愿景，是整个组织成员发自内心所共同持有的意愿或图景，这样的图景让组织有一种共性，它贯穿整个组织，在各式各样的活动中保持一致性。共同愿景是一种由深刻、难忘的影响力所产生的组织人员内心的愿力。总而言之，共同愿景是组织员工描述组织未来理想状态的浓缩的蓝图，是组织对其前景进行的广泛性、综合性和前瞻性的设想。

共同愿景可能只是被一个想法所激发，然而一旦能够感召一群人并得到大多数人的支持，它就不再是抽象的东西，而是变成真实存在的东西。个人有愿景，可以激发个人不断超越自我；组织有共同愿景，会因大家一起投入而产生巨大的动力。彼得·圣吉认为：当愿景真正产生后，人们将会不断学习与超越，这并非别人强加于自己，而是发自内心的行为。当人们真正拥有共同愿景时，此共同愿景会将他们紧紧地联结起来。个人愿景的力量来自一个人对愿景的深度关切，而共同愿景的力量则来自组织全体成员对愿景的共同关切。

二、愿景的效力

亚伯拉罕·马斯洛

心理学家亚伯拉罕·马斯洛晚年曾经研究过高效团队，发现这些团队最突出的特征是拥有共同愿景和目标。马斯洛曾这样描述他所观察的出色团队："其工作任务不再与个人的自我相分离；相反，团队成员与其工作任务深度认同，以至于个人自我的界定必须把工作任务包含在内。"没有全球化愿景的指引，日本小松公司难以在 20 年的时间，从原来只有美国卡特彼勒叉车公司三分之一的规模，成长到与之并驾齐驱。由此可见，共同愿景对组织的成长与发展起着不可替代的作用。

1. 凝聚内部力量，实现员工价值

现代社会的员工大都接受过高等教育，拥有自己独特的人生观与价值观，希望凭自己的努力实现自身价值和提高自身能力，并且注重自己的职业规划，希望通过工作实现自己未来的个人愿景。共同愿景整合员工的个人愿景，可以让员工明白工作对个人、组织、社会的价值，自觉、积极地投入到组织建设中，增强组织内部的凝聚力。

组织在制定愿景时，应当激发员工的自觉参与意识，理解和尊重员工的个人愿景并将其融入共同愿景中。通过这种方式产生的愿景能够获得员工的广泛认同和响应，激发他们对组织的归属感，促使他们在充分发挥个人能力去达成共同愿景的同时实现自我。达成共识的愿景也会减轻代理问题对组织利益的损害，经理人的个人利益和组织利益长期意义上一致，他们便不会利用制度缺陷谋取个人私利，组织变成了帮助他们实现自我价值的平台。共同愿景会改变大家与组织的关系，组织不再是"他们的组织"，而变成"我们的组织"；通过共同愿景，原来互相不信任的人可以走向第一步合作。如此看来，组织愿景可以综合表达各个部门员工的意愿，凝聚他们的力量，实现组织及其成员的价值。

2. 激发员工斗志，勇于承担责任

愿景能够振奋精神，焕发生气，提升激情，从而促使组织超越平庸。史考利在一篇关于苹果电脑愿景产品的文章中提到："不管竞争问题或内部问题有多大，我一走进大楼，总会感到精神重新振作起来——因为我知道，我们所做的事真正关系重大。"

共同愿景很自然地给大家带来勇气，而大家并未意识到这种勇气的分量。勇气就是在追求愿景的过程中敢于承担任何责任。海尔集团的愿景是：成为用户首选的、具有第一竞争力的美好居住生活解决方案服务商。1985 年的一天，张瑞敏的朋友要买一台冰箱，结果挑了很多台都有毛病，最后勉强拉走一台。朋友走后，张瑞敏派人把库房里的 400 多台冰箱全部检查了一遍，发现共有 76 台存在各种各样的缺陷。他宣布，这些冰箱要全部砸掉，谁干的谁来砸，并抡起大锤亲手砸了第一台。张瑞敏为了保证冰箱的质量，维护良好的口碑，成为行业的主导，勇于承担制造不良的损失，承担了一个企业的责任，为企业的发展开辟了更加广阔的道路。

3. 勇于探索实验，孕育无限创造力

组织建立共同愿景之后，需要朝着设定的未来景象努力奋斗。通往愿景的道路未知，组织成员尝试实验、反复探索，一切都是实验，但目标绝非含糊不清，大家都十分清楚为什么做这些探索实验。没有人要求“保证这样做能成”，大家都没有把握，但还是义无反顾地投入，这是对组织未来美好景象的向往。

探索实验的道路并非一帆风顺，充满着失败的风险，也蕴含着成功的可能性。尝试的过程，是组织成员发挥想象力的过程，孕育着无限创造力。20 世纪 80 年代，整个小型计算机产业都追逐在 IBM 的个人电脑路线上，而苹果电脑公司则坚持了自己的愿景，即电脑要让人能直观地理解，要让人有独立思考的自由。在这个过程中，苹果公司拒绝了“肯定能成”的机会，即成为“克隆”个人电脑的领先制造商。尽管没有达到各家克隆制造商的销售量，但苹果 Mac 电脑实用简易，使个人电脑的“直观性”和“趣味性”成为优先选项，后来逐步成为所有操作系统在界面显示和使用感觉方面的产业标准。苹果公司在对愿景的坚持中，勇于尝试，独立思考，最终创造出更为简易的操作系统。

4. 应对环境变化，解决组织危机

组织所处的国际环境、社会环境和行业环境处于不断变化中，组织的生存发展面临着极大挑战，处理不慎便可能演变为巨大的危机。在动态竞争条件下，组织若不能灵活地应对环境变化，组织本身的生存发展便会出现问题。组织若能基于内部知识竞争要素制定明确的、长期的愿景，保持战略的稳定性和连续性，便可在外部环境变化时提供规避风险的线索，在保证战略方向正确性的同时留有回旋的余地，提升组织的应变能力，增强组织长期的战略积淀和深厚的文化底蕴，提高路径依赖性。

共同愿景是在动态竞争条件下组织应对危机的必要条件和准则，帮助组织应对危机，摆脱困境。第一，组织在面临危机时，不能仅仅停留于简单的应激反应，渴求在危机出现时制定临时方案，或是以未来的不可测性为借口不明确组织愿景。当危机到来，组织制定应急方案或许可以勉强渡过难关，但这是一种对管理不负责任的赌徒做法，更迭不断的问题会使组织最终迷失前进的方向。第二，组织在处理危机时，应当从愿景出发寻找行动方案，充分考虑处理方案与组织的社会责任和使命是否一致，提升组织的公信力和社会形象，保证组织的长久发展。

三、共同愿景的建设

愿景对很多组织已不是一个稀奇的话题，许多组织为了长久经营、追求卓越，早已定下一套长远的计划及目标。组织越来越关注愿景方面的工作，沉迷于愿景给组织带来的巨大效力。愿景常常被看成一种神秘的、不可控的力量。“如何找到愿景”这个问题确实没有现成的公式和方法，但是存在建设共同愿景的原则和指南。

1. 鼓励员工建立个人愿景

员工个人愿景的开发是组织建设共同愿景的基础，共同愿景是个人愿景的汇聚和结晶。很多组织在制定组织愿景时，没有充分汇集员工的个人意愿，主要是老板或高级管理层的意思，而员工所能做的只是顺从，并非自发性的承诺，更不用说全心投入了。组织的共同愿景必须从个人愿景出发，这样才能真正激发一个人的力量，促使员工真正投入其中。因此，组织要建立共同愿景，必须持续不断地鼓励员工发展个人愿景。

组织内的许多员工受过高等教育，经历丰富、见识渊博，而这些价值观和世界观，让他们对自己的未来有规划和期待。对于这些员工，组织在建设共同愿景时，要充分考虑和融合他们的个人愿景。但事实上，不是所有员工都了解自己的愿景，可能部分员工甚至没有考虑过自己对未来的期望，组织要设法激励他们发现或建立自己的个人愿景。在激励员工建立个人愿景时，组织务必要小心，不可侵犯个人自由。没有人能够赠予别人愿景，也不能强迫别人开发愿景。组织可以采取措施来创造一种氛围，激发个人愿景。直接的方法是有愿景的领导者以这样一种方式和员工沟通和分享，即在分享自身愿景的同时鼓励大家分享各自的愿景，这是有远见和想象力的领导艺术，也是如何从个人愿景出发建设共同愿景的艺术。

融入员工个人的共同愿景会增加创造性张力，可能大大超出组织员工舒适习惯的水平。能够支撑住这种张力的员工，会对实现崇高愿景有较大的贡献：保持清晰的愿景，同时不断探寻现实。由于亲身经历着这种力量，这些人便能深信自己创造未来的能力。自身拥有远大愿景的员工，会发现组织的共同愿景与自己的愿景存在很大程度的交合，他们在组织中奉献努力与智慧，是为了在实现组织愿景的过程中最大化自身的价值，实现自己的人生理想。

2. 融合建立组织共同愿景

建立共同愿景的第一步是放弃传统观念——认为愿景总是从“高层”宣示的，或者从组织的正规计划工作中来的。在传统等级体制的组织中，愿景往往是从高层发布，而指导公司方向的大局观不为员工所了解，大家需要知道的只是“执行命令，以实现大局目标”。高层关起门来写出的愿景宣言，并没有植根于员工的个人愿景。在寻找战略愿景时，员工的个人愿景常常被遗忘，这种官方愿景只反映一两个人的个人愿景。各级员工没有机会参与探寻和测试，大家很难从这种愿景中获得认同感，把它变成自己的东西，这种新的官方愿景也不能激发活力和奉献精神。

高层不能包揽愿景的制定，而愿景的触发往往经常来自高层。有时候，愿景还会从许多不同层面的人相互交往中“冒出来”。愿景的源头其实并不重要，它得到分享的过程才是关键。在与整个组织员工的个人愿景相联系和沟通之前，愿景还不是真正的共同愿景。

真正被分享的共同愿景，需要时间才能浮现出来，它通过个人愿景交流沟通渐渐出现。经验表明，真正被分享的愿景，需要不断沟通，大家不仅要自由表达梦想，还要学会聆听对方的梦想。从这种聆听中，新的洞见、新的可能性才会逐渐浮现出来。对于管理者而言，聆听非常重要，聆听要求非同寻常地开放心胸，愿意接纳和理解各种各样的想法，并非必须牺牲我们对“更大事业”的愿景；组织允许多种愿景共存，聆听所有个人愿景，以找到超越和整合各种愿景的最佳行动路线，逐渐明确组织的共同愿景。

3. 将愿景融入组织理念

建立共同愿景只是组织理念中的一部分，组织理念包括愿景、使命及核心价值。愿景回答“是什么”的问题，描述了“我们追求、创造的未来图景”；使命回答“为什么”的问题，组织向大家展示它的存在是为了给世界带来独特的价值；核心价值回答了“怎么做”

的问题，组织的价值可能包括廉正道德、心胸开放、诚实可信、机会平等、精简高效等。这些价值观描述组织在追求愿景过程中，如何进行日常生活和做出行为，指导组织员工的行为准则和道德规范。

组织需要愿景来把使命变为具体的、看得见摸得着的东西。愿景是美好的未来景象，组织需要"导航之星"来为日常决策提供指引。核心价值只有变为具体行为才有意义。如开放性是核心价值，它要求在相互信任和相互支持的总体环境氛围中，开发和探寻多元化的技能。组织必须将共同愿景与其他组织理念融合在一起，形成组织成员的共同信仰，指引组织朝着"未来美好景象"开拓前进。

4. 共同愿景的陈述推广

为了引领组织不断前进发展，决策层应当以书面形式提出组织愿景，愿景说明书是为了让员工在工作过程中明白其使命感，并作为组织成员的价值标杆和行为导向，指导员工在组织内的态度和行为。愿景的陈述对组织至关重要，需要综合考虑各种因素，才能使愿景发挥出它的积极作用，促进组织的发展繁荣。组织愿景可以对员工产生激励、导向作用，让有员工智慧和生命投入的群体做出事半功倍的行动，让这些群体通过核心理念的履行感受到自身社会价值的实现，也让其自身利益的发展得到保证。愿景的制定需要遵循以下几项原则。

(1) 提升性：组织愿景应该体现社会价值的提升，明晰组织的存在对社会产生的影响和贡献。

(2) 综合性：愿景的制定应当融合组织成员的个人愿景，并综合考虑利益相关者的需求和社会环境的要求，能够普遍被员工、利益相关者、社会公众认同，并激发他们为之努力的意愿。

(3) 现实性：愿景并非虚空的幻想，而是综合社会现实和组织自身情况制定的，也并非触手可及，是组织通过努力可以达到的具有挑战性的未来蓝图。

(4) 模糊性：愿景不是一个具体的业绩目标或财务目标，而是渗透到每个员工血液里的信仰，可以调动员工激情。

(5) 简明性：对于一个组织而言，愿景不能是生涩难懂的长篇大论，而应当是通俗易懂而又直击人心的简明文字。

第二节 使　命

荀子曾说过："良农不为水旱不耕，良贾不为折阅不市，士君子不为贫穷怠乎道。"任何人都有其存在于世上的价值，都有其使命。对于组织而言，形形色色的组织在社会中担任着不同的角色，发挥着独特的作用，为社会创造价值。任何组织都应当定位其使命，明确其存在价值，为组织发展确定方向。

一、使命的内涵

1. 使命的含义

使命是对组织存在理由的阐述，是对经营范围、市场目标及管理活动的高度概括，回答了“为什么要存在”和“如何存在”的问题。在组织愿景的基础上，使命更加具体地定义组织在全社会经济领域中经营的活动范围和层次，具体表述组织在社会中承担的身份或角色，表明组织的性质和发展方向，是组织开展经营管理活动的依据。组织使命为组织确立了一个经营的基本指导思想、原则和方向，影响着经营者的决策和思维，包含了组织的哲学定位、价值观及社会形象的定位，主要阐明组织在社会进步和社会经济发展中应当承担的角色和责任。

对于组织而言，使命应当至少包括两方面的含义。其一，使命应当具有追求组织利益的要求，必然要以实现一定水平的经济效益为目的。经济效益是支撑组织长期生存发展的动力，也是组织能够实现使命的前提；如果组织丧失了这种使命内涵，则会失去支撑的力量，最后逐渐萎缩甚至消亡。其二，使命应当包含组织对于社会的责任，因为任何一个组织都是社会的组成部分，所以必须承担社会赋予它的责任。组织若一味追求经济利益的最大化，而忽略自身应当承担的社会责任，以逃避的态度对待社会责任，可能会得到一时的发展，但是随着时间的推移，必然会自食恶果，不为社会所容纳而退出历史舞台。组织要想取得成功与成就，必须以一定水平的经济利益为支撑，认真履行社会责任，仅仅靠发财的欲望无法支撑起一个真正成功的组织。

组织使命体现了组织的根本目的与意向，是制定组织经营目标和经营战略的重要依据。组织使命不是一种具体的规定，而是一种广泛的意向，体现了组织创立者的决心和抱负，又反映了组织在一定程度上受到内部因素的控制和外部环境的影响。在确定组织使命时，需要识别组织外部环境中的机会和威胁，分析组织具有的优势与劣势，在此基础上提出更为具体的、在特定期限内要达到的程度和取得的经营成果。

2. 使命与愿景的关系

组织里最高层次的文化理念主要是组织愿景和组织使命，并且越来越多的组织逐渐开始重视文化理念在组织发展、经营管理、文化建设中不可缺少的导向、激励等积极作用。从广义上分析，组织的愿景和使命都是对未来发展方向和目标的构想，都是对未来的展望与憧憬。组织在建立愿景和使命时，常常会因对它们的认识和理解深度不够，混淆组织使命和愿景的概念，从而内部员工和外部人员难以理解组织的意图，也不能发挥其应有的作用。

愿景是对组织未来发展的一种期望，是一种渴望的未来状态，它是从组织自身的角度去描述组织的未来境界，更关注组织未来价值的提升，其“未来样子”的描述主要是从组织对社会的影响力、贡献力，在市场或行业中的排位，以及与利益关联群体之间的经济关系来表述。美好的愿景能激发人们发自内心的感召力量，激发人们强大的凝聚力与向心力。使命是一个组织的存在理由和价值，是在组织愿景的基础上，从组织从事的经营性质和内容出发，提出组织经营的总方向和总目的，具体定义组织在全社会中哪个领域开展生产经营活动。微软公司的愿景是：计算机进入到家庭，放在每一张桌子上，使用微软的软件。其使命描述为：致力于使工作、学习、生活更加方便，丰富个人电脑软件。微软公司期待用户都可以拥有一台计算机，并且使用微软的软件。为了达到这个愿景，公司需要丰富个人软件，让人们的工作、生活更加便捷，这体现了微软公司的存在价值，也指引着其发展的风向标。组织使命具体表述组织的存在是为了满足社会某方面的需要，是对组织具体内容的一种描述，主要考虑的是目标领域、特定群体在某确定方面的供需关系的经济行为及行为效果。从组织愿景和组织使命的联系来讲，组织使命是组织愿景的一个方面，是组织愿景中具体说明组织经济活动和行为的理念。组织在特定的经济领域内开展经济活动是为了提升组织的价值，努力实现组织为未来勾画的美好蓝图。

二、使命的功能

一个伟大的组织能够长久生存下来，最主要的条件并非结构形式或管理技能，而是我们称之为使命感的那种精神力量，以及使命感对于组织的全体成员具有的感召力。任何组织想生存下去并取得成功，都必须建立起能获得内部员工认同以及外部社会环境认可的使命，这是一切经营政策和行动的前提。现代管理学之父彼得·德鲁克认为："管理是界定企业的使命，并激励和组织人力资源去实现这个使命。界定使命是企业家的任务，而激励与组织人力资源是领导力的范畴，二者的结合是管理。"使命在管理中占据着重要位置，并且发挥着不可替代的重要作用，其作用主要有以下几点。

彼得·德鲁克

1. 激励员工的工作积极性

心理学家认为，人的行为由某种动机引起，而动机是一种精神状态，对人的行为起引导、激发、推动作用。人类有目的的行为都是为了满足一定的需求，未被满足的需求会产生激励的起点，进而会导致某种行为的产生。开发人力资源的最高层次目标是：在工作上调动员工的积极性，激发全体员工的创造力。在激励机制中，物质激励是基础，精神激励是根本。在两者结合的基础上，逐步过渡到以精神激励为主，激励措施只有转化为被激励者的自觉意愿，激发被激励者精神层面的需求，才能取得激励效果。基本的工资奖金只能满足员工对于生存生活的基本需求，激励员工完成基本的工作内容，而不会激发他们对工作的积极性。组织使命让员工明白他们的工作对自己有意义，还可以推动整个组织的长期发展，为社会创造价值，满足员工实现自我的需求，调动他们的工作积极性，成为他们在工作中持续努力的动力。

2. 引导组织的正确方向

从管理学的角度看，组织是由明确的目标导向和精心设计的结构构成的有意识协调的活动系统，同时又与外部环境保持密切联系。对于一个组织而言，拥有明确的目标导向至关重要，它引导着组织朝期望的方向发展。组织使命既是一个组织存在的理由，也包含着组织努力发展的方向，是对组织高层次目标的概括，贯穿组织活动始终，引导员工不断朝着目标持续努力，就像是灯塔引导着巨轮不断朝着目的地进发。组织所处的外部环境处于不断发展变化中，组织也会陷入危机之中，而组织使命则会在组织迷茫而不知所措时，为其指明前进的正确方向。

3. 凝聚组织内部的力量

凝聚力是指组织对成员的吸引力，成员对组织的向心力，以及组织成员之间的相互吸引力。组织凝聚力是维持团队存在的必要条件，对组织潜能的发挥有很重要的作用。在建立组织使命时，组织应当充分考虑内部人员的想法，让使命更为准确、生动，产生对组织成员的吸引力，增强组织的凝聚力。组织使命可以建立员工与组织之间的相互依存关系，培育员工对组织的认同感和归属感，形成相对稳固的文化氛围，凝聚成一种无形的合力与整体趋向，激励员工实现组织的共同目标。当组织成员对某一问题产生分歧时，组织使命作为整体的奋斗方向，可以协调不同员工的行为、思想，整合分散化的个人行为与组织的整体目标，凝聚组织内部各方面的力量。

4. 约束员工的个人行为

通过对组织使命的宣传教育，使其倡导和传递的价值观念和行为规范被员工广泛认同和接受，员工便会潜移默化地做出符合组织要求的行为。员工一旦违反规范便会感到不安而产生自责，并会在以后的行动中修正自己的行为以遵循组织的价值观。员工分散性的个人行为常常与组织的整体目标相背离，为了保证组织目标的实现，对员工行为进行约束非常必要。约束员工行为主要包括两个方面：一方面是通过规章制度等行为规范来约束员工行为，如果他们违反相关规定，就要承担相应的责任，接受一定程度的惩罚；另一方面是通过使命来增强员工的信念感，把组织的使命灌输到每个员工的内心，将组织的共同价值观与员工个人价值观相融合，以“看不见的手”软性约束、规范员工的行为。从实践来看，组织使命赋予员工的使命感和信念感对成员有更强、更持久的控制力，它能将组织目标自觉转化为员工的自觉行动，变被动为主动，达到个人目标与组织目标在较高层次上的统一。

三、使命的内容

社会是由形形色色的组织构成的，如同人的身体需要各种器官供给养分，不同的组织提供给社会的养分是：提供产品或者服务，满足社会公众的需求，创造经济价值，提高社会各阶层人民的生活水平，促进社会的快速发展。在组织的成长过程中，组织管理者既希望通过生产经营活动提高经济效益，也希望提升组织的社会形象，寻求长期发展。不论是为社会提供“养料”，还是为组织创造价值，都是决定组织生存价值与目的的方向，也是组织使命的确定内容。在制定组织使命时，战略决策者首先需要明确三个问题：提供什么样的产品或者服务？在生产经营过程中遵循什么理念？在社会发展中承担什么样的角色？组织使命的内容主要由以下几个方面构成。

1. 存在价值的确定

一个特定的组织在建立之前，应通过分析思考明确它处于社会大机器的哪一个环节，是作为什么零件支撑着社会的运转。如果组织对自己的存在目的不明确，它的存在便没有意义。福特企业的使命清晰地传达出这样一个信息：它是为了顾客的需求而存在。其使命表述为：不断改进产品和服务，从而满足顾客的需求，只有这样我们才能够发展壮大，为股东提供合理的回报。事实上，组织存在于社会之中，它的存在目的便是满足客户需求，而客户需求需要组织去挖掘，并通过技术手段去制造产品或提供服务，满足客户各个层次的需求。因此，组织在确定存在目的时，应当考虑以下几个基本要素。

(1) 行业。组织首先需要确定涉足的行业，在什么领域为社会贡献力量，满足客户哪方面的需求。社会公众的需求多种多样，一个组织不可能满足所有的需求，只能通过对外部环境和内部因素进行综合分析研究，确定未来发展的方向。组织决策者对不同的行业进行战略分析，确定将要涉足的行业，这是所有经营活动展开的前提。行业的确定可以利用各种战略分析的方法，最终找出具有较大盈利潜力的行业。

(2) 目标群体。组织必须明确"为谁提供服务"，才能精准分析客户需求以及未被发掘出的客户需求，为自己提供清晰的经营方向。只有首先确定目标群体，方能对症下药，找出需要进行服务的细分区域，展开竞争差异化，吸引客户。

(3) 客户需求。组织的存在价值主要通过产品或者服务的形式展现，它也是决定组织活动类型的主要因素。产品或者服务直接面向客户群体，通过满足客户需求创造价值。组织应当思考自己提供的产品或者服务是为了满足客户哪方面的需求，以客户需求作为导向，才能提供更加符合需求甚至超出客户预期的产品或服务。客户需要的不是产品或服务本身，而是产品或服务提供的功能，这种功能可以满足其某方面的需求，对于这种功能的挖掘对组织至关重要。

2. 经营理念的定位

经营理念是对组织生产经营活动本质性认识的高度概括，是组织在成长发展过程中，继承优良传统，适应时代要求，由组织决策层积极倡导，全体员工自觉实践，而形成的代表组织信念、激发组织活力、推动生产经营的团体精神和行为规范，反映了组织为其经营活动所确定的信念、价值观、行为准则及期待实现的抱负。经营理念贯穿于组织所有生产经营活动，作为一种精神力量凝聚所有员工，引领着他们为组织目标不懈奋斗，同时控制和约束着所有员工在生产经营活动中的行为。实际上，经营理念是组织的态度宣言，主要通过组织对外部环境和内部环境的态度来体现，由处理企业经营过程中的各种关系的指导思想和行为准则构成。沃尔玛公司的使命是：给普通百姓提供机会，使他们能与富人一样买到同样的东西。沃尔玛公司的使命体现了生产经营活动的理念：缩小贫富差距，为所有人提供同样可购买的产品。这种经营理念贯穿所有的生产经营活动，是组织内部员工的共同信仰，同时向外界环境宣示了组织赖以生存的价值观。

3. 社会责任的体现

组织的社会责任是对组织的一种全新认识，它表明组织不应以最大限度追求经济利益作为自己存在的唯一目的，而应最大限度地增进经济利益之外的社会利益。这种社会利益指考虑其他社会成员的利益，为全社会的发展承担起应有的责任，也是组织的社会责任，包括员工利益、债权人利益、中小竞争者利益、环境利益等内容。一个合格的组织，除了要为组织自身利益着想外，也要为组织内部员工、所在国家和地区以及公众考虑。组织获取的经济利益来源于社会，应该适当地回馈社会，除了缴纳必要的所得税外，还应承担起更多的社会责任，充分体现组织的存在价值。金地集团的使命是：为员工创造平台，为客户创造价值，为城市创造美丽，为社会创造财富。金地集团的使命充分体现了社会责任感，表明它的存在是为员工提供就业机会和发展平台，为客户提供满意的产品和服务，为社会创造价值和财富。

4. 公众形象的树立

组织在生产经营过程中逐渐形成自己的公众形象。所谓公众形象，是指其他社会组织、群体对组织产生的印象。在全球化和信息化时代，舆论力量强大，好的舆论可以帮助组织获取社会公众的认同，提升组织的社会形象；相反，对组织不利的舆论将会产生连锁反应，对组织的生产经营活动产生巨大的阻碍，进而影响组织的经济利益，若不及时采取措施改善社会形象，将对组织产生长远的不利影响。如环保问题，中国在加入 WTO（世界贸易组织）后，绿色壁垒成为很重要的问题，使得提升组织在生产经营过程中的环保意识显得至关重要，重视环保问题对社会形象的树立非常关键。“树立一个怎样的社会形象”是组织使命的一项重要内容。

四、使命陈述的原则

一个良好的使命陈述能让所有人明白组织的生存目的，凝聚内部员工的力量，作为组织对于外部环境的标签，发挥其应有的作用。对组织使命的内容、形式进行艺术化的表达至关重要，优秀组织的使命在表述上存在共性，主要有以下几点原则。

(1) 需求导向。好的使命首先要体现客户的期待，确定产品或服务对客户的效用，而不是强调产品或服务本身，应当立足于需求特别是创造需求来概括组织的存在目的。组织可围绕不断发展的需求创造出众多的产品或服务，获取新的发展机会。

(2) 笼统表述。组织使命作为组织经营的总体指导思想，是关于态度和展望的宣言，应当在广泛的层次上进行阐述，客观上不应该太详细。笼统的使命留下很多空间，能够激发并产生多种战略选择。过多地对细节问题做出规定，会抑制管理的创新性，限制组织创造性增长的潜力。

(3) 范围适当。组织在使命中展现生产经营的范围时，如果过于宽泛则会显得模糊而空洞无物，难以让人理解，而且不能对组织的决策起到指导作用；过窄的范围则会限制组织的发展。因此，组织应当确定适当的经营范围，既能被外部环境所理解，又能激发组织的发展潜力。

(4) 激励人心。好的组织使命能够引发组织员工的共鸣，与社会主流价值观相融合。员工一般渴望从事重要的、对社会有意义的工作，希望在获得基本的薪资外发挥自己的社会价值，组织使命应该让他们感受到自己对社会所做的贡献，激励他们努力工作，为社会创造价值。

第三节 战略目标的制定

不积跬步,无以至千里;不积小流,无以成江海。战略目标是组织愿景的展开和具体化,也是对组织使命的进一步阐明和界定。战略目标不是抽象的、概念化的语句,而是将组织愿景与使命转化为具体目标,使之成为具有可操作性的、相互配合的目标体系。在战略目标的制定过程中,应当遵循一定的原则,融入多元化分析方法,引导组织实现自身价值。

一、战略目标制定的原则

战略目标是组织在一个战略时段期望达到的理想成果,它能够引领和激励组织成员为目标的实现而努力奋斗。组织在制定战略目标时,需要结合外部环境和内部因素进行综合考虑,遵循一定的原则和条件,力求发挥最大的效力。战略目标的制定主要应遵循以下几项原则。

1. 可度量原则

组织的战略目标与愿景及使命的最大不同在于可度量性,愿景与使命往往比较抽象和笼统,而战略目标则必须进行量化,具有可操作性。量化的战略目标可以使目标更加清晰、明确,并且能够减少误解和歧义,对指引组织的生产经营活动起着重要的作用。

2. 适当原则

组织应该结合所处阶段和发展水平制定适当的战略目标,不能过高,也不能过低。如果战略目标过高,组织不能很好完成,无疑会影响组织员工的工作积极性,并且会打击员工信心;而过低的战略目标,组织可以很轻松地完成,达不到激励的作用,同时也会影响组织的发展规模和速度。组织在制定战略目标时应当综合外部环境和内部因素,制定适合组织发展的目标,既可以激励员工的积极性、创造性,又让他们可以通过克服困难、努力奋斗实现目标。

3. 系统原则

战略目标是由一套系统性的、相互关联的指标组成,不仅包含盈利指标、生产指标等经济性指标,而且综合考虑各种因素而形成的系统性指标体系。针对组织的总体战略目标,下属部门应当结合业务特点制定相应的目标,支持总体战略目标的实施。如果没有下属部门的支持,总体战略目标的实施便是无源之水、无本之木,难以长存。系统性并不是要求组织在制定战略时不分轻重、面面俱到,组织应当将有限的精力聚焦于战略重点,解决有限的重点问题。组织在制定战略时,要全面推进,重点突破。

4. 权变原则

战略目标作为一个战略阶段的目标，指导组织一个阶段的生产经营活动，与组织的年度目标、季度目标、月度目标相比，具有战略性、长期性、稳定性的特点。组织不断变更战略目标，朝令夕改，则难以把控组织的发展方向，不能对内部员工形成有效的约束作用。另外，组织的战略目标也不能一成不变，尤其当组织的内外部环境发生重大变动时，组织应当及时调整战略目标，化解危机。当发生难以测度而又对组织生死攸关的事件（如金融危机和政策变化等）时，组织应及时进行战略转型以适应变化。因此，在稳定时期，组织应保持战略目标的稳定性，但也要适时权衡外部环境之变动，应变而动，在“变”与“不变”之间寻求平衡。

二、战略目标制定的方法

战略目标的制定是一项科学性的工作，需要利用科学的方法对组织内部因素和外部环境进行分析，辅助战略决策者进行战略制定和动态管理。因此，组织在制定战略目标时要善于利用各种有效的分析方法，主要的分析方法有以下几种。

1. 时间序列分析法

时间序列分析法是一种动态数据处理的统计方法，组织将过去的战略目标值作为一组观测值，按时间顺序加以排列，基于随机过程理论和数理统计学方法，研究时间序列所遵从的统计规律，并将其向外动态延伸，预测未来的战略目标值。当外部环境产生较大变动时，战略目标需要作较大的改变，过去的战略目标体系对未来的发展就不再有很大的参考价值。因此，时间序列分析法适用于外部环境较为稳定的时期。

2. 相关分析法

相关分析法主要研究变量之间存在的非确定性的定量和定性关系。组织要考虑可能影响战略目标的内外部因素，然后通过统计分析的方法确定组织战略目标变量和内外部环境因素各变量之间的关系，分析各种环境因素对组织战略的影响。

3. 盈亏平衡分析法

盈亏平衡分析法又称量本利分析法，主要针对组织的生产经营状况，分析成本与收益的平衡关系。盈亏平衡分析法是组织制定战略目标常用的一种有效方法，是根据产品的销量、成本和利润之间的关系，分析各种方案对组织盈亏的影响，从中选择最佳战略目标。

4. 决策矩阵法

决策矩阵法是风险型决策常用的手段之一，又称损益矩阵法、风险矩阵法，常用于战略目标的选择和修正。组织需要根据内部情况设计评价标准，并以矩阵为基础，分别计算出各备选方案在不同条件下的可能结果，然后按客观概率的大小，计算出各备选方案的期望值，进行比较，从中选择优化的战略目标。

5. 决策树法

决策树法是一种图解方式，对分析复杂的问题更为适用，可以作为战略目标分析选择的一种科学方法。决策树能清楚、形象地表明各备选方案可能发生的事件和带来的结果，使人们易于领会做出决策的推理过程。如果问题极为复杂，还可借助计算机进行运算。决策树法分析不仅能帮助人们进行有条理的思考，而且有助于开展集体讨论，统一认识。

6. 博弈论法

博弈论又称对策论，是运筹学的一个分支，是研究具有斗争或竞争性质现象的数学理论和方法。博弈论最初主要用在军事上，用于研究如何战胜对方的最佳策略，后来被各种组织广泛采用，是通过采用数学方法来分析研究有利害冲突的双方，在竞争性的环境中如何找出及制定战胜自己对手的最优策略，并权衡利弊，制定战略目标。

7. 模拟模型法

模拟模型法是模仿某一客观现象建立一个抽象的模型，并对模型进行分析试验，以观察并掌握客观现象运动、变化的规律，从而找出复杂问题的解决方案。通过对各种模型输入不同的数据，再模拟组织运转，分析可能产生的结果，从而制定合适的战略目标。

8. 平衡计分卡方法

平衡计分卡是组织制定战略目标的工具，也是战略实施的工具。就战略目标的制定而言，平衡计分卡是从财务、客户、内部运营、学习与成长四个角度，将组织的战略落实为可操作的衡量指标和目标值，建立"实现战略制导"管理系统。

三、战略目标的制定过程

一般而言，制定战略目标需要经历调查研究、拟定目标、评价论证和目标确定这四个具体的步骤。以下是对这四个步骤的具体介绍。

1. 调查研究

在制定企业战略目标之前，组织必须进行调查研究工作。组织调查研究的对象主要是外部环境和内部资源，通过分析组织所处阶段和生产经营状况确定内部条件的优势和劣势，调查研究市场行情和竞争对手，确定外部环境的机会与威胁，并对其发展趋势进行预测，为组织制定战略目标奠定坚实的基础。

调查研究既要全面进行，又要突出重点。为确定战略而进行的调查研究不同于其他类型的调查研究，其侧重点是组织与外部环境的关系及对未来的研究和预测。对战略目标决策而言，最关键的还是那些对组织未来具有决定意义的外部环境信息。

2. 拟定目标

组织在拟定战略目标时，主要确定两个方面的内容：目标方向和目标水平。首先，在既定的战略经营领域内，依据对外部环境和内部资源的综合考虑，确定目标方向；其次，对组织现有能力和发展状态等诸多条件进行全面衡量，规定沿着战略目标方向所要达到的水平，形成可供选择的目标方案。

在拟定目标方案的过程中，要充分考虑不同利益主体的关系，将总体战略目标与职能部门目标进行融合。同时，需要根据权变原则，针对内外部环境的不确定性，提出多种备选方案，以供评价选择。

3. 评价论证

战略目标拟定之后，需要组织人员进行评价对比，权衡利弊，找出各种目标备选方案的优劣所在。组织对战略目标的评判主要有两个方面：可行性分析和完善度分析。在评价战略目标的可行性时，组织需要借助一些数学分析方法对其发展趋势进行模拟，评估完成战略目标的概率。如果现实与目标存在差距，则可以通过组织的能力在一定战略阶段消除，说明战略目标在很大概率上具有可行性。对于完善程度分析，组织应当确认战略目标是否清晰、明确，不能给人以歧义；战略目标体系是组织部门的系统性设定，涵盖了各种指标，不可有遗漏。

4. 目标确定

在进行战略目标确定时，需要结合评估结果，从三个方面权衡各个目标方案：目标方向的正确程度、可实现程度及期望效益的大小。最终选择的战略目标，在这三个方面的期望值都应尽可能大。组织应重点关注拟定的战略目标是否符合组织的战略承诺、发展态势和基本战略要求。在决策时机的把握上，既要防止在机会和问题还没有搞清楚前就轻率决策，又要避免优柔寡断，贻误决策时机。

四、战略目标体系

组织的愿景与使命从总体上描述了组织的存在理由和发展前景，但仅靠美好的愿望和期待不能保证组织的有序发展，还需要把愿景与使命转化为具有可操作性的战略目标，才能引导组织一步步走向成功。通过对组织愿景与使命的认识，组织可形成对未来发展的定位，而战略目标体系便是对定位的可量化展示。

战略目标通过综合考虑外部环境和内部因素而制定，具有全面性、系统性的特点，主要考虑三个方面的内容：战略目标内容、战略目标层次结构、战略目标时间序列（见图4-1）。在战略目标的制定过程中，利用科学的、艺术性的分析方法，遵循制定的原则，将战略目标内容、战略目标层次结构、战略目标时间序列进行合理的设定，便可制定出具有指导意义的、完善的战略目标体系，引导组织完成使命，实现宏伟愿景。

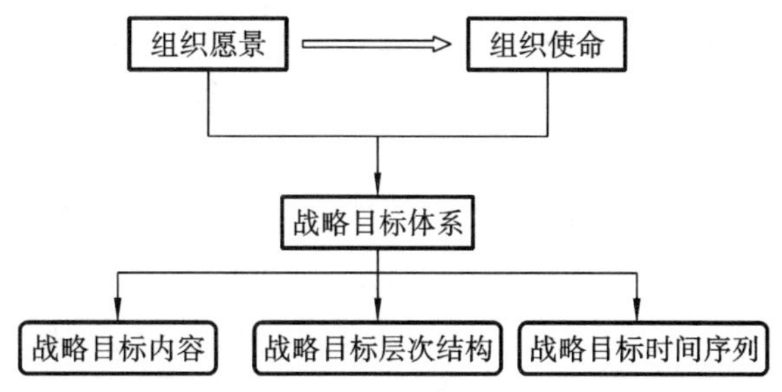

图 4-1　组织愿景、组织使命与战略目标体系关系图

1. 战略目标内容

组织可以设定战略目标的领域很多，但只有关键领域的绩效才会影响组织的兴衰存亡。对于关键领域，组织应该分别制定相关指标，建立相互匹配和平衡的目标体系。如表4-1所示，在确定战略目标体系的内容时，组织需要考虑四个方面的指标。随着时代的变迁，战略目标的系统性和平衡性变得日益重要。组织过于重视其中某一类型的指标，而忽视其他类型的指标，则可能导致组织战略行为不合理，进而阻碍组织的长期、稳定、健康发展。

表 4-1　战略目标内容相关指标

指标体系	内　容
规模指标	销售规模、市场占有率等
财务指标	总投资收益率、自有资本收益率、利润总额、年均增长率等
创新指标	拥有专利数量、新产品占销售额的比重等
社会责任相关指标	员工收入、股东回报、减少污染、社区贡献等

2. 战略目标层次结构

对于多元化的组织，考虑到规模大小的差异，组织战略管理者在构建战略目标体系的过程中，需要关注层次结构的合理性。在一个高度多元化发展的组织中，战略目标主要分为四个层次：总体战略目标、业务级战略目标、职能级战略目标、操作层战略目标。总体战略目标由 CEO 或者其他高管制定，面对不同的业务，主要以投资收益率进行衡量。业务级战略目标也是由 CEO 或者其他高管制定，但是一些关键业务部门的负责人也会对此产生影响，制定的主要战略目标是市场占有率和利润。职能级战略目标主要针对特定的职能活动，如研发、生产、销售、营销、财务等，根据职能活动的有效性和速度制定战略目标。操作层战略目标主要关注一些关键经营单位和特定运营活动，如工厂、分销中心和采购中心等单位，质量管理、物资采购、品牌管理等运营活动，这一层次主要关注产量、成本和质量目标等指标，处于战略目标层级的最底层。

3. 战略目标时间序列

组织的战略目标体系包括长期目标、中期目标和短期目标，如图 4-2 所示。其中，长期目标指时间跨度在 5 年或 5 年以上的目标，通常是组织根本性的、全局性的战略目标；中期目标指时间跨度在 1 年以上 5 年以下的目标，通常是组织阶段性的战略目标；短期目标指时间跨度为 1 年或 1 年以下的目标，通常比较具体。不同时间序列的战略目标并非毫不相关，而往往相互交叉融合。长期目标具有指导性、方向性的意义，中期目标和短期目标的设定常常以长期目标为参考，更加具体化、可操作化。为了实施有效的战略管理，战略制定者需要关注战略目标体系在时间序列上的合理性，根据短期目标的实现情况动态修正组织的长期目标。

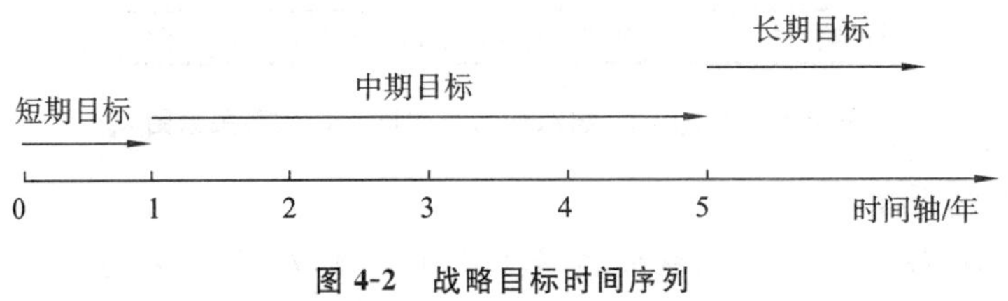

图 4-2　战略目标时间序列

组织愿景描绘了组织未来期望实现的宏伟蓝图，建立在全体员工的共同心愿基础上，凝聚组织内部员工的力量，主要由核心理念和未来展望两部分组成。在组织愿景的基础上，使命描述了组织的存在价值和理由，从组织的经营性质和内容出发，定位组织能够为社会做出的特殊贡献。组织的愿景与使命表明了战略制定者对组织的志向和雄心，对组织的长远发展具有重要的指导意义，对组织的成功起着重要的作用。

组织的战略目标是构成组织战略的基本内容，是对组织愿景和使命的拓展化、具体化阐述，由一系列系统化的可量化指标构成。战略目标体系是一个科学的过程，应当遵循一定的制定原则，利用科学的方法进分析权衡，需要经历调查研究、拟定目标、评价论证和目标决断这四个具体的步骤，最终形成可操作的战略目标体系。针对多元化的组织结构，战略目标体系由不同层级结构、不同时间序列的指标体系构成，全方位指导组织的战略发展。

案例　索尼公司的愿景、使命

索尼公司的前身是东京通信工业（简称“东通工”），由井深大与盛田昭夫于 1946 年 5 月 7 日创立。井深大与盛田昭夫在第二次世界大战中为政府开发军事装备，锻炼自身的工程技能，战后他们来到遭受战争破坏的东京，汇集了一个工程师小团队创立了公司，其愿景是“创造一个稳定的工作环境，使对技术价值有深刻理解的工程师能够实现自己的社会使命和内心诉求”，用工程技术诀窍寻求如何在缺乏资金和基础设施的情况下重建战后的日本。由此可见，索尼公司在成立之初便建立了明确的共同愿景，并且这个共同愿景是以每个员工的价值实现作为基础，同时蕴含了公司对于社会的责任感——重建战后的日本。

井深大与盛田昭夫早在 20 世纪 50 年代初就访问了美国和欧洲，研究最新的技术，如晶体管，在那里，他们发现了一个电子产品的巨大市场。1953 年，在参观飞利浦期间，盛田昭夫就想：荷兰与日本有许多相似的地方，如果像飞利浦这样的公司能够在国际市场上获得成功，“东通工”也行。索尼的创始人拥有着前瞻性的目光和全球化的视角，并且善于抓住时代机遇，展望美好未来。

在数字时代变革之际，索尼的掌门人大贺典雄于 1995 年，绕过了 12 名高级管理人员，将接力棒传给了出井伸之，这一大胆举动凸显了索尼公司需要在模拟时代结束之时重塑自我的决心。出井伸之明确了公司的任务，改造公司以适应网络时代。他通过创造“数码梦想的孩子”这个词来宣布他对索尼的认识，展示了一个在数字时代有着热情与野心的公司。他通过这样一段话概括了他的展望：我们必须把我们的理念从制造业转向以知识为基础的全球文化，从一个商业模式再造的文明，这相当于商业模式本身的再造。他传承着索尼公司的使命：创造新的产品，创造更多的梦想，使生活有乐趣。这个使命里包含着他们不断满足顾客需求、抓住时代脉搏的愿望。

索尼从井深大与盛田昭夫时代开始已经走过了漫长的道路，旧索尼就像一架道具飞机，通过改造，由独立生产单一产品的公司转向提供相互关联的生产设备、服务和体验的有机组合，并为索尼这架飞机安装了喷气引擎，使其把握了无处不在的宽带网络的脉搏。索尼一次次的蜕变，得益于领导者对于未来的把控，并制定愿景让企业内部员工对未来充满憧憬和希望，提供机会让员工于时代变革之际实现自我价值。公司的创新精神贯穿其发展过程，指引着公司创造价值，承担着时代赋予的社会责任。以愿景为依托，以创新精神为指引，公司一直在不同方面开拓创新，于变革之际，调整战略目标体系，顺应时代发展的大潮。

第五章 总体战略

博弈讲究统筹兼顾，战略亦然。总体战略指为实现组织总体目标，对组织未来发展方向做出长期性、总体性的谋划，决定组织各战略业务单位在战略规划期限内的资源分配、业务发展方向，是制定组织各经营领域战略和各职能战略的依据。一般来讲，总体战略包括发展战略、稳定战略和紧缩战略。

第一节 发展战略

发展是硬道理。发展战略是组织发展的核心，组织在现有基础上，统筹规划，尽可能利用外部环境中的机会，避开威胁，充分发掘组织内部资源潜力，开发新产品，开拓新市场，采用新的生产方式和管理方式，扩大组织规模，提高竞争地位。

一、实施发展战略的前提条件

万丈高楼平地起。人人想发展，但成功的只是一部分。求发展是一回事，能发展是另一回事。成功发展必须外有机会，内有条件，同时必须互相切合。

1. 良好的发展形势

处于增长态势的行业经济可为组织创造更好的发展空间和良好的外部环境，是组织实施发展战略的前提。宏观环境和经济走势都发展良好，消费需求才会有增长，从而保证组织发展战略的实施。

2. 相应的政策支持

任何行业的发展都受到国家政策的限制，如果行业未来发展不符合国家政策或政府管制机构公布的政策法规和管理条例，组织便不适合采取发展战略。国家政策鼓励和支持高新技术行业的发展，无论在融资还是税收方面都有诸多优惠，因此这类行业一般都采用发展战略。

3. 充足的资源支撑

组织选择发展战略需要在前期投入较多资源，因此必须有能力从内部和外部获得充分的资源来满足发展需求。组织需要在资源充分性的评价过程中考虑财力是否充足、竞争优势是否持久、上下游产业链是否良好等问题。

4. 匹配的组织文化

判断组织是否适合采取发展战略还需考虑是否有匹配的组织文化，如果一个组织的文化氛围以稳定为主旋律，那么实施发展战略要克服文化方面的阻力，从而增加战略的实施成本。

二、发展战略的类型

一般来说，发展战略包括密集型发展战略、一体化发展战略和多元化发展战略。

（一）密集型发展战略

1. 含义

密集型发展战略指组织在原有业务范围内，充分利用产品和市场的潜力获得发展的战略，将组织的营销目标集中到某一特定细分市场，可以是特定的顾客群、特定的地区，也可以是特定用途的产品等。

2. 优缺点

实施密集型发展战略的优点主要有目标市场更加细致，业务区域更加明确，既定范围内的业务发展力量更为集中等。同时也有一些缺点，如经营范围单一，对市场风险的处理能力较低等。

3. 类型

研究密集型发展战略的基本框架是安索夫的“产品-市场战略组合”矩阵。在“产品-市场战略组合”矩阵中，属于密集型发展战略的有三种类型，即市场渗透战略、市场开发战略和产品开发战略。

1）市场渗透战略——现有产品和现有市场的组合

彼德斯和沃特曼把这种集中战略称为“坚守阵地”，这种战略强调发展单一产品，试图通过更强的营销手段来获得更大的市场占有率。

2）市场开发战略——现有产品和新市场的组合

市场开发战略是将现有产品或服务打入新市场，主要途径包括开辟其他区域市场和细分市场。

3）产品开发战略——新产品和现有市场的组合

这种战略是在原有市场的基础上，通过技术的改进与开发来研制新产品，延长产品的寿命周期，提高产品的差异化程度，满足市场不同层次的需求，改善组织的竞争地位。

（二）一体化发展战略

1. 含义

一体化发展战略是将独立的若干部分加在一起或者结合在一起成为一个整体的战

略。其基本形式有纵向一体化和横向一体化。

2. 优缺点

实行一体化发展战略有许多优点，包括增强经济实力、开发与拓展技术、确保供应需求、提高进入障碍等。同时，一体化也会给组织带来一些风险，包括增加管理成本、扩大经营风险、提高退出障碍、弱化部门激励等。

3. 类型

1）纵向一体化

纵向一体化即向产业链的上下游发展，可分为向产品的深度或业务的下游发展的前向一体化和向上游发展的后向一体化。

2）横向一体化

横向一体化即通过联合或合并获得同行竞争组织的所有权或控制权。

（三）多元化发展战略

1. 含义

多元化发展战略又称多角化发展战略，指组织同时经营两种以上基本经济用途不同的产品或服务。多元化发展战略是相对组织专业化经营而言的，其内容包括产品的多元化、市场的多元化、投资区域的多元化和资本的多元化。同时，对组织的多元化发展战略的界定，必须是组织异质的主导产品低于组织产品销售总额的70%。

2. 优缺点

多元化发展战略能创造更多的附加价值，包括优化内部治理机构、强化组织竞争能力、实现协同效应与规模经济、维持战略竞争力等。但多元化发展战略也有局限和缺点，如管理体制僵化引起缺乏创新力、高层主管无法深入子公司、长期绩效降低等。

3. 类型

鲁梅尔特（1974年）采用专业比率、关联比率、垂直统一比率等三个量的标准和集约-扩散这一质的标准，将多元化发展战略分为专业型战略、垂直型战略、本业中心型战略、相关型战略、非相关型战略。

1）专业型战略

组织专业化比率很高（达95%以上），把已有的产品或事业领域扩大化，如将超级商场分化成自我服务型廉价商店、小型零售店、百货店等。

2）垂直型战略

对某种产品的生产往往只取从原材料生产到最终产品销售整个系统中的一个阶段，而每个阶段都有其完整的生产体系。垂直型战略包括向上游发展和向下游渗透，如一个生产各种钢材的轧钢厂采取垂直型多元化战略，进一步向上游发展，投资发展炼钢、炼铁，甚至采矿业。

3）本业中心型战略

组织专业化比率较高（70%～95%）的多元化发展战略称为本业中心型战略，即组织开拓与原有事业密切相关的新事业但仍以原有事业为中心。

4）相关型战略

组织专业化比率较低（低于70%）而相关比率较大的多元化发展战略称为相关型战

略。一般来讲,多元化战略的核心是经营资源,实行相关型战略是利用共同的经营资源,开拓与原有事业密切相关的新事业。

5）非相关型战略

非相关型战略的组织相关比率很低,即组织开拓的新事业与原有的产品、市场、经营资源毫无相关之处,所需要的技术、经营资源、经营方法、销售渠道必须重新取得。

4. 形式

组织多元化经营的形式多种多样,主要可归纳为以下四种类型。

1）同心多元化经营战略

同心多元化经营战略也称集中化多元化经营战略,指组织利用原有的生产技术条件,制造与原产品用途不同的新产品。如有的汽车制造厂在生产汽车的同时也生产拖拉机、柴油机等。该经营战略的特点是原产品与新产品的基本用途不同,但相互之间有较强的技术关联性。

2）水平多元化经营战略

水平多元化经营战略也称横向多元化经营战略,指组织生产新产品销售给原市场的顾客,以满足他们新的需求。如某食品机器公司最初生产食品机器卖给食品加工厂,之后生产收割机卖给农民,再生产农用化学品,仍然卖给农民。该经营战略的特点是原产品与新产品的基本用途不同,但相互之间有密切的销售关联性。

3）垂直多元化经营战略

垂直多元化经营战略也称纵向多元化经营战略,包括前向一体化多元经营战略和后向一体化多元经营战略。前向一体化多元经营指原料工业向加工工业发展,制造工业向流通领域发展,如钢铁厂设金属家具厂和钢窗厂等。后向一体化多元经营指加工工业向原料工业或零部件工业、元器件工业扩展,如钢铁厂投资于钢矿采掘业等。该经营战略的特点是原产品与新产品的基本用途不同,但相互之间有密切的产品加工阶段关联性或生产与流通关联性。一般而言,后向一体化多元经营可保证原材料、零部件供应,风险较小;前向一体化多元经营往往会在新的市场遇到激烈竞争,但可以保障原料供应和商品货源。

4）整体多元化经营战略

整体多元化经营战略也称混合式多元化经营战略,指组织向与原产品、技术、市场无关的经营范围扩展。整体多元化经营需要充足的资金和发展业务的其他资源,故为实力雄厚的大公司所采用。如由广州白云山制药厂为核心发展起来的白云山集团公司,在生产药品的同时,实行多种类型组合的多元化经营,该公司下设医药供销公司和化学原料分厂,实行前向、后向多元化经营;下设中药分厂,实行水平多元化经营;下设兽药厂,实行同心多元化经营;还设有汽车修配服务中心、建筑装修工程公司、文化体育发展公司、彩印厂、酒店等,实行整体跨行业多元化经营。

三、发展战略的主要途径

发展战略一般可以采用三种途径,即并购、新建与战略联盟。

(一)并购

1. 含义

并购即合并与收购。并购按照不同方式可分为不同的类型。

2. 分类

1)按并购的出资方式划分

(1)出资购买资产式兼并。收购组织使用现金购买目标组织全部或绝大部分资产以实现并购。被收购组织按购买法或权益合并法计算资产价值、并入收购组织,其原有法人地位及纳税户头消失。

(2)购买股票式并购。收购组织使用现金、债券等方式购买目标组织部分股票,控制其资产及经营权。出资购买股票可以通过一级市场或二级市场进行。通过二级市场出资购买目标组织股票简便易行,但因为受到有关证券法规信息披露原则的制约,如购进目标组织股份达一定比例,或达到该比例后持股情况再有相当变化,都需履行相应的报告及公告义务。在持有目标组织股份达到30%时,更要向目标组织股东发出公开收购要约。这些中间环节容易被人利用,哄抬股价,而使收购成本激增。

(3)以股票换取资产式并购。收购组织向目标组织发行自己的股票以交换目标组织的大部分资产。一般情况下,收购组织同意承担目标组织的债务责任,但双方亦可以做出特殊约定,如收购组织有选择地承担目标组织的部分责任。在此类并购中,目标组织承担两项义务,即同意解散其原组织,并把所持有的收购组织股票分配给其原组织股东。收购组织和目标组织之间还要就收购组织的董事及高级职员参加目标组织的管理事宜达成协议。

(4)以股票换取股票式兼并。收购组织直接向目标组织股东发行收购组织发行的股票,以交换目标组织的大部分股票。一般而言,交换的股票数量应至少达到收购组织能控制目标组织的足够表决权数。通过此项安排,目标组织成为收购组织的子组织,亦可能会通过解散而并入收购组织中。但不论在哪种情况下,目标组织的资产都会在收购组织的直接控制下。

2)按参加并购的组织行业相互关系划分

(1)横向并购。横向并购指发生在具有竞争关系的、经营领域相同或生产产品相同的行业之间的并购。横向并购的结果是资本在同一生产、销售领域或部门集中,优势组织吞并劣势组织,组成横向托拉斯,扩大生产规模以达到新技术条件下的最佳规模。其目的在于消除竞争、扩大市场份额、增加并购组织的垄断实力或形成规模效应,并消除重复设施,提供系列产品,有效实现节约。横向并购是组织并购中最常见的方式,但由于其(尤其是大型组织的并购)容易破坏竞争,形成行业高度垄断的局面,许多国家都密切关注并严格限制此类并购的发生,如反托拉斯法是一个限制横向并购的法案。

(2)纵向并购。纵向并购指发生在生产和销售的连续性阶段中互为购买者和销售者关系的组织间的并购,即生产和经营上互为上下游关系的组织之间的并购。纵向并购的目的在于控制某行业、某部门生产与销售的全过程,加速生产流程、缩短生产周期、减少交易费用,获得一体化的综合效益。

(3) 混合并购。混合并购指既非竞争对手又非现实中或潜在的客户或供应商的组织间的并购。其又可以分为三种形态:产品扩张型并购,指相关产品市场上组织间的并购;市场扩张型并购,指一个组织为扩大竞争地盘而对它尚未渗透的地区生产同类产品的组织进行并购;纯粹的混合并购,指生产和经营彼此之间毫无联系的产品或服务的若干组织的并购。

3) 按照是否有委托第三者出面进行收购划分

(1) 直接并购。直接并购由收购方直接向目标组织提出所有权要求,双方通过一定的程序进行磋商,共同商定完成收购的各项条件,在协议的条件下达到并购的目标。直接并购分为向前并购和反向并购。向前并购指目标组织被买方并购后,买方为存续组织,目标组织的独立法人地位不复存在,目标组织的资产和负债均由买方组织承担;反向并购指目标组织为存续组织,买方组织的法人地位消失,买方组织的所有资产和负债均由目标组织承担。

(2) 间接并购。间接并购指收购组织先设立一个子组织或控股组织,然后再以子组织名义并购组织。间接并购包括三角并购和反三角并购。三角并购指收购组织先设立一个子组织或控股组织,然后再用子组织来兼并目标组织。目标组织的股东不是收购组织,因此收购组织对目标组织的债务不承担责任,而由其子组织负责。收购组织对子组织的投资是象征性的,资本可以很少,因此又叫空壳组织,其设立的目的完全是为了并购组织而不是经营。收购组织一般是股份有限组织,其股票和债券是适销的。采取三角并购,可以避免股东表决的繁杂手续,而母组织的董事会则有权决定子组织的并购事宜,简单易行、决策迅速。反三角并购相对比较复杂,收购组织先设立一个全资子组织或控股组织,然后被目标组织并购,收购组织用其拥有的子组织的股票交换目标组织新发行的股票,同时目标组织的股东获得现金或收购组织的股票,以交换目标组织的股票,目标组织成为收购组织的全资子组织或控股组织。

4) 依据并购动机划分

(1) 善意并购。善意并购亦称友好并购,指目标组织的经营管理者同意收购方提出的并购条件,接受并购。一般由并购组织确定目标组织,然后设法使双方高层管理者进行接触,商讨并购事宜,诸如购买条件、价格、支付方式和收购后的组织地位及目标组织人员的安排等问题。通过讨价还价,在双方都可以接受的条件下签订并购协议,经双方董事会批准,股东大会以三分之二以上赞成票通过。双方在自愿、合作、公开的前提下进行并购,故善意并购的成功率较高。

(2) 敌意并购。敌意并购亦称恶意并购,通常指并购方不顾目标组织的意愿而采取非协商购买的手段,强行并购目标组织。常见形式为以高于交易所股票的交易价格向股东收购目标组织的股票。一般收购价格比市价高出20%～40%,以此吸引股东不顾经营者的反对而出售股票。对于收购方而言,收购需要大量的资金支持,在较大规模的并购活动中,银行或证券商往往出面提供短期融资。被收购组织在得知收购组织的收购意图之后,可能采取一切反收购措施,如发行新股票以稀释股权,或收购已发行在外的股票,等等,增加收购的成本、降低成功率。理论上说,收购组织收到51%的股票便能改组董事会,从而达到并购目的。

5）依据并购资金来源划分

（1）杠杆并购。杠杆并购指并购方只支付少量的自有资金，主要利用目标组织资产的未来经营收入进行大规模的融资来支付并购资金的并购方式。杠杆并购于20世纪60年代首先出现在美国，其后风行于西方国家。杠杆并购被广为采用，一些规模较大的组织成为并购的目标。

（2）非杠杆并购。非杠杆并购指并购方不以目标组织的资产及其未来收益为担保融资来完成并购，主要以自由资金来完成并购。早期的并购形式多属于此类，但不代表并购组织不用举债即可承担并购价款。在并购实践中，几乎所有的并购方都会利用贷款，只是不同并购中的借贷数额的多少不同。

3. 优缺点

并购的优点如下。第一，市场进入方便灵活，可以利用已收购企业的市场份额减少竞争。并购可以大大缩短项目的建设和投资周期。从供求角度分析，不会增加东道国原有的市场供给，从而降低了竞争的激烈度。第二，容易获得现有的经营资源，扩大产品种类，获得范围经济。跨国并购能获得现成的管理人员、技术人员及生产设备。如果收购目标与本企业的相关产品差异较大，收购方可以迅速增加企业的产品种类，在获得规模经济的同时得到范围经济。第三，企业融资更为便捷。跨国并购之后，原来对目标企业提供信贷的金融机构可能继续维持与该企业的借贷关系，为企业融资提供方便。

同时，并购存在一些缺点。第一，国际会计标准差异、信息不对称导致无形资产评估等问题，评估企业价值难度增大，跨国公司决策困难。第二，容易受到东道国的政策限制和地方保护主义的抵制。为了保护本国产业，东道国有时会限制某些特殊行业的并购。第三，容易受到企业规模、选址上的约束。由于被收购的企业规模、行业和地点都是固定的，跨国公司很难找到一个符合自己全球战略所要求的地点进行跨国并购。

（二）新建

1. 含义

新建又称绿地投资，指在即将开发的市场所在地进行投资设厂，建立一个新的组织。

2. 类型

根据股权占有的比例，可以将新建分为新建独资组织或新建合资组织。后者采用和东道国政府合资建立子公司。

3. 优缺点

新建包含以下优点。第一，拥有较强的自主性。利用绿地投资方式创建新组织时，跨国组织有更多的自主权，能够独立地进行项目筹划，选择适合本组织全球发展战略的厂址，并实施经营管理，能在较大程度上掌握各个项目策划的主动性。第二，较少受到东道国产业保护政策的限制。跨国公司通过向东道国组织提供技术、管理、销售等渠道参与和东道国组织股权无关的经营活动，避免激起东道国的排外情绪，减少政治风险。第三，组织能在更大程度上维持公司在技术和管理方面的垄断优势，击败东道国市场中的竞争者。

同时，新建也有一些缺点：第一，绿地投资需要大量的筹建工作，建设周期长，速度慢，缺乏灵活性，对跨国公司的实力要求较高；第二，在组织的创建过程中，跨国公司完全承担风险，不确定性较大；第三，跨国公司在东道国投资设厂，但符合其管理、生产要求的技术人员相对缺乏，管理方式与东道国政策或文化不适应，与本土企业间竞争相对激烈，比较难以进入东道国市场。

（三）战略联盟

1. 含义

战略联盟的概念最早由美国 DEC 公司总裁简·霍普兰德和管理学家罗杰·奈格尔提出，是指由两个或两个以上有着共同战略利益和对等经营实力的组织，为达到共同拥有市场、共同使用资源等战略目标，通过各种协议、契约而结成的优势互补或优势相长、风险共担、生产要素水平式双向或多向流动的一种松散的合作模式。

关于战略联盟的定义，学术界还存在多种解释。

（1）布劳易斯等人将稳定的战略联盟称为“准一体化”。

（2）交易成本经济学的代表人物威廉姆森将战略联盟称为“非标准商业市场合同”。

（3）巴特勒和卡尔奈将战略联盟称为“被管理或被组织的市场”。

（4）索雷利从联盟组织多边性出发，将战略联盟称为“网络化”。

（5）汤普森等人将战略联盟描述为除市场和管理等级制之外的第三种社会经济活动协调工具。

（6）波特将战略联盟称为“组织间达成的既超出正常交易又达不到合并程度的长期协议”。

综上所述，战略联盟指两个或者两个以上经营实体之间为了达到某种战略目的而建立的一种合作关系。合并或兼并意味着战略联盟的结束。

2. 类型

1）从资本和权益分类

（1）权益基础的战略联盟。权益基础的战略联盟指双方拥有对方某一比例的股权，通过交叉持股和相互投资的方式来实现。其常见形式是合资，即两家或两家以上的组织，借助结合彼此的部分资产形成一家独立的公司。

（2）非权益基础的战略联盟。非权益基础的战略联盟主要是在不拥有所有权的基础上，通过合约或彼此的默契来取得合作关系，通常被称作默契结盟。

2）从战略联盟的范围分类

（1）垂直互补式战略联盟。垂直互补式战略联盟指两个或两个以上的组织在价值链的不同阶段采取互补方式结合彼此的资产的战略联盟。

（2）水平互补式战略联盟。水平互补式战略联盟指两个或两个以上的组织在同一价值链阶段中的资源与能力的互补式战略联盟。

（3）多元化战略联盟。多元化战略联盟指无须借助收购或合并的情况下开拓某些新的产品或市场领域的联盟，风险较低并具有较大的弹性。

（4）协同战略联盟。协同战略联盟指两家或两家以上的组织之间建立联合的范围经济，进而创造出一种协同。

(5) 特许权的授予。特许权的授予指在加盟者与被加盟者之间安排一种关于特许权的合约关系。

3. 优点

1) 促进研究与开发

研究与开发是战略联盟重要的合作领域。研究表明，在所有的战略联盟当中，涉及研究与开发的占总数的一半以上。第一，组织通过建立战略联盟，共同承担技术开发风险，提高研究与开发成功的可能性。如在航空领域，波音公司为了开发新型的波音777喷气式客机，与实力强大的富士、三菱及川崎重工结成战略联盟进行联合开发。第二，组织通过结盟互相学习，进行技术优势互补，提高产品竞争能力。福特公司与马自达公司的联盟始于1979年，通过十几年的合作，福特公司和马自达公司教会了对方不少“绝活”：福特学到了重要的制造技术，作为回报，向马自达提供了发动机废气排放电脑控制系统的技术和用于测量噪音与振幅的精密计算机程序。第三，通过建立战略联盟共同承担巨额的研究开发费用，在计算机、电子和航空等行业中尤为突出。如开发新一代记忆芯片至少需要10亿美元，建一家生产新一代芯片的工厂还需10亿美元，研制一种新车型的费用通常高达20多亿美元，开发一种新药需要5亿美元，如此高额的研发费用是一家组织无法担负的。第四，战略联盟是发展中国家获得关键技术的捷径。在无法通过市场方式购得技术的前提下，以战略联盟的方式与技术先进的公司合作，通过组织学习的方式加以消化吸收，发展中国家的组织可以发挥后发优势、迅速提升自身水平。如我国汽车产业中上汽与德国大众的合作，在以往生产层面合作的基础上向核心技术层面拓展。上海大众技术中心的造型设计，已经纳入德国大众全球设计体系，同时上海大众的技术骨干，也被选派到德国大众本部最核心的技术开发中心，进行汽车全过程开发培训。

2) 提升组织核心竞争力

自从帕拉哈德在《哈佛商业评论》的《组织的核心竞争力》一文中首次提出“核心竞争力”这一概念以来，核心竞争力便成为组织经营者关注的焦点。组织的核心竞争力具有价值性、稀缺性、难以模仿性、不可替代性等特点，成为组织持续竞争优势的来源。组织通过建立战略联盟，实现组织各自价值链环节之间的合作，将创造价值的重点从单一的组织内部转向跨越组织边界的外部关系，促进组织的经营活动超越传统的边界。通过联盟伙伴间深入的价值链关系，组织战略联盟实现了价值链环节之间链接的低成本和快速度，为组织创造更多价值和传统组织结构无法比拟的竞争优势。通过联盟组织不仅可以扩大规模，获得规模经济效应、范围经济效应和共生经济效应，也可以通过提供差异化或更迅速的产品及服务，构建相对于竞争对手的竞争优势，打造和提升自身核心竞争力。如IT产业中较大的两家组织——微软和英特尔之间结成的Wintel联盟。在IT产业中，软件和硬件相互依存。微软公司开发出功能更强的软件后，英特尔集成芯片需求量才会大幅上升，同时在英特尔生产出更快的集成芯片后，微软的软件才会更有价值。双方通过联盟方式在技术领域进行分工协作，强化了各自拥有的核心竞争力优势，彼此核心竞争力优势的叠加强化了它们在行业中的领先地位，为消费者提供更为质优价廉的产品和服务。

3）在获得规模经济的同时分担风险与成本

激烈变动的外部环境对组织的研究与开发提出了三点要求：不断缩短开发时间、降低研究与开发成本、分散研究与开发风险。组织研究与开发一项新产品、新技术常常要受到自身能力、信息不完全、消费者态度等因素的制约，需要付出较高的代价。随着技术的日益复杂化，研究与开发的成本也越来越高。这些因素决定了新产品、新技术的研究与开发需要很大的投入，具有很高的风险。组织要从技术自给转向技术合作，通过建立战略联盟、扩大信息传递的密度与速度，避免单个组织在研究与开发中的盲目性和因孤军作战引起的全社会范围内的重复劳动和资源浪费，从而降低风险。市场和技术的全球化，提出了在相当大的规模和多个行业进行全球生产的要求，实现最大的规模和范围经济，在以单位成本为基础的全球竞争中赢得优势。虽然柔性制造系统可以将新技术运用到小批量生产中，但规模和范围经济的重要性对于组织的全球竞争力来说仍具有决定意义。建立战略联盟是实现规模经营并产生范围经济效果的重要途径。

4）低成本进入新市场

战略联盟是以低成本克服新市场进入壁垒的有效途径。如摩托罗拉在20世纪80年代中期开始进入日本的移动通信市场，由于日本的市场存在大量正式、非正式的贸易壁垒，摩托罗拉公司举步维艰。1987年，它与东芝结盟制造微处理器，并由东芝提供市场营销帮助，大大提高了摩托罗拉与日本政府谈判的地位，获准进入日本的移动通信市场，成功克服了日本市场的进入壁垒。1984年，美国的长途电话业解除管制后，美国电话电报公司（AT&T）获得了产品经营的自由，进入了个人电脑市场。IBM采取的反击措施是与AT&T在长途电话行业的主要竞争对手MCI结成联盟，并收购了其20%的股份，通过MCI在长途电话行业的低价战略来牵制AT&T。日本的几家规模较小的汽车公司，如马自达、铃木和五十铃，在进入美国市场时都采取了与美国汽车组织联营的办法，克服进入壁垒。

4．缺点

1）伙伴的不兼容性提高

从长期来看，战略联盟所面临的成本和风险之一是伙伴间的不兼容性会提高，彼此之间的战略利益逐渐随时间减少甚至消失，还会产生一些预期之外的行政成本。

2）知识与能力逐渐干涸

很多战略联盟的基础是共享知识与能力，通过共享带来利益，实现双赢，但由于彼此经营领域的变迁和市场重叠性的增加，共享会变成互相竞争。战略联盟伙伴的知识与能力没有随着时间的推移而进一步发展，学习的空间和必要性不复存在，战略联盟不再具有战略价值。

3）高度互相依赖的风险

高度互相依赖在短期内会带来利润的增加，节省产品开发成本和时间，长期来看却会削弱组织自身的某些能力，最终受制于战略伙伴，失去战略应变的弹性。

4）控制与作业的高成本

战略联盟在日常运作中面临三种主要的控制与作业成本：协调成本、学习成本、僵固成本。战略联盟通过双方组织的密切合作发挥作用，双方在文化、价值观、作业方式方面存在较大差异会产生较高的协调成本；组织从战略联盟中学习新的知识与能力需要相当多的投入与精力；战略联盟对组织的未来战略选择或者组织的行动产生某种限制，产生僵固成本。

四、发展战略的障碍

发展战略要求组织的经济态势良好，有充足的资源、技术等条件，反过来讲，这些因素在达不到一定水平时会成为组织实施发展战略的障碍。

1. 经济实力有限

经济状况呈现持续增长的条件对大多数组织来讲比较苛刻，有些组织在成立初期生产规模较小，增长速度有限，较难实施发展战略。

2. 缺乏政策支持

大多数创业者会根据政策形势走向来选择业务方向和范围，从当前看毋庸置疑，但若想在政策体系不够完善的领域闯出一番事业，在应对挑战的同时也为政府工作人员提供了更多管理规范化的可能性。顺应政策发展，组织会面临同行业的多个竞争对手，在政策尚未覆盖的灰色区域建立组织同样会遇到诸如缺乏法律保障、知识产权意识薄弱等问题。

3. 有效资源不足

组织建立初期比较难以达到资源充足，发展良好的组织与上下游组织的业务联系相对紧密，形成学习效应与规模经济后会逐步积累技术、人力等资源。

4. 组织文化相悖

组织文化是组织发展的良好润滑剂，在战略选择方面应与既定战略相辅相成。背道而驰的组织文化与战略对组织是较大的掣肘，选择发展战略必然要放弃追求稳定的组织文化。

第二节 稳定战略

稳定战略又称维持型战略，指在内外环境约束下，组织在战略规划期内将资源分配和经营状况基本保持在战略起点的范围和水平上。按照这种战略，组织目前的经营方向、业务领域 、市场规模、竞争地位及生产规模都大致不变，持续向同类顾客提供同样的产品和服务，维持目前的市场份额。实施稳定战略的组织经营风险相对较小，对于曾经成功活动于上升趋势行业和变化不大的环境中的组织来说会很有效。

稳定战略本质上追求在过去经营状况基础上的稳定，具有以下特征：第一，组织对过去的经营业绩表示满意,决定追求既定的或与过去相似的经营目标;第二,组织在战略规划期内追求的绩效按一定比例递增;第三,组织提供与过去相同或基本相同的产品和劳务来服务社会,意味着组织对产品的创新程度投入较少。

一、实施稳定战略的前提条件

外部环境相对稳定和内部实力相对较强的组织倾向于采用稳定战略,此战略适用于处于一定发展阶段的组织。采用该战略应当具备的前提条件主要包含以下几个方面。

第一,宏观经济整体保持总量不变或低速增长时,各行业的经济增长速度降低,组织倾向于采用稳定战略。

第二,组织所在的产业技术相对成熟、技术更新速度较慢,目前的技术和产品不需要较大调整便能满足消费者需求,会促使组织选择稳定战略。

第三,某特定消费者群体的细分市场中消费者需求偏好较为稳定,产品趋于完善且广为接受,此细分市场可考虑采取稳定战略。

第四,组织处在行业或产品的成熟期时,产品需求、市场规模趋于稳定,产品技术成熟,以新技术为基础的新产品的开发难以取得成功,以产品为对象的技术变动频率低,竞争对手数目和组织竞争地位都趋于稳定,提高市场占有率的机会较少,组织趋向于选择稳定战略。

第五,外部环境较为稳定时,组织可采取稳定战略来适应环境;外部环境不利时,如处于产品生命周期的衰退期,组织若在一定细分市场有独特优势或资源充足,也可采用稳定战略。

二、稳定战略的类型

1. 根据战略目的和资源分配方式分类

1) 无增战略

无增战略指组织旨在保持现有基础水平的战略,按照原有方针在原有经营领域内经营,在市场地位、产销规模、效益水平等方面维持现有状况。采用这种战略的组织可能基于两个原因:一是组织过去的经营相当成功,组织内外部环境没有发生重大变化;二是组织不存在重大的经营问题或隐患,战略管理者没有必要进行战略调整,或者害怕战略调整给组织带来资源分配上的困难。采用无增战略的组织除了每年按通货膨胀率调整其目标外,其他暂时保持不变。

2) 维持利润战略

维持利润战略是牺牲组织未来发展来维持目前利润的战略。维持利润战略注重短期效果、忽略长期利益,根本意图是渡过暂时性的难关,往往在经济形势不景气时被采用,以维持过去的经济状况和效益,实现稳定发展。如果使用不当,维持利润战略可能伤害组织的元气,影响组织长期发展。

3) 暂停战略

经过长时间的快速发展后,组织可能因为外部经济环境的变化和内部组织创新水平的下降导致原有战略效率下降,此时可以采用暂停战略,即在一定时期内降低组织的目标和发展速度。暂停战略可以充分达到积聚能量、为今后发展做准备的目标。

4）谨慎实施战略

谨慎实施战略指在外部环境难以预测或变化趋势不明显时，组织要有意识减缓战略决策的实施进度，步步为营。

2．根据采取的防御态势分类

1）阻击式防御战略

采取阻击式防御战略的组织以守为攻，防止挑战者着手行动或者使其进攻偏离到对自己威胁较小的方向，实施时需要预测出可能的竞争对手、可能的进攻路线及封锁进攻的方法。

2）反应式防御战略

反应式防御战略指竞争对手的进攻发生后或挑战来临时，针对进攻或挑战的性质、特点、方向，采取相应对策，顶住压力，固守阵地。

三、稳定战略的利弊分析

1．稳定战略的优点

稳定战略对处在稳定增长中的行业或稳定环境中的组织比较有效。其优点如下。

1）降低组织经营风险

组织基本维持原有产品和市场领域，避免由于开发新产品和新市场带来的巨大资金投入和开发失败及激烈竞争带来的巨大风险。

2）保证战略的连续性

采用稳定战略的组织不会因战略突然改变引起资源分配、组织机构、管理技能等方面的变动，保持经营规模、经营资源、生产能力等方面的协调，防止发展过快、过急造成失衡状态。

3）提供较好的修整期

适时的稳定战略可为组织积聚更多能量，为今后发展做好准备。

2．稳定战略的弊端

1）减缓组织发展的速度

稳定战略对企业前期取得的成就要求较高，但若长期实施则会使组织发展越来越缓慢。组织外部环境得以改善或内部条件较好、实力较强时，应当考虑抓住机会、实行发展战略。组织若迟迟不实现从稳定战略向其他战略的转变，不利用市场机遇扩大规模，则将始终处于较低的发展速度。

2）形成惧怕风险的文化

长期实行稳定战略容易形成惧怕风险的文化。从稳定战略向其他战略过渡需打破原来资源分配的平衡并建立新的平衡，通常需要较长时间。实施过程中，领导者往往着重调整企业内部结构，忽略内部环境变化和可利用的市场机遇，大大降低组织对风险的敏感程度和适应能力，形成一种抗拒创新突破、逃避风险的文化氛围。

3）导致细分市场的被动

对特定市场的目标客户和市场需求把握不准确时，组织会陷入被动的境地，导致特定细分市场的稳定战略出现较大的风险。

第三节 紧缩战略

紧缩战略指组织从目前的战略经营领域和基础水平收缩和撤退，偏离起点战略的幅度较大。组织短期内实施紧缩型战略，根本目的是挨过风暴后转向其他的战略选择。

一、紧缩战略的特征

1）市场规模缩小

对组织现有的产品和市场领域实行收缩、调整和撤退战略，如放弃某些市场和某些产品线系列，缩小组织规模，一些效益指标（如利润率和市场占有率）明显下降。

2）裁员数量较大

实施紧缩战略要求严格控制组织资源的运用，尽量削减各项费用支出，组织往往只投入最低限度的经济管理资源，过程伴随大量裁员和奢侈品及大额资产的暂停购买。

3）时间跨度较短

与稳定战略和发展战略相比，紧缩战略具有明显的过渡性，根本目的不在于长期节约开支、停止发展，而是为今后发展积蓄力量。

二、实施紧缩战略的前提条件

1）经济状况恶化

整体经济不景气时，组织的外部环境对其造成较大的负面影响，应当采取紧缩战略以避免外部环境恶化导致发展变缓甚至停滞，暂时保护已经形成的规模和效益。

2）行业处于衰退

组织的发展离不开行业整体的发展。经济整体处于衰退时，行业进入衰退期，组织不可避免受到影响。例如政策引导与科技进步带来的新兴产业的发展会冲击某些传统行业，导致其竞争力减弱，此时组织可能趋向于采用紧缩战略以避免过多参与恶化的市场竞争，减缓组织效益下降速度，保留在行业中积累的竞争能力和业务联系。

3）行业竞争激烈

行业中竞争较为激烈时，组织倾向于选择紧缩战略以保护自身免于被强大的竞争对手吞并或排挤，暂时规避危险。

三、紧缩战略的类型

采用紧缩战略的组织可能出于不同的动机，据此可分为三类：适应性紧缩战略、失败性紧缩战略、调整性紧缩战略。

1. 适应性紧缩战略

1）概念

适应性紧缩战略指组织为了适应外界环境而采取的战略。外界环境包括经济衰退、产业进入衰退期、组织产品或服务的需求减小等。这些情况下，组织倾向于采取适应性紧缩战略以渡过难关，谋求发展。

2）适用条件

适应性战略的适用条件是组织已预测到或已感知到外界环境对组织经营的不利，认为采用稳定战略尚不足以保证组织顺利度过外部环境不利的时期。下列情况组织可以采用适应性紧缩战略：组织的某些领域由于创新程度较低，正处于稳定或日益衰退的市场中，不能带来令人满意的利润，甚至带来亏损；组织某领域的市场占有率小，扩大市场占有率的费用较高，或市场占有率的比例虽高，但维持这个比例需要耗费越来越高的费用；如果减少某领域的投资，销售额下降幅度较小，并能更好地利用闲散资源。

3）可采取的措施

组织可只在原有经营领域内减少投资、缩减支出或削减人员，逐步收回资金或抽出资源，发展新的经营领域。

2. 失败性紧缩战略

1）概念

失败性紧缩战略指组织由于经营失误造成竞争地位虚弱、经营状况恶化，只有采用紧缩战略才能最大限度减少损失，保存组织实力。失败性紧缩战略包括撤资和清算。撤资指出售组织的分部、分公司或任何一部分。清算指分块售出公司全部资产，实现其有形资产价值。

2）适用条件

失败性紧缩战略的适用条件是组织出现重大问题，如产品滞销、财务状况恶化、投资无法收回等。这里涉及"度"的问题，即究竟出现何种严重经营问题才考虑实施紧缩型战略。组织需要全面评估市场、财务、内部机构，认真比较实施紧缩型战略的机会成本，进行细致的成本一收益分析。

适合采用撤资的情况有：组织已经采取收缩战略但没能改善经营；分公司为保持竞争力需要投入的资源超出了组织的供给能力；分公司失利使整体业绩不佳；分公司在市场、用户、管理人、雇员、价值观等方面与组织整体不相适应；组织急需大量资金而又不能从其他途径获取；政府的反垄断措施对组织构成威胁。

适合采用清算的情况：组织已经采取了收缩和撤资战略，都未成功；组织除了清算外的唯一选择是破产，清算是有序、有计划地将资产最大限度变现的方法；股东可通过出售组织的资产将损失降到最低。

3）可采取的措施

除了破产别无他法时，组织的外部环境和内部结构发展倾向于停滞或继续衰退，组织可以采用撤资或者清算的方法将损失减少到最低。

3. 调整性紧缩战略

1）概念

调整性紧缩战略指组织试图扭转财务状况欠佳的局面，提高运营效率，调整组织结构、管理体制、产品和市场、人员和资源等，渡过难关以便再图发展。其动机是谋求更好的发展机会，将有限的资源分配到更有效的使用场合。

2）适用条件

调整性紧缩战略的适用条件是组织存在回报更高的资源配置点。需要比较组织当前的业务单位和实施紧缩战略后资源投入的业务单位。以下情况可以采用调整性紧缩战略。

(1) 实力不足。组织在管理体制或运营机构方面仍具有一定的实力，但在一定时期内不能实现原有的目标。

(2) 环境威胁。外部条件急剧恶化，如市场需求下降或经济衰退，工资和原材料成本上升，原有的战略方针难以应付。

(3) 长期亏损。以往的战略决策出现重大失误，效率和效益均比较低，长时间处于亏损状态。

3）可采取的措施

(1) 调整组织。调整组织包括更换关键领导人和管理人员，在组织内部重新分配责任和权力。调整的目的是促进管理人员适应变化的环境。

(2) 降低成本。降低成本包括压缩日常开支、实行严格预算管理、减少长期投资项目、减少广告和促销支出，以及适当降低管理费用。在某些必要的时间段可采取裁员的方式来压缩成本。

(3) 积聚资产。组织可以选择出售与基本生产活动关系不大的土地、建筑物和设备；关闭一些工厂或生产线；出售某些在用的资产，以租用方式获得使用权；出售一些盈利的产品，获得继续使用的租金。组织可以加速应收账款的回收期，降低存货量，出售组织的库存产成品。

四、紧缩战略的利弊分析

1. 紧缩战略的优点

1）抵抗外部的不利环境

紧缩战略能帮助组织在外部环境恶劣的情况下，节约开支和费用，走出不利的处境。

2）最大限度地降低损失

在许多情况下，盲目坚持经营无可挽回的事业，而不是明智地采用紧缩战略，会给组织带来致命的打击。

3）实行资产的最优组合

若不采用紧缩战略，组织面临新的机遇时，只能运用现有的剩余资源进行投资，影响组织在这一领域的发展前景。通过采取适当的紧缩战略，组织可以转移不良运作部门的部分资源到新的发展领域，实现长远利益的最大化。

2. 紧缩战略的缺点

1) 尺度比较难把握

盲目使用紧缩战略可能会扼杀具有发展前景的业务和市场,损害组织的整体利益。

2) 降低员工满意度

实施紧缩战略常常伴随不同程度的裁员和减薪,引起组织内外部人员的不满,造成员工情绪低落,同时在某些管理人员看来意味着工作的失败和不利。

案例 海尔战略 vs TCL 思维

无论从知名度、规模还是从制度建设、组织发展方面来讲,海尔与 TCL 都堪称中国家电业中较成功的组织,将这两家组织在战略上的发展成果进行对比研究,能为行业的其他组织提供借鉴。

1. 多元化

海尔——从白色家电进军黑色家电;

TCL——从黑色家电向白色家电、通信领域进军。

中国家电业经过 20 余年的发展,许多组织在单项业务发展上已经相对成熟,其成长和扩张弹性已经非常有限,同时成长环境也随着市场的相对饱和而越发艰难,这个时候组织转型进行多元化发展似乎是水到渠成的必然选择:一方面可以规避单一产业竞争带来的风险,另一方面可以使网络和产品形成互补,将效用发挥到最大。海尔和 TCL 应该说是单一产品向多元化转型中相对成功的组织,既有相似点又有不同点。

张瑞敏曾谈论到海尔的发展战略,大致可以分成 3 个阶段:第一阶段是 1984—1991 年间的名牌发展战略,只做冰箱一个产品,7 年间通过冰箱逐步建立起品牌的声誉和信用;第二阶段是 1991—1998 年间的多元化产品战略,按照"东方亮了再亮西方"的原则,从冰箱到空调、冷柜、洗衣机、彩电,每一至两年做好一种产品,7 年间重要家电产品线已经接近完整;第三阶段是从 1998 年至今的国际化战略,通过直接与间接投资到海外发展。如今海尔已涉足几乎所有的家电制造行业,并进入了相对陌生的手机制造业和金融、保险甚至医药行业。

TCL 的多元化也可以分为三个阶段:第一阶段是 20 世纪 90 年代中期的原始积累时期,最初做电话机并成功地通过资本重组与并购杀入彩电行业,初步塑造出品牌形象;第二阶段是 1996—2000 年的多元化扩张阶段,利用其在彩电行业的品牌积累,从彩电切入刚刚兴起的手机、通信、电工、PC 领域;第三阶段抓住国内产业整合和国际产业转移的趋势,利用 OEM 等方式进入白色家电行业,打造新的利润增长点。TCL 于 2011 年宣称实现销售额 610 亿元。

不管是海尔还是 TCL 的多元化,如果按照西方的经济学理论框架来看,各有可圈可点之处,但也存在一定的弊端。海尔的多元化已经进入了从单业经营到多业经营的较高程度,但也存在某些缺陷。一名资深咨询师曾分析指出,对于海尔的未来多元化出路,应当将相关业务纳入 3 个层面进行协调,进而将产业纳入管道式管理:一是提供利润的核心业务(如冰箱、电视、空调、洗衣机等业务);二是充满机会的新兴业务(如计算机、手机、家庭整体厨房等业务);三是创造未来的种子项目(如生物制药等项目)。如果海尔持续的经济增长有赖于在战略上对这3个层面进行合理协调的话,海尔需要建立相应的机制来完成从第一个层面到第二个层面的战略转移,并注意从研发和人才资源上保持对第三个层面的培育。然而,从目前的程度来看,海尔在第二和第三层面上遇到了相当的困难,海尔电脑、海尔手机相对陷入了困境,海尔在生物制药上也基本宣告失败,于2002年宣布退出刚刚进入的鞍山证券等金融业务领域。海尔在转型上遇阻有以下几个原因。①转型跨度大。海尔作为家电第一品牌的印象使人们难以将其与制药、金融等联系起来,公众认可度低。②网络无法实现共享。海尔手机、电脑无法与原有的冰箱、洗衣机、空调和彩电等产品共享,资金不能集中。③专业人才缺乏。原有家电人才虽然在固有领域精干,但在医药金融方面则可能是门外汉。

TCL的多元化之路,从目前的程度来分析,仅仅停留在多元化的第三个层面。TCL的多元化扩张与海尔刚好相反,它是从黑色家电向白色家电、通信领域进军,而海尔则是从白色家电向黑色家电进军。

TCL的多元化优势也非常明显:第一,新增加了利润增长点,即新业务对核心业务做出了贡献;第二,完成了从单一品牌形象向多元化品牌形象的转换;第三,组织进一步实现战略重组和引进国际战略投资伙伴。

然而,TCL的多元化弊端也很明显,如其彩电和PC的营销模式和营销渠道不一样。TCL刚进军PC领域时,曾认为渠道共享将是未来的优势,然而事实证明这是错误的。TCL的冰箱和洗衣机等都是OEM产品,然而这些OEM产品的质量与选材标准将是非常难以控制的,价格更不能依自己意愿降低,产品质量不能完全保证,长此以往必然会影响品牌知名度和美誉度的提升。TCL冰箱和洗衣机在市场上基本以低价位出现,市场表现一般。

2. 国际化

海尔——先难后易,城市包围农村;

TCL——先易后难,农村包围城市。

中国家电业的国际化之路,目前已经有两种模式凸显出来:一种是以海尔为代表的“先难后易”模式,属于“城市包围农村”战略;另一种是以TCL为代表的“先易后难”模式,属于“农村包围城市”战略。

海尔是国内较早开始国际化的组织之一,也是在国际上影响力较大的中国家电组织。另外,发达国家的消费者往往是品牌意识非常强的群体,新品牌进入之初很难被消费者认可,这就决定了发达国家市场开发需要一个漫长的周期,客观上要求组织必须具备雄厚的资金实力,要能承受住暂时的挫折乃至一定时间内的亏损。

目前有证券分析人士对海尔国际市场的资本进行研究发现,海尔在国际市场上的现金流可能是负数,这也更加确认了对于一个采用“先难后易”模式进入国际市场的组织来说,它必须经受得起“阵痛”。美国的《商业周刊》曾刊文《海尔的艰难国际化之旅》,对海尔在美国及其他发达国家市场上的艰难探索进行了分析,得出了两个结论:海尔,较之索尼、松下、惠而浦、GE等国际品牌形象来说,有一定的差距,目前仅仅是占据了发达国家的低端市场的一部分份额;海尔在新产品的研发方面还存在不足,对于发达国家的成熟市场,组织需要不断推出满足个性化需求的产品和开发个性化的市场群体。

一个发展中国家向发达国家输出技术与产品,其难度之大可想而知。但换个角度想,像海尔这样的中国组织进入美国市场也有便利的一面:在成熟的市场秩序里,非市场因素对组织的干扰很少,只要组织具备真正的实力,这样的市场开发反而相对容易。

TCL 模式与海尔模式相反,是典型的"先易后难"模式。它先从与中国文化背景比较相近的东南亚国家入手,如越南、菲律宾,之后一步步向发达国家渗透。TCL 彩电经过 3 年的拼搏,在越南市场的份额已经做到第二位,仅次于索尼。

像 TCL 这种开发国际化市场模式的组织在国内家电行业比较多,比如说海信、荣事达等。这种模式的风险相对来说比较小,而益处显而易见。第一,释放了其强大的产能过剩压力,更加突出规模经济,弥补国内市场的需求不足。第二,中国组织国际化的最大障碍是缺乏国际化人才以及对国际贸易规则的了解。这种进入模式能够积累国际化经验,储备在全球经营的国际化人才,同时熟悉国际化规则。第三,进退方便,避免组织的大规模投资和资源浪费。但是,这种模式也存在较多弊端。其一,对于这些第三世界国家和东南亚国家来说,日本产品占据着高端市场,国内组织只能选择中低端市场,利润空间较小。其二,由于进入的是发展中国家,对有望进入国际品牌的组织来讲,品牌形象有一定程度的弱化。

通过对海尔和 TCL 的总体战略分析说明,组织的成长之路是多种多样的,同时组织的成功模式在某些方面具有可借鉴性。对于一个追求股东利益最大化的组织来说,具体在何时何地采取何种发展战略,不但取决于组织的自身状况,更取决于组织在历史中所处的特定环境,即经济学家常说的"路径依赖",同时还部分取决于组织家的战略远见。

第六章 竞争战略

物竞天择势必至，不优则劣兮不兴则亡。

——梁启超

只有先声夺人，出奇制胜，不断创造新的体制、新的产品、新的市场和压倒竞争对手的新形势，企业才能立于不败之地。

——黄汉清

我专为一，敌分为十，是以十攻其一也，则我众而敌寡；能以众击寡者，则吾之所与战者，约矣。

——《孙子兵法·虚实篇》

竞争战略的初始内涵

其他竞争战略

竞争战略是战略的核心，关乎组织生死存亡，主要解决竞争手段的问题。竞争战略指在给定的业务或行业内，组织在特定市场环境中用于区分组织本身与竞争对手并获取竞争优势的策略。组织需要选择在什么范围内竞争，以及争取哪种竞争优势。竞争战略分为全行业内的成本领先战略和差异化战略以及细分市场范围内的集中化战略。

第一节 成本领先战略

勤能补拙，省能补贫。降低成本是创造利润的方式之一，也是一种先发制人的策略。成本领先战略，指组织充分发挥资源优势，通过控制内外部成本，与竞争对手相比降低单位产品成本，甚至以行业最低价格提供某种特定产品或服务，从而建立竞争优势并获取更高的市场占有率的策略。成本领先战略强调在保证产品或服务的基本功能或重要特色的前提下，严格控制一切成本，并发掘能够创造持续成本优势的来源。

一、实施成本领先战略的前提条件

低成本是一种有效且持久的策略，但在全行业范围内实现成本领先需要组织有持续的资本投入和融资能力，对组织的生产能力和技术实力也有较高要求，往往只在特定的市场环境和组织内部条件下效果显著。

1. 市场条件

1）产品具有较高的价格弹性

当消费者对价格敏感度高，不愿意为改善产品质量和附加功能支付更多费用，更偏好低价商品时，低成本战略更能满足消费者需求，帮助组织占据更大市场份额。因此组织在实施成本领先战略前需要全面分析消费者的消费观念和购买能力，在适应消费者需求的同时也要不断引导消费者的消费观念。

2）现有组织之间的价格竞争比较激烈

成本领先战略旨在形成可持续的成本领先。成本领先的组织有两种增加利润的方式：制定与市场相等的价格水平，销售单位产品的利润高于竞争对手；制定低于市场的价格水平，提高销量和总利润。一旦组织制定低于市场的价格水平，竞争对手会随之降价，但成本领先的组织具有更大的降价空间，从而避免陷入无休止的价格战。尤其在市场中价格竞争较为激烈时，成本领先的组织能更具灵活性地应对竞争对手采取的措施。

3）产品或服务同质化

产品或服务同质化指在同一行业中不同组织提供的产品或服务在性能、外观、营销手段上相互模仿、逐渐趋同的现象，在同质化基础上的市场竞争行为称为同质化竞争。当市场上产品或服务的原材料、性能、规格、质量、特色等基本相同时，消费者在不同组织之间消费获得的效用基本无差异，产品价格成为决定消费者选择的主要因素。

4）购买者具有较强议价能力

买方议价能力指消费者通过压低价格、要求较高的产品质量或索取更多的服务项目等手段，从卖方与卖方竞争对手彼此对立的状态中获利的能力。决定买方议价能力的基本因素有两个：价格敏感度和相对议价能力。价格敏感度决定买方讨价还价的欲望有多大，而相对议价能力决定买方能在多大程度上成功压低价格。在与消费者议价过程中，成本优势能确保价格谈判中组织的最低利润空间，保证组织在降价时的盈利能力，不至于亏本经营。

2. 内部条件

1）组织有足够资金进行前期投资和再投资

组织前期需要购买先进设备、承受初期亏损以获取市场份额、研发降低成本的新技术、雇佣劳动力等。提高劳动效率并降低生产成本、提高市场占有率后可能获得较高的利润，进行再投资以扩大生产规模、维持成本领先的地位。

2）组织机构结构化、职责分明

成本领先需要组织降低研发成本、采购成本、宣传成本和促销成本，分担管理成本，进行专业化生产，这对组织本身的结构提出了更高要求。大规模生产也要求组织规范化和专业化，以便从上至下实现有效的管理和控制。

二、成本领先战略的优势

与一般的降价竞争不同，采用成本领先战略的组织可以通过降低研发、生产、销售和宣传等领域的成本来获取持久的竞争优势，获取高于行业平均水平的利润，降价竞争往往以暂时牺牲组织的利润为代价，甚至亏本经营来维持组织的现有市场份额。具体来说，实现成本领先战略的主要优势体现在以下方面。

1. 形成进入壁垒，减少行业新进入者的威胁

组织的生产经营成本较低，已经建立起巨大的生产规模和成本优势，市场的潜在进入者进入市场时不可避免地要面对抢夺市场份额的问题，此时需要克服规模经济和其他导致成本领先的因素，否则会面临较大的亏本经营甚至破产或被挤出市场的风险。

2. 具有对原材料供应商更强的议价能力

具有规模经济的组织往往需要大量原材料，获得尽可能大的价格优惠。当强有力的供应商抬高原材料的价格时，处于低成本地位的组织有更强的灵活性。

3. 对购买者的议价具有更大承受空间

购买者能够议价的前提是在相同价格水平下行业内有其他组织提供该产品或服务。当购买者将能够接受的价格水平降到低于其他组织的单位产品成本后，其他组织若出售产品，收益无法弥补成本，则其他组织只能选择不出售，此时购买者失去议价能力，具有成本领先优势的组织仍能提供产品或服务并获得正收益。

4. 防止竞争者的降价竞争

当竞争对手因对抗将利润空间消耗殆尽后，低成本的组织仍能获利，尤其是发生价格战时，成本领先的组织具有更强的自保能力。竞争对手如果提前意识到这一点，就不会采取降价竞争的方式，因此采取成本领先战略的组织能够避免降价竞争带来的损失。

5. 有效应对替代品的冲击

替代品往往以较低价格或优于现有产品的特性和功能来吸引消费者，当替代品以较

低价格进入市场时，成本领先的组织可以通过进一步降价来抵御替代品的威胁。替代品以某种特性或功能进入市场时，组织仍能占领对价格十分敏感的消费者市场。

三、实施成本领先战略的途径

实施成本领先战略要求组织建立较大生产规模，最大限度地减少研发、生产、销售、宣传和服务方面的成本，严格控制成本与管理费用，以低于对手的成本取得竞争优势。实施成本领先战略的途径主要是严格控制成本驱动因素和改造价值链。

1. 严格控制成本驱动因素

不同行业的组织或同一行业的不同组织的成本机制不尽相同，因此不同组织的成本不一定相同。各种成本驱动因素及其相互作用形成组织的成本机制，成本驱动因素是战略中控制成本的基础和出发点。正确分析成本机制、严格控制成本驱动因素是成本竞争的突破口，是实施成本领先战略的有效途径。

1）规模效应

组织的短期生产成本包括可变成本和固定成本，长期生产成本包括可变成本和准固定成本。当组织的生产规模达到一定水平后，变动成本随产量同比例增加而固定成本或准固定成本不变，增加生产要素的投入量会降低单位生产成本，从而增加组织利润率。

2）学习曲线效应

组织生产大量产品或提供长期服务后，在以后的生产和管理中能够有效减少生产成本。管理者和员工更了解如何生产该产品或提供该服务，从生产和管理中获得更多经验，生产效率大大提高，单位产品成本随累计产量增加而下降。学习曲线效应具体体现在共享经验，对环境特征、新设备、新技术的把握，以及数据处理等方面。

3）利用先进设备和技术提高生产效率

充分利用现有生产能力，扩大产销量，降低单位产品的固定成本，是实施成本领先战略的现实途径。如利用更加集成高效的生产方法、研发高度机械化与智能化的生产技术能有效缩减生产成本，戴尔公司高度自动化的装配厂是利用先进生产工艺和流程设计的典范。

4）改变劳动组织方式

重新安排或规范化生产与销售流程，提高员工和管理者的专业化水平，使组织结构合理化等劳动组织方式的改变，是提高生产经济性的有效手段。

5）业务外包

根据业务是否具有竞争优势并是否能为组织带来主要利润收入来划分，组织的业务包括核心业务和非核心业务。倘若业务承包商通过发挥专长和经验效应优势，能在保证产品基本性能的同时以更低的成本完成承包业务，组织可以将部分非核心业务承包给外部专门机构，这不仅有利于组织降低成本、提高生产效率，还有利于组织重新配置资源，将资源集中于组织自身难以被模仿或替代的核心业务，构筑自己的竞争优势，获得持续发展的能力。

6）靠近消费者，减少中间成本

采取成本领先战略的组织往往采取“直接到达最终用户”的销售策略，一方面能有效削减分销商和零售商的成本费用，另一方面能与消费者维持良好的关系，及时了解消费者需求。组织可以通过建立自己的直销队伍或网络分销来绕过分销商和零售商，尤其在互联网技术迅速发展的时代，网络分销能够在很大程度上节省成本。

7）完善激励体系

激励体系指组织通过特定的方法与管理体系，将员工对组织及工作的热情最大化的过程。工作动机是员工工作积极性的直接内驱力，完善的激励体系不仅可以激发员工生产积极性，还能鼓励员工提出节约成本的新途径。组织可以通过制定工作目标、共享工作成果、奖惩适度、公平分配薪资等方式提高员工的参与度。如西南航空、沃尔玛等诸多公司旨在缩减成本的激励体系为组织赢得了巨大优势。

8）在组织内外部实现资源共享

组织在内部尽可能公开信息和知识，普及每位员工，充分利用组织内资源，提高资源的利用效率，内部资源共享有利于组织节约培训和技术改造成本，减少研发费用，加快新产品开发和产品改造；在外部，通过与其他组织建立合作关系，在营销渠道、市场经验、客户数据库资料等无形资源方面实现资源互补融合。

2．改造价值链

除了控制成本驱动因素外，改造价值链也是降低成本的重点。组织中相互关联的生产经营活动，包括研发设计、生产营销、交易售后等，以及对产品起辅助作用的各种活动共同构成价值链，省略或跨越高成本的价值链活动是形成成本优势的途径之一，但这种途径的缺点在于难以保证产品或服务达到行业的平均质量。

1）简化产品设计，减少或省略产品的附加功能

组织在产品的设计和生产过程中，可以对构成产品的元件尺寸精度、形位要求进行简化，只追求产品的必要功能，省略过剩功能，提供基本无附加的产品或服务，以避免不必要的材料消耗，便于制造和运输。

2）以低成本材料代替高成本材料，或避免高成本的生产活动

对产品价值有重要贡献或对确立组织竞争优势有关键价值的活动在战略上占有重要位置，是改造价值链重点。如果省略高成本材料的生产活动对产品的基本功能无太大影响，省略这项活动能增加利润；如果这项生产活动影响产品的基本功能，组织可尽可能以低成本原材料替代。

3）重构价值链

价值链是组织在设计、生产、销售、运输产品的过程中进行各种主要活动和辅助活动的集合体。组织可以按照存在的必要性、价值高低甚至设置全新的成本标准对价值链中的活动进行排序，筛选并重新组合高价值的活动，或者将低价值活动外包，与其他组织联合降低成本，从根本上改变组织成本的构成。

四、成本领先战略的风险

成本领先战略可以给组织带来竞争优势，但同时也面临一定风险。

1．竞争者竞相模仿，拉低整个行业的利润水平

成本优势的价值取决于其持久性，行业的新进入者或竞争者如果能够不花费太大代

价模仿到低成本组织的生产或销售方式，则低成本组织的成本优势无法继续维持，整个行业的平均成本和价格水平被拉低，利润水平降低。

2. 投入巨大资本量，面临较高投资风险

组织为实现产品成本的降低而投入大量资金是成本领先战略的重要特征之一，但在信息时代，组织的外部环境不断变化，组织进行战略调整或转型可能由于投入资金过多而无法顺利完成。

3. 难以应对顾客需求与偏好变化的冲击

低成本组织靠节约制胜，但必须警惕市场和消费者群体的变化，一味固守传统的成功做法容易处于被动地位。顾客需求与偏好是组织生产活动的起点，采取成本领先战略的组织容易将注意力过度放在成本上，忽视消费者需求等其他竞争领域的变化。组织应定期评估了解顾客需求和期望的方法，对这些方法的适用性、有效性进行改进，与发展方向和业务保持同步，适应市场的变化。

4. 技术变革导致大量原有设备失效

组织需要进行大规模生产来保证成本领先战略的实现，因此需要购买大量生产所需设备等有形资产。技术的更新与突破可能导致竞争对手轻易实现更低成本，组织原有成本优势丧失，需要承担原有资产损失和开发新途径来重新创造成本优势。此外，技术变革也可能导致整个市场需求观念和偏好的改变，现有设备生产出的产品可能无法满足市场需求，组织又无法承担及时转向新价值链或新技术的高昂成本，面临现有设备严重贬值甚至被市场淘汰的风险。

第二节 差异化战略

通九变之利，知九变之术。商场之争，贵在以奇制胜，竞争中的"正合奇胜"可以极小投入得到极大收益。差异化战略又称差别化战略，指组织通过提供与竞争对手有差异的产品或服务来获得竞争优势的战略，旨在通过创造产品或服务的独特性来满足消费者的特殊需求，提高消费者效用，从而增加产品或服务的价值。当产品或服务的独特性带来的额外收益大于额外成本时，组织将获得更大利润空间。差异化战略是组织获得高于市场平均水平利润的有效战略。

一、采用差异化战略的前提条件

并非所有情况下都能实施差异化战略，并非所有差异化都能创造竞争优势，实施能满足组织战略目标的差异化战略需要特定的外部市场环境和内部组织环境。

1. 市场条件

1）行业中存在具有多样化需求的消费者群体

差异化并非主观臆想的结果，而是以实际存在的需求为依托。在社会经济平稳运行、居民收入持续增加的背景下，消费支出全面增长，消费结构逐步优化升级，消费群体分化进一步显现，不同年龄层、不同文化程度之间的消费需求和消费习惯差异凸显。不同群体在消费意愿、消费方式和消费需求上存在明显差异，这是有效实行差异化战略的基本前提。

2）产品供给方面存在创造差异的机会

有机会创造差异化的市场或行业更适合差异化战略，如化妆品公司可以在保湿、防晒、遮瑕、抗衰老、防紫外线、天然成分、持久性等方面创造差异化。

3）采用类似差异化战略的竞争对手较少

组织在创造差异化过程中往往会避免正面竞争，采用较多类似差异化战略的竞争对手最可能的结果是弱化差异性或形成“战略拥挤”——以相同产品抢夺具有相同需求的消费者。

2. 内部条件

1）组织不同部门之间协调性强

组织实现差异化需要研究人员对消费者的潜在需求有深刻理解，有足够经费投入到研发活动，具备吸引创造性人才的财力和设施，能协调好研发、生产及营销部门之间的活动。

2）组织内部具有良好的创新机制

良好的创新机制能保证组织在正确决策下持续高质量、高效率地运行，对组织有效进行决策、指挥、控制、信息反馈和创造有效差异化具有重大意义。

二、差异化战略的优势

1）形成进入壁垒

产品或服务的独特性使目标市场形成较高进入障碍，潜在进入者想要进入市场并与现有组织进行竞争，需要建立与组织已形成的产品或服务相区别的独特性，或更能迎合消费者需求以吸引消费群体，否则难以占据一定的市场份额。这个过程往往需要投入较高的成本，并且需要很长一段时间来转移消费者偏好。

2）降低消费者对价格的敏感度

由于差异化，消费者对产品或服务具有一定的忠诚度，能接受一定范围内的价格变动，组织可以利用产品或服务的差异性适当提高价格，增加利润，同时可以通过差异化在行业竞争中建立隔离带，降低现有竞争者与潜在竞争者的威胁。

3）削弱消费者议价能力

组织为特定消费需求提供差异化产品或服务，竞争对手在同等或相似价格下无法满足这种特定需求。在维持效用不变的前提下，消费者对其他替代品的选择较少，组织可以运用这一战略削弱消费者的议价能力。

4）缓解来自材料供应方的压力

差异化能够带来较高边际收益，当生产的边际成本低于边际收益时，组织有利可图，因此组织对于材料供应方的压力有更强承受能力。

5）有效应对替代品的冲击

替代品对组织的成本优势和差异化优势都有很大威胁，但大多数替代品通过价格优势吸引价格敏感型消费者。而组织产品或服务的独特性可降低消费者对价格的敏感度，赢取消费者的信任，在与替代品的较量中比竞争对手更有利。

6）形成相对持久的竞争优势

由于产品的特色难以被模仿，组织依靠消费者的特殊需求和偏好建立的相对垄断地位稳定有效，各个组织能在市场中共存，并形成稳定的垄断竞争关系。在这种垄断竞争环境中，组织在差异化产品的细分市场中拥有一定的垄断势力，不需要借助价格手段即可获得竞争优势，实现较高的利润水平。

7）有利于技术创新和组织间合作

在细分市场中，组织对产品的市场、用户及行业竞争状况有全面的了解，有利于组织在较高层次上进行特定技术的开发和研究，从而吸引大型组织的合作，实现同步发展。

三、实施差异化战略的途径

清楚认识到市场提供的产品或服务的价值与消费者追求的价值之间的差异是组织实行差异化战略的关键，组织应寻找价值创新的突破点，从生产流程、组织结构、制度文化等各个方面寻求提升产品价值的途径和方法。实行差异化战略的途径主要有两种。

1．建立有形差异化

有形差异化主要指产品差异化，是能让消费者直接感受到产品独特性的差异化，也是能在较短时期内吸引更多消费者并占领更大市场份额的有效途径。产品差异化是常见和较易实现的差异化，包括创造水平差异和垂直差异。前者指组织提供与竞争对手完全不同的产品，后者指组织提供比竞争对手相似但更优质的产品。产品差异化可以体现在产品外观、设计风格、性能、耐用性、舒适度、可靠性、可维修性等各个方面，有效创造并结合水平与垂直差异是形成竞争优势的重要来源。

2．建立无形差异化

无形差异化旨在通过产品本身以外的因素来影响消费者对产品或服务的选择，往往涉及情感因素、社会因素等。

1）服务差异化

服务差异化是产品差异化的延伸。组织之间激烈的竞争和普遍的技术进步导致产品差异化空间缩小，同时消费者对产品附加价值的需求增加。通过专业售前售后、员工培训、用户培训、免费咨询等方式，在服务差异化过程中体现出对消费者的重视和关注，能吸引大量忠实客户，为组织赢得声誉并提高竞争力。提供优质的服务、完善的服务体系和舒适的服务环境是组织创造服务差异化的着眼点。

2）渠道差异化

渠道差异化指从渠道选择、渠道建立、渠道管理、渠道维护、渠道创新等方面入手，组织通过选择不同的分销途径，实现一定程度上的差异化，取得竞争优势。分销渠道主要包括：通过第三方中间商（批发商和零售商）销售、建立零售店销售、无店铺销售、互联网销售等。很多组织率先采用直销模式而获得差异化，这避免了中间商的层级分销，与消费者直接进行交易，给消费者和组织都带来了一定利润。美国著名的计算机公司DELL是率先利用网络分销渠道的典范。

3）形象差异化

形象差异化指组织打造独特的外在形象，从而赢得消费者的满意度。相对于产品、服务等内部差异化来说，形象差异化较难被竞争对手模仿。组织通过充分利用媒体宣传新产品和新设施、召开大型集会和纪念活动、积极开展公关和促销活动等方式增强公众对组织的认知，提升知名度。

4）定位差异化

定位差异化是组织针对预期顾客，通过设计产品或服务的形象，在目标顾客心中占有独特的、有价值的位置，从而与其他组织严格区分开来。定位的基本原则不是创造某种新奇或与众不同的东西，而是作用于人们心中原本的想法，讲究"攻心为上"，旨在进行错位竞争，实现多方共存共赢。如加多宝成为凉茶类的代表、星巴克成为高档咖啡店的代表等。

5）排他性差异化

排他性差异化指产品为少数消费人群所拥有，并且可以把其他消费者排斥在外，这种"一物难求"的产品会给消费者带来更大的满足感。如"限量版发售"的营销方式，针对某一特殊节日、事件或人物推出应时应景的特别款式，在生产、销售之前确定产量及销售渠道或者销售对象。创造这种差异化需要组织或产品品牌具有较大影响力。

6）安全性差异化

以网络方式获取和传播信息是互联网时代的重要特征之一，信息安全的需求不断向社会各个领域扩展，消费者需要保护信息，使其在存储、处理和传输过程中不被非法访问或删改，以确保自身利益不受损害。组织应充分重视信息的保密性、真实性、完整性等问题，保证消费者在消费过程中的信息免受威胁、干扰和破坏。

四、差异化战略的风险

差异化战略可以给组织带来竞争优势，但同时也面临一定风险。

1. 形成无效差异化

实施差异化战略的首要步骤是明确目标顾客，满足客户需求。创造差异不是差异化战略的最终目的，做到与竞争对手不同较容易，重要的是这种差异是否被消费者认可和需要，一般意义上的独特性如果不能提升顾客价值，就无法达到组织预期的战略目标，属于无效差异化。如可口可乐公司为了创造差异化而开发新的可乐配方，但最终结果是销量急速下滑，消费者更加关注的不是可口可乐的口感，而是这种品牌和生活方式。从本质上说，差异化由市场需求驱动，并非由组织决定。

2. 差异化产品价格过高

差异化战略的核心不在于成本，而在于创造目标消费者群体需要的价值，不断投资研发消费者重视的差异化特质，但组织应当尽可能以有竞争力的成本生产差异化产品，以扩大目标消费群体和减少消费者支付价格上升的压力。

创造差异化的过程可能导致产品成本上升，规模缩小也会增加组织对单位产品毛利的期望值。因此，差异化战略可能导致定价过高，一旦超出消费者的承受范围，则组织销量和利润减少甚至无法获利。另一方面，组织难以应对竞争者采取的措施，当竞争对手降低价格时，消费者更容易转向其他产品。

3. 被竞争对手模仿，失去竞争优势

差异化战略的最大特点是与众不同，竞争对手生产相似的产品会降低组织产品差异化的独特性，竞争对手生产更具差异化的产品甚至会导致组织失去原有的市场份额。因此如何有效利用新兴技术或稀缺资源等因素抵御竞争者的模仿，是避免这种风险的有效手段。

4. 难以应对消费者需求的转移

采取差异化战略的组织赖以生存的基础是消费者特定的需求，消费者需求的变化可能导致产品对消费者的吸引力降低甚至消失，有效差异化转变为无效差异化。

5. 难以创新，无法维持竞争优势

差异化战略是一个动态过程，随着社会经济和科技的发展，任何差异化都不是一成不变的。实现差异化战略持久性的唯一途径是不断创新，用创新应对市场环境的变化。但创新并非易事，创新思维需要长期训练，研发人员可能面临创新瓶颈。此外，组织需要对新的想法进行可行性分析，创新面临的未知风险也是阻碍组织创新的因素之一。

第三节 集中化战略

避实而击虚，以众敌寡，未战先胜。在全行业范围内竞争的组织容易分散资源，遗漏某些细小但重要的市场或消费群体，组织可以通过集中资源来获取生存和发展的机会。集中化战略是组织针对某特定消费群体或在某个细分市场上通过成本领先或差异化获取竞争优势的策略。与成本领先战略和差异化战略相比，集中化战略的不同之处在于只围绕特定的对象进行生产经营，在选择目标市场后，组织只与同一细分市场的对手进行竞争，不参与其他细分市场的竞争。

一、采用集中化战略的前提条件

集中化战略是在小范围内竞争的一种有效战略，在一定市场前提和组织条件下，集中化战略能创造更显著的竞争优势。

1. 市场条件

1）某个区域存在具有多样化需求的消费者群体

需求趋同的市场中，消费者所需的产品或服务性质大致相同，组织难以进行市场细分和进入特殊经营领域，从而难以建立明显的差异化优势。

2）没有竞争对手进行同种专业化经营

组织选择细分市场的目的之一是避免与竞争对手在同种产品或服务领域进行竞争。由于细分市场中目标消费群体有限，强劲的竞争对手对采取集中化战略的组织有极大威胁，同种专业化经营会加剧竞争并弱化竞争优势。

3）行业存在有吸引力的目标市场

组织选择的目标市场在市场容量、成长速度、获利能力、市场潜力方面都应有相对的吸引力，以便于组织在长时期内发展扩张，延伸到更广泛的市场领域。

2. 内部条件

1）组织的经营规模、资源实力或生产水平不足以追求大的市场目标

集中化战略一般适用于资源有限的中小型组织或者拥有某种独特资源的组织，在自身资源的制约下没有能力追求更广泛的市场。整个行业存在很多细分市场，组织没有能力进入多个细分市场或整个行业时，应选择更擅长或与组织本身能力相符的细分市场。

2）组织能通过专一化大幅提高效率

相较于以全行业为经营范围，采取集中化战略的组织的销量可能会减少，而且占领的市场份额受到一定限制。组织在全行业范围内和细分市场之间进行选择时，需要考虑专一化对组织的效率的影响，组织在分散资源情况下无法进行强有力的竞争时，可以通过高效率专业化生产为部分消费者提供更优质的产品或服务来建立竞争优势。

二、集中化战略的优势

集中化战略能满足组织“小而专”、“小而奇”、“小而强”、“小而特”的战略目标，具体来说，集中化战略的优势体现在以下两个方面。

1）更容易分析竞争对手和市场环境，更好地服务于特定目标群体

实现集中化战略的组织面对特殊的市场空间，集中资源有利于调查分析竞争对手以及与产品有关的技术、市场、消费者等各方面情况，做到知己知彼，而且专门化生产相对提高了规模经济效应，降低了单位产品的成本。

2）可以调整成本领先战略或差异化战略，或者兼有成本和差异化优势

以全行业为范围的组织往往投入大，难以兼顾成本和差异化，在选择战略时“非此即彼”，一旦实施之后难以转型。集中化战略有利于规模有限的组织进行专门技术的开发应用和转型，在成本领先战略和差异化战略之间进行调整。

三、实施集中化战略的途径

集中化战略只围绕特定的对象进行生产经营，从成本领先或差异化入手，在产品线、用户和地区三个方面实行集中化战略。

1. 实现不同竞争优势的集中化战略途径

1）低成本集中化战略

低成本集中化战略指提供比目标市场内的竞争对手更低的价格来吸引消费者，组织可以采取实现低成本战略的途径，将一切生产经营成本控制到最低，避免不必要的价值链活动。低成本集中化战略与低成本战略的不同之处在于前者的战略目标仅仅是满足细分市场的需求，后者旨在吸引所有消费者。

低成本集中化战略在部分中小型组织中被广泛应用，如自有品牌的开发商通过模仿名牌产品，从而取得在产品开发、销售、宣传方面的成本优势。

2）差异集中化战略

差异集中化战略指为特定市场的特定消费者群体提供专门的产品或服务。组织能否成功实施差异集中化战略取决于目标市场的独特需求。如“时尚食品零售商”美国乔氏连锁超市将普通的购物活动变成寻宝体验，将美食店和食品贩卖店的特征结合起来，创造独特新奇的食品组织结构。

2. 针对不同经营重点的集中化战略途径

1）产品线集中化战略

产品线集中化战略指对于产品开发和工艺成本偏高的行业，组织重点经营产品线的某一部分。如日本汽车公司将经营重点放在小型汽车生产和销售方面，并以小型汽车性能好、节省油、外观美、价格低的特点，打入美国和西欧市场，获得巨大成功。天津微型汽车制造厂面对进口轿车与合资企业生产轿车的竞争，将经营重点放在微型汽车上，专门适用于城市狭窄街道行驶，颇受出租汽车司机青睐。

2）用户集中化战略

用户集中化战略是常见的集中化战略，指组织将经营重点放在特定消费群体上。例如：以低价格产品吸引对价格十分敏感的消费者；针对高收入人群提供高价格、高质量的产品或服务；阿迪达斯公司集中力量开发青少年运动鞋等。

3）地区集中化战略

地区集中化战略指组织按照不同地理位置的消费需求来细分市场，如青岛海信集团针对农村电压不稳的问题，研发了宽电压电视机；原天津自行车二厂生产加重自行车，该产品从设计、耐用性、质量、价格等方面都以西亚市场的地区特点为依据，在西亚市场十分畅销，被当地人称为“不吃草的小毛驴”。此外，在经营地区有限的情况下，实施地区集中化战略易于取得成本优势，如砖瓦、水泥、板材等组织为避免高昂的运输成本，将经营范围集中在一定地区之内。

四、集中化战略的风险

集中化战略在实施过程中也面临较大风险，这些风险主要来源于以下方面。

1. 全行业或同一个细分市场内的竞争对手采用同样的战略

当目标市场有利可图时，众多其他组织可能会认识到集中化战略的有效性，竞相模仿来瓜分细分市场的利润，目标市场与整个市场的产品或服务的需求差别减小，组织集中化战略的基础丧失。此外，竞争对手更加细分目标市场并以此为新目标实施更加集中化的战略，从而导致原组织失去优势。

2. 目标群体的偏好和需求变化

消费者的偏好可能随时间推移而向大众化偏好转移，也可能受周围消费者偏好的同化或者受潮流的影响而改变，从而导致组织的竞争优势缩小或消失。

3. 市场开放性风险

地域和交通等因素是形成封闭性市场的主要因素，组织有机会在封闭性市场中实施集中化战略，一旦交通工具发达或者信息交流增强，封闭性的消失可能导致目标市场的差异性消失。

4. 成本领先优势和差异化优势可能难以两全

组织不满足于一个优势时，同时实现成本领先和差异化需要将组织资源"一分为二"，但组织的人力、资金、技术可能达不到要求，从而有两种战略都失败的风险。

案例　零售行业沃尔玛的成功密码

沃尔玛是世界上规模较大的连锁零售商，创始人是山姆·沃尔顿。1962 年，第一家"沃尔玛折扣城"商店在美国阿肯色州的罗杰成立，折扣零售店开始进军小型城镇，实施当地从未见过的低价格，这是一次颠覆传统理念的尝试；1965 年以后，沃尔玛商店的数目开始稳步增长；1976 年，出任沃尔玛财务和配送副总裁的大卫·格拉斯与其他人倡议对信息技术进行投资，通过建立自动配送中心以及用电脑连接配送中心、供应商和商店，全天监控沃尔玛系统内所有货物的实时位置；1990 年，沃尔玛成为全美第一大零售商。经过数十年的发展，沃尔玛百货有限公司已经成为美国最大的私人雇主和世界上规模较大的连锁零售商，在全球 500 强企业中排行第一。目前，沃尔玛在全球 15 个国家和地区开设了超过 8400 家商场，下设 53 个品牌，员工总数 210 多万人，每周光临的顾客达 2 亿人次，分布在美国、墨西哥、加拿大、巴西、阿根廷、中国、英国、日本等 15 个国家和地区。在 2018 年《财富》美国 500 强排行榜上，沃尔玛连续 6 年蝉联榜首，年销售额相当于全美百货公司的总和，至今仍然保持强劲的发展势头。零售业的基本业务流程大同小异，即选择供应商—采购—配送—销售—服务，但沃尔玛能稳坐零售业第一把交椅，它的策略和效率是值得学习的，沃尔玛能占据极大市场份额与成功实行竞争战略密不可分。

1. 沃尔玛的成本领先战略

沃尔玛主要采取低价和折价两种策略：低价策略针对新开店面，组织提供物美价廉的商品，引起市场轰动，快速占领市场；折价策略主要用于与竞争对手降价竞争，吸引对产品价格敏感的消费者。山姆会员店通过大批低价进货，批量出售以及低存货和高周转率来给予顾客更大的折扣，在 20 世纪 80 年代早期已处于成本领先地位。沃尔玛提出"帮顾客节省每一分钱"的宗旨，实现价格最便宜的承诺。

沃尔玛的首条经营法则是控制成本。第一，通过总部统一从厂家进货并协助供应商获利，从供应链源头降低购货成本。沃尔玛总部一般一次性签订一年销售量的采购合同，获得尽可能大的价格优惠，形成超过竞争对手的低成本优势，并协助供应商改进产品、提高质量和提供信息系统等，帮助供应商实现最低成本，与供应商达成战略伙伴关系，提高供应商与组织进行业务往来的积极性，从而提高收益率。第二，统一配送，减少运输成本。沃尔玛用自身车队统一配送，并通过全球定位系统辅助和监管运输过程，保持高效、快速运作。第三，减少日常经费和管理费用。从普通员工到高层都一贯保持节俭作风，在行业平均水平为5%的情况下，沃尔玛的管理费用仅占销售额的2%，将费用支出与经营收入的比率保持在行业最低水平。第四，构建信息化网络，降低人工成本。早在1969年，沃尔玛就利用计算机跟踪库存，后又利用条形码提高物流和经营效率，之后更是发射了自己的卫星，拥有了自己的信息化价值链网络，覆盖采购、入库、装运以及配送等全部流程，在各个环节实现联网共享，节约了大量的人工成本，并且提高了管理效率。第五，沃尔玛积极与其他组织合作，实现双赢。其中，沃尔玛与宝洁的战略合作有一定代表性。沃尔玛与宝洁的战略合作时间较早，最开始是基于宝洁公司的“持续补货系统”与沃尔玛共同使用，这样双方能随时掌握货品的库存情况，随时对货品进行补充与调整，宝洁公司也能通过对各项产品销量的监控了解消费者对各项产品的喜好程度，从而调整其生产计划，以确保消费者喜欢的产品不断货。进行数据共享后，沃尔玛与宝洁实现了自动订货，不再对每笔订单进行谈判，减少了订货时间，加快了价值链流动。在成功战略合作的基础上，沃尔玛与宝洁在之后的诸多方面进行了全面、持续、深入而有效的合作，为沃尔玛与其他供应商的战略合作打下了良好基础。通过与供应商的战略合作，沃尔玛将价值链延伸到了上游，有利于其对成本进行管控。

2. 沃尔玛的差异化战略

沃尔玛实行新兴的会员制零售形式，山姆会员店是全球最大的会员制商店之一，针对不同消费者群体办理商业会员和个人会员，以大包装、低利润的经营方式和类似于减价优惠的促销方式，让组织和消费者都从中获利，并提供免费送货服务，对商业会员还提供专业的商业采购解决方案。此外，沃尔玛对应不同顾客群设计不同零售店：面向低收入顾客的购物广场和折扣店，主要是提供日用生活消费品；面向大众的山姆会员店，为消费者提供一站式服务，而且一半以上是食品；面向高端顾客的家居商店，商品品种更加齐全。沃尔玛商品的经营特点是：以中档为主，兼顾高低档；通过天天低价可以吸引大量顾客和顾客的大量购买。中档商品的特点是总量大、周转快、购买次数多，是沃尔玛利润的主要来源。

沃尔玛在第一家分店成立40年后，成为行业的领头羊。其成功的重要原因是以成本领先战略为主，兼有差异化战略，将商品价格定在行业的最低水平，在同等市场条件下取得超平均利润和极大市场份额从而获得超额利润，其经营特点、运行机制、组织文化都对我国零售业的发展有积极的借鉴作用，是零售行业竞争战略的典范。

第七章
职能战略

善守者，藏于九地之下，善攻者，动于九天之上，故有自保而全胜也。

——《孙子兵法·军形篇》

随着现代管理的日趋复杂和困难，组织职能部门的作用变得越来越重要。职能战略亦称职能部门战略或职能层战略，指在总体战略的指导下由中层管理人员参与制定的战略，是总体战略在专门职能方面的落实和具体化，是为贯彻、实施和保证总体战略和经营单位战略而在组织特定管理领域制定的具体战略。制定职能战略的目的，是让各职能部门的管理人员更加清楚地认识到本职能部门在实施组织总体战略中的责任和要求，通过有效地运用人力资源、市场营销、财务等方面的职能，确保组织战略目标的实现。

第一节 市场营销战略

运筹帷幄之中，决胜千里之外。未雨绸缪，先发制人，抓住顾客的心才能抓住商机。商场如战场，善谋者胜。组织为获取最大经济效益而存在，关键在于精准市场定位，以多元策略组织营销活动，有效满足消费者需求。

市场营销战略是涉及市场营销活动过程整体的方案或谋划。它决定市场营销的主要活动和主要方向，具体内容包括目标市场战略与市场营销组合战略。

一、目标市场战略

目标市场的选择是组织市场营销的战略性抉择，是市场营销研究的重要内容。组织首先应该对进入的市场进行细分，分析每个细分市场的特点、需求趋势和竞争状况，并根据本组织优势，选择目标市场。目标市场战略具体包括市场细分战略与目标市场选择战略。

1. 市场细分战略

1）市场细分的含义与作用

市场细分是营销者通过市场调研，根据构成总体市场消费者的需求特点、购买行为和购买习惯的差异，将总体市场细分为若干个子市场，每一个子市场都由类似的消费者构成。对于每一个子市场，组织要从产品设计、销售、价格以及宣传上采取与之相对的市场营销策略，让商品更符合每一类消费者的需要，从而在各个细分市场中提高竞争能力，增加销售，创造更大的利润。具体来讲，市场细分有以下三点作用。

（1）有利于选择目标市场和制定市场营销策略。市场细分是组织选择目标市场的重要前提，市场细分后的子市场更加具体，每一个子市场的消费者偏好较为明显，组织可以根据自己现有生产条件和营销手段，确定服务对象即目标市场。对于细分后的市场，组织可以针对性地制定相应的营销策略，并根据消费者偏好及时调整营销策略，提高组织的应变能力和竞争力。

（2）有利于发现市场机会。通过市场细分，组织可以对每一个细分市场的消费水平、满足程度、竞争情况等进行分析对比，探索出有利于组织的市场机会，及时进入市场或开拓新市场，更好地适应市场需要。

（3）有利于集中人力、物力投入目标市场。组织资源有限，通过细分市场，组织可以集中有限资源，加速商品流转，降低组织生产成本，提高生产工人劳动熟练程度，提高产品质量，争取局部市场上的优势，然后占领自己的目标市场。

2）市场细分的标准

市场细分的基础是消费者需求的差异性，因此进行市场细分时必须分析哪些因素会导致顾客需求的差异，根据差异设定相应标准，使细分结果合理、有效。细分标准可以概括为地理因素、人口统计因素、行为因素和心理因素四个方面。

（1）地理因素。地理因素包括地形、气候、自然资源、交通、行政区域等因素。这些因素对消费者的生活方式和风俗习惯都有重要影响。

（2）人口统计因素。人口统计因素包括性别、年龄、人口结构、文化程度、收入水平、消费支出和规模、职业、宗教、民族等。人口因素最能体现消费者需求特征，并且可以用数据量化，所以这也是确定目标市场最常用的标准。

（3）行为因素。行为因素包括品牌认可、品牌忠诚度、购买频率、购买状态、购买动机、消费占收入比重等。行为因素可以体现消费者对各种营销因素的敏感程度，是一个重要的细分标准。

（4）心理因素。心理因素包括消费者所处社会阶层、生活方式及个性等。随着经济逐渐发展，人们逐渐从最基本的生理需求转向心理需求，购买消费品不仅仅是为了满足生理需要，还能通过购买消费品获得成就感。

3）市场细分的步骤

市场细分作为一个调查、分析、选择的过程，应该按照一定程序来进行，通常有以下三个步骤。

(1) 调查。组织充分收集市场信息,如自然环境、地理位置、产品种类、人口数量及分布、人均消费水平,以及消费者对特定产品的需求和满足状况等,尽量拿到准确的数据来衡量这些信息。

(2) 分析。组织对调查阶段所收集的数据进行列举、分类、整理,并对比潜在顾客的不同需求。依据细分标准初步细分市场,对于每一个细分市场分析其结构与特征,然后根据特征对其命名。

(3) 筛选与复查。组织结合自身资源和生存环境以及细分标准,对于初步细分的市场进行筛选,淘汰掉不符合实际情况的细分市场。进一步对筛选后的细分市场进行调查研究,充分认识各细分市场的特点。

2. 目标市场选择战略

目标市场选择指组织权衡每个细分市场的重要性,选择进入一个或多个细分市场。目标市场应是组织能在其中创造最大顾客价值并能保持一段时间的细分市场。组织在进行市场细分后,要选择与本组织经营优势和特色相一致的子市场,确定市场规模并制定相应的营销策略。

1) 目标市场选择标准

选定目标市场时,组织要根据细分市场的市场潜力、竞争状况、本组织资源条件等多种因素决定把哪一个或哪几个细分市场作为目标市场。一般而言,组织需要考虑各种因素来分析所选目标市场是否能充分利用组织资源满足市场中消费者的需求,具体考虑因素如下。

(1) 可衡量性,即各细分市场的具体特征可以衡量,如年龄、收入、性别等,这些数据能较容易获得。

(2) 可区分性,即各细分市场内部相似但彼此不同,竞争对手不容易进入这些细分市场或不能马上效仿。

(3) 可赢利性,即可以在这些细分市场中找到盈利机会,这同时反映出细分市场的大小、服务成本对新产品接受程度及竞争程度。

(4) 可进入性,即组织具备进入这些细分市场的能力,并且具备实施这些方案的实力。

(5) 可持久性,即组织进入这些细分市场后要能够维持一段时间的稳定。

2) 目标市场选择战略类型

在选定目标市场后,组织需要对每一个目标市场制定相应的战略。可供组织选择的目标市场战略主要有三种。

(1) 无差异性目标市场战略。无差异性目标市场战略是组织把选定的目标市场当作一个整体,权衡利弊后组织以同一产品、同一价格去吸引所有的购买者。此战略强调消费者的共同需要,忽视其差异性,这样做的优势是能降低生产成本和减少研发成本。如可口可乐公司在很长一段时间内拥有世界性专利，只生产一种口味的瓶装饮料，采用统一的广告宣传。

(2) 差异性目标市场战略。差异性目标市场战略是组织把整个市场分为若干个子市场，针对若干个子市场设计不同的产品，并在定价、渠道和促销方面推出与之相符合的策略。采用这种市场战略能够满足各种顾客群体的需要，占有较大的市场份额，但是需要组织本身实力雄厚。如苹果公司针对不同的收入群体提供不同的产品，对学生、教师还有相应优惠政策。

(3) 集中性目标市场战略。集中性目标市场战略是组织只选择一个或几个细分市场作为目标市场，集中组织全部资源针对这几个特定的市场制定配套策略，争取在这些市场上占有大份额，而不是在整体市场上占有较小份额。这种策略能够扬长避短，集中力量在部分市场取得优势，适用于资源有限的组织。

二、市场营销组合战略

市场营销组合战略指组织根据目标市场的需要，全面考虑组织的任务、目标、资源以及外部环境，整合和协调可控制因素，以满足目标市场需要，实现组织的任务和目标。1953 年，美国的尼尔·鲍勃提出了市场营销组合的概念和市场营销组合的 12 个要素。理查德·克莱维特进一步把这些因素归纳为产品(product)、价格(price)、促销(promote)和渠道(place)四类，即著名的 4Ps 营销理论。市场营销组合战略发展到现在已有 11Ps 理论，但是 4Ps 仍然是目前为止对营销策略组合最为简洁明了的诠释。

11Ps

产品——组织提供给目标市场的商品和劳务的组合，包括产品发展、产品线选择及产品组合、产品设计、产品质量、售后服务等。

价格——提供给顾客的产品价格，包括折扣、支付期限、支付方式等。

渠道——组织为使其产品进入目标市场所进行的种种活动，包括商品批发、零售、运输、储存等。

促销——组织利用各种信息，帮助顾客正确认识和了解产品，从而帮助、诱导和促进顾客购买产品。促销主要包括广告宣传、人员推销、公共关系等。

1. 产品战略

产品是能够提供给市场，被人们使用和消费，并能满足人们某种需求的东西，包括有形的物品以及无形的服务、组织、观念或它们的组合。产品一般可以分为三个层次，即核心产品、形式产品、延伸产品。核心产品是整体产品提供给顾客的直接利益和效用；形式产品是产品在市场上出现的物质实体外形，包括产品的品质、特征、造型、商标和包装等；延伸产品是整体产品提供给顾客的一系列附加利益，包括运送、安装、维修、保证等在消费领域给予消费者的好处。产品战略主要分为产品组合战略、产品市场生命周期战略、产品品牌战略。

1）产品组合战略

产品组合是一个组织生产经营产品的结构。组织战略计划人员的职责之一是制订产品组合计划，他们必须对组织市场营销人员提供的信息进行评估，以决定哪些产品线需要发展、维持、收获、撤销。产品线则是使用价值大致相同的产品大类。

产品组合由各种各样的产品线构成，它可以用广度、长度、深度、密度来说明。产品组合的广度是指组织拥有几条不同的产品线；产品组合的长度是指组织产品组合里的产品项目总数；产品组合的深度是指产品线上的每个产品项目可供顾客选择的种类；产品组合的密度是指不同产品线在用途、生产技术、销售渠道及其他方面相似的程度。不管是产品组合的广度还是产品组合的深度，都有一个伸展和缩减的问题，组织可根据具体情况进行调整。

2）产品市场生命周期战略

产品生命周期是产品研制成功并投入市场到退出市场所经历的全部时间，包括以下几个时期。

（1）导入期。导入期指产品投入市场、销量缓慢增长的时期，该时期的特点是产量低、成本高、质量不稳定，经营者承担着很大的风险。该时期重点宣传产品性能、用途，寻求扩大销售面的机会，还要注意控制产量。

（2）成长期。成长期指产品被市场迅速接受和利润大量增加的时期。该时期的特点是产量提高、质量稳定、成本下降，组织开始赢利，竞争者开始介入。该时期应宣传品牌商标、扩大市场占有率、创名牌等。

（3）成熟期。成熟期指产品已被大多数潜在顾客所接受而造成的销量增长缓慢的时期。该时期产品得到消费者的普遍认可，销售业绩良好，是回收资金、组织赢利的黄金期，应尽量延长此时期。

（4）衰退期。衰退期指销量下降趋势增加和利润不断下降的时期。优于该类的质优价廉的新产品上市，导致原有产品的销量急剧萎缩。此时应果断做出决策，停止生产，处理库存，直至产品推出市场。

3）产品品牌战略

产品品牌包括商标、商号、产商标志等，是区别一个商品或服务的标志。品牌注册后即成为注册商标，是一种知识产权，受到法律保护。使用品牌对组织有如下好处：第一，有利于宣传和推销产品；第二，有利于订单处理和对产品的跟踪；第三，保护产品的某些独特特征免于被竞争者模仿；第四，为吸引忠诚顾客提供机会；第五，有助于细分市场；第六，有助于树立产品和组织形象。产品品牌战略主要有统一品牌、个别品牌、家族品牌等。

2. 价格战略

价格战略指组织通过对顾客需求的估量和成本分析，选择一种能吸引顾客、实现市场销售目标的战略。影响产品定价的因素主要有产品成本，市场供求量，国家的价格政策、法律法规，消费者心理，竞争者，货币投放量，经济周期等。一般来说，不同组织、不同市场竞争能力的组织以及不同营销环境中的组织采取的定价方法不同。从价格制定的不同依据出发，定价方法主要有以下三大类。

1）成本定价法

成本定价法分为总成本加成定价法和变动成本加成定价法。

总成本是组织生产产品时花费的全部成本，包括固定成本与变动成本两部分。总成本加成定价法是以单位产品的总成本加上一定比例的利润作为产品价格。其公式为：

$$单价=单价成本\times(1+成本加成率)$$

变动成本加成定价法也称边际贡献定价法，即在定价时只计算变动成本，而不计算固定成本，在变动成本的基础上加上预期的边际贡献来对产品定价。所谓边际贡献，是指产品价格中对固定成本的补偿及组织的盈利之和。在变动成本加成定价法下，只要产品价格不低于变动成本，则说明生产可以维持，否则生产越多亏损越多。

2）需求导向定价法

需求导向定价法是以产品或服务的市场需求状况为主要依据，综合考虑组织的生产成本和市场竞争状况，制定或调整营销价格的方法，主要以长期以来被消费者接受、已经成为习惯的价格来定价。

3）竞争导向定价法

竞争导向定价法是以同类产品或服务的市场竞争状况为依据，根据竞争状况确定是否参与竞争的定价方法，主要以行业的平均价格水平或竞争对手的价格为基础来定价。

3. 渠道战略

销售渠道是商品从生产者传送到用户手中所经过的全过程，以及相应设置的市场销售机构。正确运用渠道战略，可以使组织迅速、及时地将产品转移到消费者手中，达到增加商品销量、加速资金周转、降低流动费用的目的。

1）直接式销售渠道战略和间接式销售渠道战略

按照商品在交易过程中是否经过中间环节来分类，可以分为直接式销售渠道和间接式销售渠道两种类型。直接式销售渠道是指组织采用产销合一的经营方式，即商品从生产领域转移到消费领域时不经过任何中间环节。间接式销售渠道是指商品从生产领域转移到用户手中要经过若干中间商。

直接式销售渠道有中间费用少、便于控制价格、及时了解市场、有利于提供服务等优点，这种方法使生产者花费较多的投资、场地和人力。间接式销售渠道有中间商加入，组织可以利用中间商的知识、经验和关系，简化交易，缩短买卖时间，集中人力、财力和物力用于发展生产，增强商品的销售能力。

2）长渠道战略和短渠道战略

销售渠道按其长度来分类，可以分为若干长度不同的形式。商品从生产领域转移到用户的过程中，经过的环节越多，销售渠道就越长，反之就越短。消费品销售渠道有四种基本类型：生产者—消费者；生产者—零售商—消费者；生产者—代理商或者批发商—零售商—消费者；生产者—代理商—批发商—零售商—消费者。工业品销售渠道有三种基本类型：生产者—工业品用户；生产者—代理商或工业品经销商—工业品用户；生产者—代理商—工业品经销商—工业品用户。

组织决定采用间接式销售策略后，还要选择渠道长短。从节省商品流通费用、加速社会再生产过程的要求出发，应当尽量减少中间环节，选择短渠道。但是在多数情况下，批发商的作用是生产者和零售商无法替代的。因此，采用长渠道策略还是短渠道策略，必须综合考虑商品的特点、市场的特点、组织本身的条件以及策略实施的效果等。

3）宽渠道战略和窄渠道战略

销售渠道的宽窄，是指组织确定由多少中间商来经营某种商品，即决定销售渠道的每个层次适用同种类型的中间商的数目。一般情况下，有以下三种具体战略可供选择。

（1）广泛销售战略。由于组织的商品数量很大而市场面较广，为了能使商品得到广泛的推销，让用户随时都可以买到商品，需要采用广泛销售战略。如一般日用品和广泛使用的工业原材料可以采取这种战略。采用这种战略，生产组织需要负担较多的广告费和促销费，调动中间商的积极性。

（2）有选择的销售战略。生产组织精心挑选一部分批发商和零售商来经营自己的产品，由于中间商数量较少，有利于厂商之间相互紧密协作，同时也能使生产组织降低销售费用和提高控制能力。这种战略的适用面较广，应该根据产品和市场的特点，选择较为合适的批发商和零售商。

（3）独家经营销售战略。独家经营销售战略指组织只选择一家中间商，赋予它经销自己商品的权利。在一般情况下，生产组织在特定的市场范围内，不能再通过其他中间商来推销这种商品，而选定的经销商也不能再经营其他同类的产品。采用这种策略有利于促使中间商更积极地推销商品，同时组织可对中间商的售价、宣传推广、信贷和服务等工作加强控制，更好地进行协作，从而有助于提升厂商的声誉和商品的形象，提高经济效益。

4．促销战略

促销战略是指组织通过人员推销、广告、公共关系和营销推广等促销手段，向消费者传递产品信息，引起他们的注意和兴趣，激发他们的购买欲望和购买行为，达到扩大销售的目的。

1）人员推销战略

人员推销指组织通过派出销售人员与一个或一个以上可能成为购买者的人交谈，做口头陈述，以推销商品，促进和扩大销售。人员推销是销售人员帮助和说服有可能成为购买者的人购买某种商品或劳务的过程。优秀的推销员应具备一定的素质，可归纳为：要具备外交家的风度、政治家的头脑、宣传家的口才、演员的身段、运动员的体魄。

2）广告战略

广告指组织在付出一定的费用以后，通过特定的媒体传播商品或劳务的信息，以促进销售为主要目的的大众传播手段。广告媒体选择要考虑的因素有产品特性、广告覆盖面、展露次数、目标客户接受媒体的习惯、信息内容、广告费用等。

3）营业推广战略

营业推广也叫销售促进，是一种配合广告、人员推销的辅助性销售促进活动，是以唤起短期需求为目的的促销形式。营业推广战略的具体步骤如下。

（1）营业推广战略目标的确定。针对不同对象如消费者、中间商和推销员制定不同的目标。

(2) 选择营业推广形式。推广形式有礼品、代金券、有奖销售、赠送、交易、现场示范、竞赛等。

(3) 营业推广方案评估、制定与实施。推广方案包括奖励规模、奖励范围、奖励期限及营业推广的总预算等。

4) 公共关系战略

公共关系(简称"公关")可从静态和动态两个方面来理解。静态公共关系是指公共关系涉及的各方在无意识中形成的关系,是组织内部各机构、全体人员在各自岗位上工作成果的一种反映;动态公共关系是组织有意识采取各种行动来改善静态公共关系,从而营造有利于组织经营的环境,达到对外树立形象、对内增强凝聚力的目的。

公共关系是促销组合的重要组成部分,着眼于长远利益,与公共关系对象共同发展。公共关系的基本种类有宣传性公共关系、交际性公共关系、进攻性公共关系、维持性公共关系、矫正性公共关系等。

第二节 研发战略

终日乾乾,与时偕行。科学技术是第一生产力,不断创新的组织才能拥有核心竞争力。技术优化、产品改良是组织研发战略的出发点,也是落实点。革故鼎新,继往开来,在需求拉动和技术推动双重驱动下,组织才能独树一帜,成为行业风向标。

研究指为理解并获取新的科学或技术知识而进行的有计划调查。开发指在进行商业性生产或使用前,将研究成果或其他知识应用于某项计划或设计,以生产出新的产品。组织面对一个动态的市场,消费者需求不断变化,组织必须不断满足消费者的需求,这是组织研究与开发(简称"研发")的动力,也是组织制定研发战略的意义所在。通常来说,研发战略包括产品研发战略和流程优化战略。

一、产品研发战略

产品研发战略指在现有市场上通过改良已有产品或研发新产品来扩大销量的战略。这种战略的核心内容是激发消费者的新需求,以高质量的新品种来引导消费潮流,以达到扩大销售的目的。

1. *产品研发战略的特征与意义*

产品研发战略能避免组织盲目研发没有市场价值的产品,而忽视了真正能够提升市场竞争力的产品。研发新产品是提高组织竞争力、提高组织经济效益、增强组织创新能力、适应环境变化的重要手段。

产品研发战略能够指引组织产品研发的具体方向，具有以下特征。

(1) 全局性。产品研发战略是从行业整体来进行分析和描述产品优劣势。

(2) 未来性。产品研发战略主要针对未来可能出现的新兴产品进行研发。

(3) 系统性。产品研发战略是系统性工程，是对涉及整个研发过程的所有部门进行的系统分析。

(4) 竞争性。制定产品研发战略能使组织不断提升竞争力，能使产品在市场上占有较大份额。

2. 实施产品研发战略的条件

1) 商业可行性

商业可行性的结果将会显示新产品或服务是否能够在目标市场有竞争力、消费者是否愿意购买新产品或接受新服务、消费者愿意为此付出多少钱，以及消费者能从新产品中获得多少收益。

2) 成本投入能力

研发是一件耗时耗钱的事，产品研发涉及规模越大，资金投入就越多，成本回收越慢，十分考验组织的财务能力。

3) 技术可行性

检验技术可行性要求组织具备生产目标产品或服务的能力，具备实现之前所设计出的各种功能以及生产相关配件的能力。

3. 产品研发战略遵循的原则

1) 从消费和需求出发的原则

组织通过分析现有产品问题及细分市场上出现的新产品，以及消费者偏好的改变，充分关注当前市场上产品趋势的变化，以消费者需求为核心，提出新的产品模型来满足消费者的现有需求和潜在需求。如运动鞋市场出现的登山鞋、跑步鞋、篮球鞋、网球鞋等都是根据特定人群的需求研发出来的。

2) 从挖掘产品功能出发的原则

挖掘产品功能指分析产品的功能、用途、品质、弱点、独特性等，发现组织现有产品存在的问题，进而挖掘出产品的新功能、新用途。在已有产品上挖掘新功能是一条风险较小的途径，它能够利用原有产品口碑来吸引老顾客，又能发展出新功能吸引新顾客。如手机市场上，厂家通过每个季度更新产品或者更新手机系统，在培养用户消费习惯的同时，使原有消费者忠于自己的品牌，用研发出的新功能吸引新顾客。

3) 从提高新产品竞争力出发的原则

除了产品自身功能、质量以及市场需求以外，组织也可以采取一些其他策略配合产品自身来提高产品竞争力，如销售策略、分销方式等。如小米手机曾经通过价格战以及饥饿营销等策略来提高产品自身的竞争力。

4) 从研发持续性出发的原则

任何新产品都有一定的生命周期，组织要想生存、发展，必须不断进行新产品的研发，并且新产品必须比老产品具有更高的性价比，这样才能使组织不被激烈的市场竞争所淘汰。

4. 产品研发战略的基本类型

1) 革新型研发战略

采用这种战略的组织努力追求产品技术水平的革命性，保持技术上的持续优势和市场竞争中的领先地位。追求这种战略类型的组织需要较多的投资，因此它要求组织有很强的研发能力和丰富的资源。革新型研发战略主要包括以下内容。

(1) 进行持续性研发，不断满足消费者的新需求。

(2) 必须注重时效问题，研发速度快，研发周期短。

(3) 突出差异，以鲜明的特色占领市场。

(4) 制定合理的激励机制，充分调动研发人员的积极性、主动性和创造性。

(5) 重视学习，研发人员要紧跟最新研究成果，不断学习新内容。

2) 追随型研发战略

采用这种战略的组织并不率先研究新产品，而是当市场上出现较好的新产品时改进并模仿它们，凭借低成本、宣传等优势迅速占领市场。这种策略要求组织能够及时捕捉到市场新产品出现，并且需要一定的创新能力，能够根据竞争对手情况将其产品与服务的优势整合到自己的产品中，具有很强的消化吸收能力。由于这些组织没有自己创造出新产品，而是仿制其他组织的产品，因此容易侵犯其他组织的知识产权。

3) 替代型研发战略

采取这种战略的组织会购买或租用其他组织、科研机构的研发成果，而自己并不参与研发过程。这种战略的优势在于不用参与研发过程，可以把组织资源集中到其他地方，但是有时购买其他组织、科研机构研究成果的支出巨大，会导致组织生产新产品的成本过大，所以这种战略适用于研发力量不强但是资金充足的组织。

4) 混合型研发战略

混合型研发战略指混合使用上述几种产品研发战略。在实际操作过程中，革新型战略能够获得高额利润和高市场占有率，但是失败风险很大；相反，追随型研发战略虽然获利不大，但风险较小。因此，理智的组织往往是在三种基本的战略中寻求一种最佳组合。组织采用哪种产品研发战略取决于其财力、规模、技术领先程度、环境状况及竞争对手情况等。

5. 产品研发的具体流程

研发新产品通常要经历以下流程。

1) 产品构思

产品构思又称创意，指对新产品的设想。组织要达到提高竞争力和增加利润的根本目的，首先需要探寻消费活动中尚未解决的问题或者具有研发价值的项目，然后针对这些项目，构思出满足市场需求的新产品。产品构思的主要内容包括该产品是否符合当前组织战略、是否对组织有不利影响、产品的功能及大致的制作方法、目标市场及消费群体。其基本出发点是市场需求，也可从现有产品、用户、销售者乃至竞争对手处得到。

2) 筛选

筛选指剔除掉与组织自身状况不符的构思。有些产品构思并不符合组织的生产条件，或者符合组织的生产条件但并不能创作出足够的利润，这时就需要进行筛选，使产品研发不致走入误区。

3）产品的初步设计

产品的初步设计指管理者将筛选后的构思具体化，即进一步完善产品构思。产品构思中的产品只是一个概念性的抽象产品，不具有实际意义上的生产价值，所以在这个阶段需要对研发的新产品尽可能做出详尽的描述，如产品的原理、外形、功能、结构、可维护性等。在这个过程中要注意和已有产品做对比，展现新产品长处，达到最初构思所提出的要求。

4）可行性分析

可行性分析指在生产和销售新产品之前，分析市场是否能接纳新产品。由于组织的新产品并未上市，所以无法得知市场是否能够接纳新产品，但是可以从类似产品的销售数据或消费者偏好改变的趋势大致判断出新产品是否能被市场接纳。

5）试制和试销

试制和试销指小范围地生产和销售新产品。根据最初的设计图纸制造出样品后，要先送给有关部门检验，看是否满足相关标准。若满足相关标准就按照原有的营销计划，将产品少量投放到市场，然后收集客户的反馈结果，根据结果进一步改进产品。这个过程需要组织重复多次，直至产品能够赢得目标消费者的青睐。

6）正式上市

正式上市指将试销过后的新产品量产，选择合适的时间、地点，大批量投入到市场当中。

罗斯维尔和罗伯逊模型能够很好地阐述产品研发的具体流程，如图 7-1 所示。罗斯维尔和罗伯逊认为社会目标和市场需求推动了组织研发的过程，而现有科学技术和生产知识为组织的研发过程提供支持。

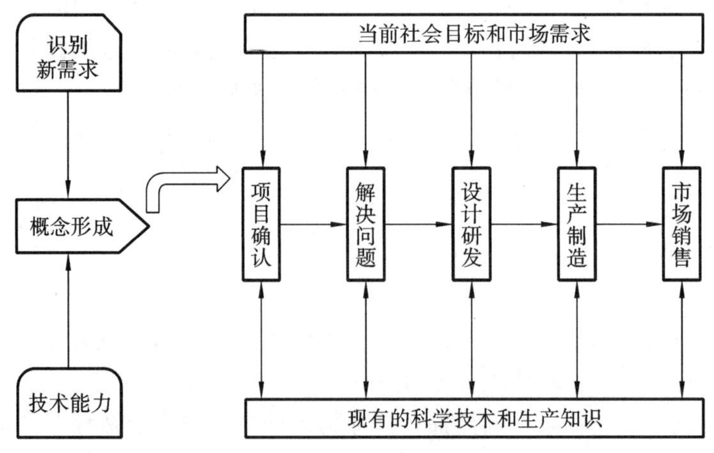

图 7-1　罗斯维尔和罗伯逊模型

二、流程优化战略

产品研发是组织生存和发展的重要环节。消费者对产品的多样性和个性化需求的进一步深化对组织产品研发提出更高的要求。为了满足顾客需求，组织产品研发流程必须要进行改革。通过如减少环节、改变时序等方式来提高质量和效率，降低成本和劳动强度，最终使组织得到更好发展。

1. 产品研发流程时间与成本分析

产品研发流程中，时间和成本控制是组织关注的焦点。无论组织规模如何，无论组织处于一个什么发展阶段，产品都和组织的发展密不可分、息息相关。产品的成本包含的内容很丰富，主要包括产品的研发成本、采购成本、生产成本、销售成本等等，在各种与产品相关的活动中所消耗的时间也是一种成本。

1）产品研发流程时间分析

在组织的产品研发流程中，所消耗的时间成本很容易被忽略，组织的研发人员更为关注原材料成本、生产成本、人力成本等内容。时间成本存在于产品研发流程的每一个环节中，时间成本很大程度上会影响组织的生产效益。原有产品研发流程构成的活动环节具有明显的先后顺序关系，它们是串行的工作方式，也就是说必须等上一个阶段完成后，才能开始下一个阶段。这种串行工作方式导致时间成本消耗巨大，组织要想降低时间成本，就必须使得产品研发流程中部分活动环节呈现为并行工作方式，在时间要求不高的相关活动环节中同时开展各自阶段，极大降低时间成本。

2）产品研发流程成本分析

组织在产品研发流程中的成本投入形式多样：前期的市场调研、规划设计等需要投入成本；中期的研发耗材、专利使用等也需要投入成本；后期的安全认证、质量测试等都需要投入大量成本。组织的研发流程具有投资大、难度大、易失败等特点，因此产品研发流程成本控制很难掌控。如果成本控制较为宽松，会造成资金的浪费；如果成本控制相对较为紧缩，有可能会诱发不当节约问题，同时还可能造成组织产品研发进度缓慢，打击广大产品研发人员的创造性和积极性，甚至产生更为严重的后果。因此，恰当的成本控制可以促进产品研发流程的良性运转。

2. 产品研发流程问题分析

1）项目缺乏整体规划

组织为了生存和发展，总是同时开展几个项目的研发。在几个项目实施过程中，组织需要对项目进行整体规划，协调各个项目的进度，及时、合理配置相关资源，提供产品研发的经验和技术支持。

2）产品研发时效差

产品研发对组织的自主创新能力要求很高，产品研发周期一般较长，导致产品上市速度缓慢。任何产品都有自己的时效，超过时效的产品形同废品，产品的时效对产品研发流程提出更高的要求。

3）产品研发问题解决方案滞后

产品研发流程中各阶段的解决方案和实际发生的问题不匹配，导致上一个阶段的问题延续到下一个阶段，甚至延续到产品试生产阶段仍然没有得到合理的解决。结果产品无法及时满足顾客需求，只能够重新研发，消耗大量的研发成本，延误产品整体研发进程。

4）跨部门人员无法参加

从表面上看，产品研发流程是一个串行流程，但实际上产品研发流程具有割裂性。组织首先分析顾客需求，设计具体方案，然后进入产品研发阶段，其他各个部门的人员不能参与产品研发阶段，导致产品设计和研发脱离组织生产客观实际，各个阶段出现的问题不能及时得到解决。

3. 产品研发流程优化

产品研发流程执行中可能存在很多问题，因此必须优化产品研发流程。产品研发流程优化需要有明确的优化目标、严格遵循的优化原则和科学合理的优化设计。

1）产品研发流程优化目标

一般来说，组织对产品研发流程的改进目标主要包含以下几点。

（1）对产品研发流程进行整体规划，明确各个研发流程之间的关联。

（2）缩短产品研发周期，降低时间成本和研发成本，提高产品研发效率，满足产品研发时效要求。

（3）加强各个部门之间的联系和沟通，共同参与产品研发过程。

（4）结合生产实际考虑产品研发问题的解决方案，让方案可行、高效。

2）产品研发流程优化原则

木桶原理说明木桶的最大容量不是取决于最长的木板，而是最短的木板。产品研发流程优化是对现有产品研发流程重新审核、梳理和完善，以解决组织短板问题。产品研发流程优化的关键是消除原有流程中的不合理环节，尽量将复杂流程简化，减少业务职能交叉，使产品研发流程更加科学合理，便于员工执行相应流程。为了实现产品研发流程的优化目标，组织应把握以下几点。

（1）树立流程观。树立流程观指组织管理要从职能管理过渡为流程管理，组织可以通过优化产品研发流程消除各个部门间的割裂，加强部门合作，共享各个部门的信息资源，加强研发流程的科学合理性，降低产品研发时间和流程自身成本。

（2）顾客至上。产品研发流程要始终将顾客的需求放在第一位，从产品研发流程的立项阶段开始就要重视顾客需求，产品研发流程的设计方案也要重视顾客的参与反馈。顾客至上可以有力地保证研发产品质量，及时满足顾客需求，可以有效避免产品研发出现重大错误。

（3）整体规划、分步实施。组织需要从整体上规划产品研发流程。组织产品研发流程具有整体性，不能因为局部优化流程而造成整个管理的混乱。产品研发流程优化要分层次、分阶段地逐步实施，首先构建产品研发战略与规划，再逐步制订产品开发计划、阶段评审计划等。当多个产品研发项目同时进行时，组织要分清主次，有序开展产品研发项目。

(4) 以人为本。以人为本可以有效提高员工的工作积极性和主动性，产品研发流程优化可以给员工一个充分发挥创新能力的研发环境。组织可以通过运营良好的产品研发体系，充分发挥各个部门间的合作精神，加强研发团队的凝聚力，最终强化组织管理。

3) 产品研发流程优化设计

优化后的产品研发流程如图7-2所示，优化后的产品研发流程具有以下特点。

(1) 在产品设计阶段之后增加评审活动。评审活动由其他各个职能部门评估设计方案，根据各个职能部门的反馈意见修改产品设计方案。优化流程并不代表只能精简业务环节、简化流程，增加评审环节可以合理判断组织自身的产品研发能力和生产能力，还可以更加高效地控制整个产品研发流程。

(2) 在产品试生产阶段之后添加顾客审核环节。在顾客审核环节，产品研发人员负责与顾客进行反复沟通，共同确定组织产品标准，可以尽量满足顾客的产品需求，杜绝产品的重复开发，节省产品研发的时间与成本。

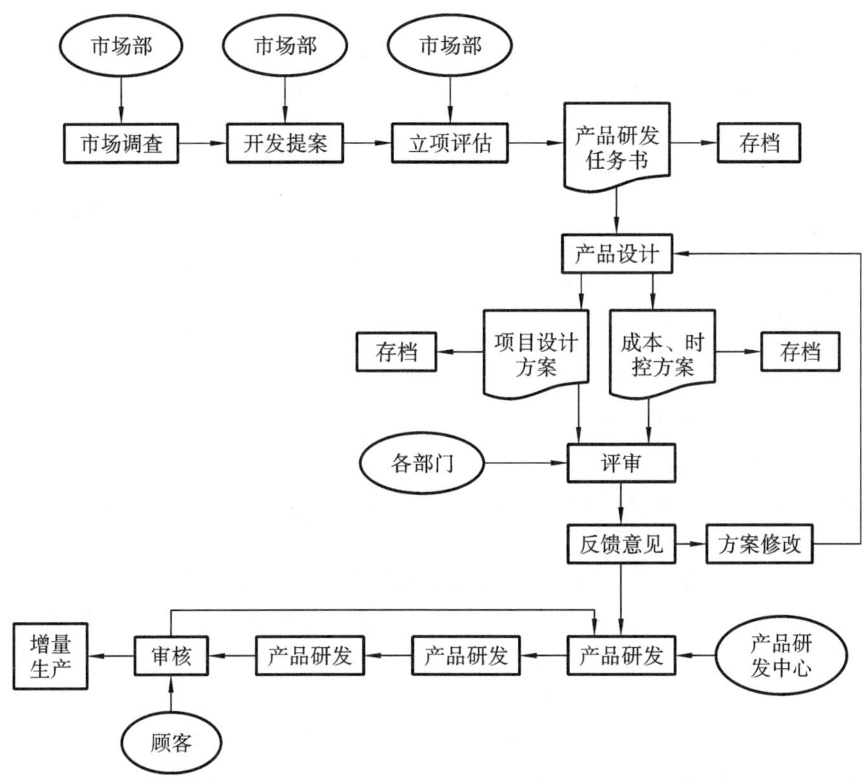

图7-2 优化后的产品研发流程

第三节 财务战略

合乎利而动，不合乎利而止。财务战略指组织通过筹措和使用资金，协调或平衡各项战略活动的职能战略。财务战略关注组织资本资源的合理配置，研究资本筹资、投资及利润分配。资金是组织运作的第一推动力，组织经营的全过程实质上是资金活动的全过程，因此，组织的财务战略关乎总体战略的实现与否。财务战略分为筹资战略、投资战略和收益分配战略。

一、筹资战略

1. 筹资战略的含义与作用

筹资指组织根据生产和对外投资的需要，通过发行股票、发行债券、取得借款、赊购、租赁等方式筹集资金。筹资战略是组织根据内外部环境的现状与发展趋势，适应整体战略的要求，对筹资目标、原则、渠道等重大问题进行长期、系统的谋划。

筹资战略确定了组织在一定战略期间内的筹资总任务，是筹资工作的行动指南，涵盖了筹资数量的要求，关注筹资质量，增强筹资灵活性，不断增强筹资竞争力。

2. 筹资战略的种类

1）自我积累

自我积累指组织将自身的利润留成转化成的资本用于扩大再生产的方式。这种筹资战略的特点在于不用付出筹资成本，风险较小，不存在支付借款利息问题。

2）负债经营

负债经营战略也称借贷经营战略，指组织向商业银行等金融机构或信托投资公司等非金融机构借款，或通过有关银行向社会发行债券，以筹集所需资金用于生产经营活动。这种筹资战略的主要特点在于筹资速度快，能在较短时间内集中大量资金以满足组织扩大生产经营规模的需要，从而迅速抓住市场机会，赢得发展良机。但是，组织需向商业银行、信托投资公司、债券持有者支付较高的贷款利息或债券利息，因而负债经营有较大的财务风险。

3）合资或合作经营

通过合资或合作经营，组织可以从合资或合作伙伴中取得生产所需的资本或取得相当于资本的设备、技术、专利等。这种筹资方式的一个重要特点是不用支付筹资成本，由合资双方或合作双方共同投资，共同承担经营风险。

4）股份经营

通过有限责任公司式的股份经营，组织能够筹集较多的法人股份资本和内部员工股份资本，而且股票上市后能从社会上集中大量的个人股份资本。这种筹资方式的特点在于资本集中速度快、集中数额大，能够迅速扩大生产经营规模，抓住市场机遇。采用这种筹资方式，股权所有者按股分担风险，以出资额为限承担债务的有限责任。

3. 筹资战略的原则

1）数量目标原则

组织选择筹资方案时应遵循满足最低限度资金需求的原则。组织要根据具体情况，合理预测资金需求量，避免因筹资过多而引起浪费，或者因筹资不足而造成投资机会损失。在预测资金需求量时，应根据组织经营发展阶段来进行。组织在筹建之初，根据预期的发展规模，在做好可行性研究的基础上，合理估算组织投资总额；当组织步入正常经营时，则要根据组织的发展方向和经营实力，积极扩大规模，提高市场占有率。

2）降低成本原则

筹资成本指组织在筹资过程中因使用他人资金而付出的代价，如接受投资必须定期分红，银行借贷必须定期支付利息等。筹资的目的是投资，投资效益的好坏直接决定组织经济效益的好坏，而投资效益的好坏在一定程度上与筹资成本相关。

3）控制风险原则

组织的资金按来源分为权益资金和借入资金。组织使用借入资金能获得一定收益，但也可能带来一定风险。一般情况下，在借入资金收益率高于借入资金成本率时，使用借入资金有利于提高权益资金收益率；反之，如果借入资金收益率低于借入资金成本率，则会在一定程度上降低权益资金收益率。因此，必须确定合适的外借资金比例，做好收益与风险间的权衡，提高权益资金收益率。

二、投资战略

1. 投资战略的含义与作用

投资战略指投资者为了实现预期投资目标，以组织生产经营战略为指导，运用一定的科学理论、方法和手段，通过一定程序对投资必要性、规模、方向、结构、成本与收益等进行的分析、判断和方案选择。

投资战略主要用于明确组织在战略期间的投资总方向、各种投资总规模、各种资源优化配置的目标要求、投资效益的评价标准以及实现投资战略目标的主要途径。

2. 投资战略的类型

1）按投资方向划分

按投资方向划分，可将组织的投资战略分为外延型投资战略和内涵型投资战略。

(1) 外延型投资战略。这一战略又叫数量型投资战略或速度型投资战略，其主要特点在于组织将投资用来扩建或新建厂房，增添设备，目标是扩大组织生产规模，迅速增加产品产量，满足市场对某些产品增长的需求。这一战略适用于产品需求量大的行业，如能源、原材料等基础产业以及国家鼓励和发展的新兴产业等。

(2) 内涵型投资战略。这一战略又叫质量型或效益型投资战略，其主要特点是组织将投资用于改造和更新产品，增加产品品种，提高产品质量，使产品升级换代；改造和革新设备，提高技术性能和生产效率；增加智力投资，进行人才开发，走内涵扩大再生产的道路。

2）按投资项目划分

按投资项目划分，可将组织的投资战略分为产品投资战略、工艺投资战略和设备投资战略。

（1）产品投资战略。这是将投资重点放在产品发展上的战略，主张改造老产品、开发新产品、提高产品质量，以及在制造工艺和生产设备等方面进行改革。组织应将产品的改革、创新和质量提高放在关键地位，通过重点投资加以解决。产品状况决定组织发展，产品富有生命力，组织就充满生机和活力。因此，当产品成为影响组织经济效益提高及生存和发展的主要薄弱环节时，应果断地选择产品投资战略，把重点放在产品的改革、创新及产品质量的提高上。

（2）工艺投资战略。这是将投资重点放在制造工艺开发上的战略，主张对落后的制造工艺进行改革和开发新工艺。当组织的产品改革和创新完成后，落后的制造工艺无法满足高质量产品的制造，这时落后的制造工艺成为影响产品质量、生产效率和物资消耗的一个关键因素。组织需要以工艺为突破口，提高产品质量和生产效率，节约物资消耗和降低生产成本，谋求理想的经济效益。

（3）设备投资战略。这是将投资重点放在改造生产设备和更新技术上的战略，主张对落后的设备进行改造及开发新的设备。组织完成产品开发和工艺开发后，产品和工艺都比较先进，而设备生产能力不足或设备的生产能力结构不合理时，设备成为影响生产的一个关键因素。在组织实施外延性投资战略扩大再生产时，可通过投资增加设备来解决设备能力不足或结构不合理的问题；在组织实施内涵型投资战略扩大再生产时，可通过设备改造、技术更新及开发性能更好、水平更高的新设备等方式，以适应生产先进产品、提高生产质量、节能降耗的要求。

3. 投资战略的原则

1）符合市场需求趋势

组织进行投资需要考虑需求现状和长远的发展趋势。如果某些产品不仅当前需求量大，而且长远需求可观，或者当前需求量小，但未来的需求将不断扩大，则组织可以考虑选择外延型投资战略，扩大生产规模，以适应市场对某种产品在数量上的巨大需求。某些产品未来的市场需求在不断增长，但需求向多样化和个性化方向发展，即具有小批量、高质量、高价位的特点，组织适宜选择内涵型投资战略，走品种和质量效益型的发展道路。

2）适应国家产业发展政策

组织投资战略要服从宏观经济发展战略的要求，服从国家优化产业结构政策的要求。组织投资战略的选择要有利于国家产业结构的调整和优化，通过投资实现组织经营领域的优化和产品结构的优化，从而推动国家产业结构调整的优化。

3）统筹组织筹资能力

组织选择投资战略必须考虑组织的原始积累和筹资能力，即在规定时间内筹集资金的能力。组织在选择投资战略时必须坚持量力而行的原则，如果积累雄厚，筹资也比较容易。当市场对某种产品的需求量很大时，可考虑选择外延型投资战略；若组织自我积累不多，筹资又很困难，则可选择内涵型投资战略。

三、收益分配战略

1. 收益分配战略的含义与作用

收益分配是指以价值形式对社会剩余产品进行分配。收益的合理分配，能正确处理组织与社会各方面的经济关系，保障股东权益，稳定股价，调动各方面积极性，增加组织自有资金来源，促进组织长远发展，增强组织竞争力。

2. 收益分配战略的类型

依法缴纳所得税后的收益是组织所有者权益，主要用于组织积累和向投资者分配。在现代组织制度下，收益分配战略实际上是股利政策，即确定组织税后收益有多少作为股利发给股东、有多少应留在组织进行再投资。股利政策主要有以下四种。

1）剩余股利政策

剩余股利政策指组织只利用满足投资后的剩余收益作为股利。这种股利分配政策首先根据组织投资计划选择最佳投资方案，确定投资方案所需的所有者权益资金，然后最大限度地利用留存收益来满足所有者权益资金的需要。在投资方案所需的所有者资金全部得到满足以后，如果尚有剩余，则将剩余部分作为股利发放。这种分配方式适合业务高速增长的组织，其股东更多地从股票增值中获益。

2）固定股利或稳定增长股利政策

固定股利或稳定增长股利政策指每年发放固定的股利数额，只有当组织认为未来收益的增加能够维持更高的股利水平时，才会提高股利的发放额。这种股利政策的根本原则在于不降低年度股利的发放额，如果存在通货膨胀，固定股利政策将转变为稳定的股利增长政策。这种情况下，一般要先制定股利目标增长率，然后再依此比率发放股利。

3）固定股利支付率政策

固定股利支付率政策指从组织利润中提取固定的比例作为股利，每年发放的股利数额随利润的波动而波动。

4）固定低股利加额外分红政策

固定低股利加额外分红政策是介于固定股利或稳定增长股利政策与固定股利支付率政策之间的一种折中政策。在这种政策下，组织将每年发放的股利固定在一个较低的水平，然后根据经营情况决定是否追加额外分红。

第四节 人力资源战略

致天下之治者在人才。组织的竞争，归根到底是人才的竞争。通过有效的人力资源管理实现组织目标,需要组织拥有清晰明朗的人才政策,奖惩有度,激发员工创造积极性,发挥人才效用。不拘一格降人才,人力资源管理必须和组织的战略紧密结合,建立以质量为导向的绩效考核、薪酬晋升体制,给予员工学习和发展的机会。

一、人力资源获取战略

人力资源获取战略包括内部选拔战略和外部招聘战略两个方面,是组织寻找和吸收既有能力又有兴趣到组织任职的人员,并从中选出适宜人员予以录用的过程。

1. 内部选拔战略

此战略适用于规模较大或者存在较多不易替代岗位的组织。如通用汽车公司每年都是通过基于“团队合作”的绩效考评成绩来决定最后内部提升人选,同时,通用汽车公司使用内部提升与选拔的方式,对员工综合素质进行考察,从而留下一些绩效高、可替代性差的员工。具体而言,组织可以通过以下方式实施内部选拔战略。

1)利用考试公开选才

考试选才的意义不仅在于能使组织得到所需要的人才,更重要的是它能形成一种激励机制,激励员工不断学习。

2)根据工作表现和工作业绩选拔人才

运用这种方法,关键是要制定一套科学合理、切实可行的绩效考核标准,同时还要注意把德作为首要条件,坚持德才兼备的原则。

3)发动员工举荐人才

员工与组织命运息息相关,推荐人才必然出自公心;其次,人才自组织员工中脱颖而出,这样有利于提高人才的辐射及带动作用。故依靠广大员工举荐人才,是实施人才战略最直接有效的办法。

2. 外部招聘战略

此战略适用于存在较多容易替代岗位的组织。这类组织的特点在于规模不大,刚刚起步或者是没有较多时间和精力关注人力资源的开发与储备。具体而言,组织可以通过以下方式实施外部招聘战略。

1)外部人才引进战略

利用高薪、提供优惠政策等方式,向社会公开招聘组织当前急需的人才。采用这类方式可以直接获得组织所需的专业人才,节省人才培养时间和费用,为组织带来许多无形资产。

2)外部人才吸引战略

组织可以通过提供更多的晋升机会、和谐的工作环境,以及创造优越的生活条件等途径吸引人才。

二、人力资源开发与培训战略

人力资源开发与培训战略(又称“人才开发与培训战略”)是组织人力资源战略的基础,并可进一步细分为人才开发战略和人才培训战略。

人才开发战略主要侧重于发现、挖掘人才,即获得具有某种专长的人。该战略要求组织根据总体战略对未来中长期发展所需人才的类型、数量、素质、结构等做出总体的规划，同时还要选择开发方式，明确实施计划，确定组织体系和评价方法等。

组织的人才培训战略侧重于组织人才能力的培养、技能的训练、潜在能力的发掘和提高。它包括对管理人员、专业技术人员的专门培训，也包括对全体员工的一般培训和教育。主要包含确定培训目标与培训内容、选择培训方式、实施培训计划和测定培训效果等。

1. 人力资源的供求平衡分析

人力资源战略总是随着组织总体战略的变化而变化。组织战略的变化，一方面带来了工作和任务的变化，形成新的工作和业务，需要增加新的人员。另一方面，因组织战略类型或阶段性变化，对不同类型人员的需求也发生变化，这要求组织对人力资源的供求平衡进行分析。人力资源供求平衡分析主要包括以下内容。

(1) 工作分析。组织各种战略所提出的各项活动必须落实具体要做的工作，才能对工作人员提出具体的要求。这就需要从战略的角度进行工作分析。分析的内容包括该项工作的主要内容、程序、方法、责任、注意事项，以及对人员的特殊要求、报酬制度的设计等。分析的结果要形成工作说明和规定，前者说明与工作有关的事项，后者对承担工作的人应具有的条件进行规定。

(2) 人力资源需求预测。工作分析将组织的各类战略活动变成具体的工作，从而可以对人员的需求做出预测。

(3) 人力资源供应预测。组织的人力资源来自内外两个方面。源于外部的途径较多，但稳定的长期来源需要契约来保证。内部来源主要通过对人员的培训和晋升来保证。但无论哪种来源，人力资源供应预测主要是针对组织战略所需的各类人员的数量进行预测，具有明确的针对性。

(4) 人力资源供求平衡分析。根据上述分析，可以明确组织长期人力资源供需平衡的结果。这一结果能够指出组织战略活动在不同时间需要的人员的结构，这些人员是由组织内部提供，还是组织从外部招聘，是否存在缺口等。并可进一步据此针对如何安排组织富余人员、补充不足人员和稳定人员供需平衡等方面，提出人力资源战略的政策和目标。

2. 人才开发与培训战略的制定程序

人才开发与培训战略的制定应建立在科学、实际、统一的基础上，而且必须按照一定的程序，有组织、有计划地实施，并定期加以检查，以保证人才开发与培训战略的科学和有效性。组织的人才开发与培训战略应包含以下程序：了解人才现状、明确开发与培训目标、制定开发与培训方式、组织实施计划以及检查培训效果。

人才开发与培训战略的实施程序，如图 7-3 所示。

组织制订人才培训计划的具体程序如下。

(1) 对组织人员现状进行调查。组织人员现状调查的内容主要涉及人员的年龄、受教育程度、工作经历、知识背景、工作态度、性格特征等。

(2) 明确开发培训目标。组织的人才培训计划应符合组织战略的总体要求，并据此制订，以便能够培养出组织未来发展所需的各种人才。

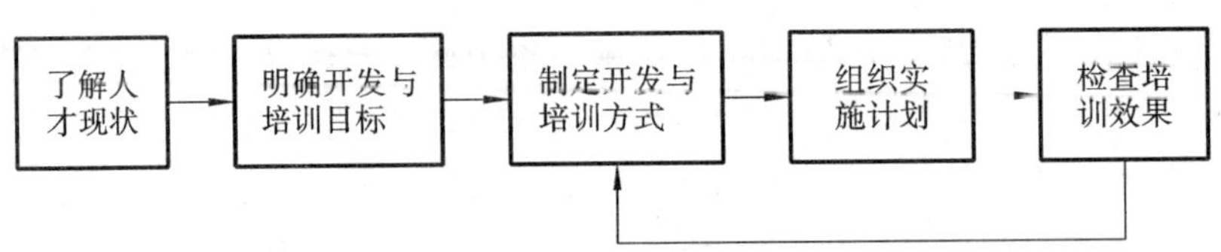

图 7-3　人才开发与培训战略的实施程序

(3) 确定目标之后，要寻找实现目标的途径。不同的方式有不同的要求条件和效果。因此，组织应在综合内外部因素之后，制定具体的开发培训方式。

(4) 当目标和方式统一之后，要制订详细的培训开发计划，并由专门的职能机构组织实施。计划可以由组织的战略规划部门同人事部门一起制订；也可由培训人员、主管部门和组织领导多方协调，统一制订；还可以邀请咨询机构制订，再由组织选择决定。

(5) 为了保证培训的质量和效果，组织应定期对接受培训的人员进行考核评价。

三、人力资源使用战略

人力资源使用指人力资源部门按照各工作或岗位的任务要求，将人力资源分配到具体的工作或岗位，赋予他们具体的职责和权力，使他们为实现组织目标发挥作用。更广义的人力资源使用还包括干部的选拔任用、岗位配置、劳动组合、人事调整等。

1) 任人唯贤战略

在人才选择和使用上必须坚持德才兼备、任人唯贤。大胆使用人才，强化大局意识，强化以国家、组织的发展为核心的观念。

2) 岗位轮换战略

组织要培养出大量能独当一面的复合型人才，内部的岗位轮换是一种既经济又有效的方法。岗位轮换既可以防止工作中出现墨守成规，又能激发出创新意识，且有助于员工认识本职工作与其他部门工作的关联。

3) 职务、资格双轨战略

对于准备选拔担任某种角色的人才，首先他们应取得任职的资格，经过一段时间的考察，再正式任命其担任某项职务。该战略实质上是培养后备人才，有利于调动人才的积极性，保证组织后继有人。

4) 台阶提升使用战略

这是在正常情况下对骨干人才逐级提拔到领导岗位的战略。在组织的众多人才中，有一部分杰出的骨干人才，管理者应根据组织发展的需要，把他们提拔到上一级的专业岗位或各级职能管理部门领导岗位。

5) 权力委让使用战略

上一级领导把本职范围内的某一工作及相应的权力委让给下一级，使之承担更重要的任务，从而让下一级员工得到更大锻炼、发挥更大作用。

6) 破格提升使用战略

对于组织人才队伍中出类拔萃、做出突出贡献的中青年人才，组织可以打破常规，越级提拔，把他们放到更高层次予以重用。

7）人才结构合理化战略

组织需要很多人才，但各方面的人才应有一个恰当的比例，即人才应形成合力的结构，组织应主要考虑人才的层次结构合理化、学科结构合理化、职能结构合理化、年龄结构合理化等。

四、工作绩效考核评估

工作绩效考核评估，指评定者运用科学的方法、标准和程序，对行为主体与评定任务有关的绩效信息，如业绩、成就和实际作为等进行观察、收集、组织、贮存、提取、整合，并尽可能做出准确评价的过程，是人力资源战略中关键的一步。

1. 考评原则

1）客观性原则

组织应尽可能科学地对员工进行考评，使结果具有可靠性、客观性、公平性。考评应根据明确的考评标准，针对客观考评资料进行评价，尽量减少主观性和感情色彩。

2）科学性原则

组织应使考评标准和考评程序科学化、明确化和公开化，这样才能使员工对考评工作产生信任并采取合作态度，对考评结果予以理解和接受。

3）差别性原则

如果考评不能产生较为鲜明的差别界限，并据此对员工实行相应的奖惩和职位的升降，就不会有较大的激励作用。

4）反馈原则

考评结果一定要反馈给被考评者本人，这是保证考评民主的重要手段。一方面，有利于防止考评中可能出现的偏见以及种种误差，保证考评的公平与合理；另一方面，可以使被考评者了解自己的优点和缺点，使绩优者再接再厉，使业绩不佳者心悦诚服。

2. 考评内容

为了评价组织中人力资源管理过程的功效，哈佛大学的研究者提出了人力资源成果的4Cs模型，即全心全意（Commitment）、能力（Competence）、一致性（Congruence）和成本效用（Cost-effectiveness）。

1）全心全意

员工对工作和组织的投入程度如何？人力资源政策在多大程度上提高了员工对工作和组织的投入水平？极大的身心投入意味着员工和管理者的良好沟通，提高他们之间的相互信任，所有的利益相关者能对彼此之间的需要做出反应。

2）能力

员工在工作中的能力如何？人力资源政策能在多大程度上吸引哪些具有技能和知识的员工，并使其保留和发展？高能力意味着员工在其技能方面的多样性，并能根据需要承担不同的工作和角色。

3）一致性

员工的目标是否与组织一致？员工和员工之间是否具有共同目标和相互信任？人

力资源政策和实践在多大程度上提高了管理者与员工之间的一致性？较高程度的一致性意味着，所有的利益相关者都分享一个共同的目标，他们能够协作解决外部环境变化所引发的一切问题；反之，较低程度的一致性会导致不信任和不同目的，造成员工与管理者之间的紧张和压力。

4）成本效用

在工资、福利、出勤率、缺勤率等方面，人力资源政策是否有效？效用高意味着与竞争对手相比，组织的人力资源成本（如工资、福利、怠工）等相对于竞争对手而言较低或持平。

3. 考评方式

（1）按考评时间不同，可分为日常考评和定期考评。日常考评是对被考评者平时工作行为所做的经常性考评；定期考评则是按照固定周期所进行的考评，如年度考评、季度考评等。

（2）按考评主体不同，可分为主管考评、自我考评、同事考评和下属考评。

（3）按考评结果表现形式不同，可分为定性考评与定量考评。定性考评的结果一般以优、良、中、合格、不合格等形式表示；定量考评的结果则以分值或系数等数量形式表示。

第五节 运营战略

运营战略指在组织经营战略的总体框架下，决定如何通过运营活动来达到组织的整体经营目标。它根据对组织各种资源要素和内外部环境的分析，对与运营管理及运营系统有关的基本问题进行分析与判断，确定总的指导思想及一系列决策原则。

一、运营战略的目标

运营战略的目标可以用绩效目标来表示。绩效目标可称为竞争优先级、竞争重点或竞争要素等，它们既是衡量生产与运营绩效的尺度，也是满足市场需求的关键要素。

1. 质量

随着生活水平的提高，人们对产品与服务的质量要求越来越高，产品与服务质量的好坏是一个组织赢得顾客的重要因素，质量好的产品与服务使组织在顾客中获得好口碑，从而获得更多的订单。

2. 成本

除质量外，价格在通常情况下会被认为是组织竞争的又一重点，而成本则是决定价格的关键。对大多数组织而言，运营成本占组织总体成本的大部分，因此降低运营过程中的成本是降低组织总成本的有效途径。来自美国、德国和日本的经验显示，高劳动力成本的国家通常采用三种方法来实现成本优势：将生产转移到低劳动力成本的国家、与工会或工人协商降低工资、提高自动化操作水平以减少员工数量。

3. 速度

速度主要包括两个方面：交货速度和新产品开发速度。交货速度指组织从收到订单到交货的时间长度。对于不同的组织，交货速度具有不同的含义。一个制造大型机器的制造业组织，其生产周期可能需要半年；而一个城市的急救系统，必须在几分钟到十几分钟内做出响应。新产品的开发速度包括从新产品方案产生至最终设计完成所需要的全部时间再加上生产工艺开发时间。由于各种产品的寿命周期越来越短，新产品开发速度变得至关重要，谁的产品能最先投放市场，谁就能在市场上争取主动。

4. 可靠性

可靠性指在向顾客承诺的时间内完成产品和服务的生产并将其交付给顾客。可靠性和速度相辅相成，其关键点在于交货的准时性。能否按时交货，决定了市场客户的满意度，进而影响组织的信誉，同时也将给组织成本和效益带来直接影响。在充分开放的网络时代，这种影响更加明显。

5. 柔性

柔性指组织应对外界变化的能力，即应变能力。顾客需求的多样性和多变性导致运营模式的改变，要求组织从传统的大批量、标准化、单一品种的模式向多品种、小批量、多批次的模式转变，而且要求在保持低成本的条件下实现这种转变。要具备这样的能力，提高运营系统的柔性是关键。

二、运营战略的特点

运营战略主要与产品、工序、方法、使用资源、质量、成本、生产准备时间及进度安排密切相关。因此，运营战略在组织的经营活动中处于承上启下的地位：向上要遵循组织的经营战略，把经营战略细化、具体化；向下要推动运营系统贯彻执行具体的实施计划，以实现经营战略的目标。运营战略在组织经营管理中的这一位置决定了它具有以下特点。

1. 贡献性

贡献性指运营战略对组织竞争优势的贡献。通过对产品目标的细化，使生产系统具有优先级功能，从而保证竞争优势的突出，为组织竞争提供优质的产品和强有力的后援保证。

2. 协调性

运营战略要和组织总体战略、竞争战略保持高度协调。运营战略要与组织其他职能部门的战略相协调：一方面，运营战略不能脱离其他职能战略而自我实现；另一方面，它又是其他职能战略实现的必要保证。

3. 竞争性

制定运营战略的目的就是通过构建卓越的运营系统来为组织获得竞争优势做出贡献，从而使组织能在激烈的市场竞争中发展壮大，在与竞争对手竞争市场和资源的过程中占有优势。

4. 风险性

运营战略的制定是面向未来的活动，应对未来几年组织外部环境及组织内部条件的变化做出预测。由于未来的不确定性，战略的制定及实施具有一定的风险性。

三、运营战略的内容

1. 产品战略

产品战略是指组织对其所生产与经营的产品进行的全局性谋划。它与市场战略密切相关，也是组织经营战略的重要基础。组织要依靠物美价廉、适销对路、具有竞争实力的产品，去赢得顾客，占领与开拓市场，获取经济效益。产品战略是否正确，直接关系到组织的胜败兴衰和生死存亡。产品战略主要包括：

(1) 产品品种组合战略；

(2) 新产品开发战略；

(3) 产品质量战略；

(4) 产品营销战略。

2. 能力战略

能力指一个生产系统在一定时间段内所能提供的产品或服务的最大数量，通常以单位时间的产出量来衡量。能力战略就是根据组织总体的发展合理规划生产系统总的能力、能力的布局以及能力的改变等。能力战略主要包括：

(1) 确定未来生产系统能力的总体水平；

(2) 决定能力在不同地域的布局和规模大小；

(3) 决定能力改变的时间和变化幅度。

3. 供应战略

供应战略是对组织在整个供应网络中的地位、供应网络关系、供应网络行为等做出的战略性谋划。供应战略更多地思考组织与外部网络的连接，涉及供应链管理、需求链、战略采购、供应商开发、高效消费者响应等比较广泛的领域。供应战略主要包括：

(1) 自制与购买的选择；

(2) 供应商开发与管理；

(3) 建立供应商伙伴关系；

(4) 供应链形成与管理。

4. 流程技术战略

流程技术战略是组织对生产与运营中流程技术的种类、水平、规模等方面的战略性谋划。这里的流程技术包括直接流程技术和间接流程技术两类，前者是直接用于将资源转换成产品和服务的技术，如机械加工中的各种工艺和非工艺技术。后者指虽然不直接创造核心产品或服务，但间接地辅助了上述转换过程的技术，如现在越来越受重视的企业资源计划(EPR)。流程技术战略主要包括：

EPR

(1) 决定流程技术的总体发展水平；

(2) 决定流程技术的发展规划；

(3) 确定与技术发展配套的人力资源开发战略。

5. 组织战略

在配置了生产能力，建立了供应关系，使用了流程技术之后，就进入日常运营。虽然运营机构本身的实际运行是管理问题而非战略问题，但仍要制定一系列广泛而长期的决策，以控制整个生产与运营机构的运行，这类决策被称为组织战略。组织战略主要包括：

(1) 决定生产与运营组织的形式；

(2) 决定有形资源与无形资源的管理流程；

(3) 确定组织变革与流程改善机制。

四、运营战略的制定过程

运营战略的决策过程分两步进行，首先进行运营系统的功能目标的决策，然后进行运营系统结构的决策。

1. 运营系统功能目标决策

运营系统功能目标决策过程如图 7-4 所示。

图 7-4 运营系统功能目标决策过程

从图 7-4 可以看出，在对运营系统功能目标做决策时，是以用户对产品的需求和组织竞争战略的需求来定义产品的功能，即产品性能、质量、数量、价格、服务和交货期等功能；然后根据产品的功能，进一步转换成运营系统的功能目标，即质量、柔性、成本等目标。不同的用户，对产品功能要求的优先级是不同的，因此转换成对运营系统的要求和所强调的功能目标的优先级也是不同的。

有些组织对运营系统功能目标的定位是盲目的，因此产品功能的提供不是根据用户需求和组织竞争战略，而是运营系统能提供什么就生产什么。运营战略决策思路很不清楚，导致所提供的产品竞争力不突出。

2. 运营系统结构决策

当完成运营系统功能目标决策以后，接下来就应该对运营系统结构与功能的“匹配”进行决策。决策过程如图 7-5 所示。

图 7-5 运营系统结构决策

运营系统结构决策主要考虑运营资源的物理布局和配置，以支持运营战略的实现。运营系统的构成要素分为两大类：一类是结构化要素；另一类是非结构化要素。结构化要素相当于运营系统的硬件部分，例如工艺流程、布局、生产能力等。而非结构化要素相当于运营系统的软件部分，例如人力资源及组织设计、生产计划策略、库存策略、质量管理策略等。

运营系统结构与功能的匹配决策，是使运营系统的结构化要素与非结构化要素以及它们的组合关系适应运营系统功能的要求，而且结构化要素与非结构化要素之间也要相匹配。例如，运营系统的功能目标追求是柔性，这时结构化要素中的工艺方案以及有关的设备、工位器具都要服从柔性的要求，工艺方案中要考虑备选方案，设备、工位器具都要注意其适用面广的问题。另外，设施的布局、生产能力以及集成化等方面都要注重这些要素的柔性问题。同样，人力资源、生产计划、库存、质量管理都要重视在外部环境变化快的背景下对这些非结构化要素提出的要求。

案例　福特汽车公司的职能战略

一、营销战略

针对公司顾客的营销资源规划与配置，要在顾客心中创造一种福特汽车公司（简称“福特”）等同于高质量的印象。福特汽车公司已经创造了一种高质量、高燃料效率、产品具有吸引力的形象。福特汽车公司总裁 Philip Benton 把福特汽车公司的营销资源规划与配置描述为：“我们必须提供顾客想要的高质量产品。我们在近几年里已经重新认识到，一个成功的汽车制造商应该持续地为顾客提供他们需要而且想要的产品，在价格上他们认为物有所值，产品要满足他们对安全性和质量的期望。我们的挑战是超越顾客的期望，实际上是要创造顾客的热情。”

1989 年，美国市场上新汽车和卡车的销量达 1480 万台，福特汽车公司占有 22% 的份额。由于日本竞争者的加入，美国制造商到 1994 年总共损失 6 个百分点的市场份额。福特公司损失大约 1 个百分点。根据这条信息，福特汽车公司把重点放在了提高顾客的满意度上。为了从顾客那里取得反馈信息以改进产品，福特汽车公司开展了一次规模宏大的问卷调查活动。

福特汽车公司的营销资源规划是由“最佳伙伴”计划所支持的。在这个计划下，福特全球范围内的雇员、分销商和供应商在保证质量水平和提高顾客满意度方面起到了越来越重要的作用。在制造和装配水平上，汽车工人联合会与福特汽车公司的“在课堂中争优”的教育和培训计划一起为继续加强质量改进而努力。福特为了质量目标，同供应商紧密合作。所有北美汽车联盟的供应商必须在 1990 年 1 月 1 日前取得福特的优秀质量奖才能从事新的业务。2100 多个供应点已经取得了优秀质量奖。

为确保高质量的顾客服务，福特在全国联合了一大批分销商和社区学院以制订一个两年的工作与学习计划，称为福特汽车学生服务教育培训计划，这个计划的目的是为福特和 Lincoln-Mercury 的分销商提供高素质的初级服务技术人员。

二、财务战略

福特在经营汽车公司时就充分认识到流动资金的重要性。在公司调查研究中，证实了社会对T型车的需求，并且宜于产品销售，立即果断地投入资金进行生产。为了促进流动资金的周转，公司按照生产的需要，有计划地采购T型车的零部件，合理确定了采购批量和采购资金；采用流水线的总装方式，降低生产成本，减少流动资金在生产过程中所处的时间，减少加工工序和每个工序的操作时间，以达到缩短生产周期的目的；在产品销售过程中，仔细分析了市场消费水平，在20世纪20年代的美国，一辆福特T型车售价两三百美元，这样的价格对普通工人们来说是难以接受的，而公司通过提高工人工资，增强了消费能力，以利于产品销售，及时收回货币资金。从公司在供、产、销三个阶段中所采取的举动来看，其目的都在于增强流动资金周转从而使公司达到利益最大化的要求。

20世纪初，人们对流动资金利用的研究是远远不如现在的，然而福特敏锐地察觉到流动资金利用效果对公司的影响，积极果断地采取了一系列措施，达到了用一定量的流动资金生产出更多的产品，并且使产品尽快销售出去的目的。

福特汽车公司是拥有雄厚资金且有着著名品牌的老公司。2000年，该公司第一季度盈利21亿美元，再次创下同期盈利的历史最高纪录。至此，福特汽车公司利润已保持连续16个季度上升。另外，该公司第一季度的销售额和销量也创新高，分别为430亿美元和190万辆，比上年同期增长50亿美元和10万辆。综合来看，公司流动资金的利用效果非常好，用流动资金生产了更多产品并且迅速销售出去，公司扩大了市场，挖掘出了市场潜力，使利润达到历史新高。

三、人力资源战略

福特公司致力于通过以物质和教育为内容的人力资源规划与配置方案，从雇员那里得到支持。通过利润分享计划，公司引入了一套以每年利润为基础的奖金制度。这个计划鼓励员工更努力地工作以确保公司利润最大化。

福特提供了一个广泛的关于员工福利的"一揽子计划"，包括下列选择：家庭单个成年人的医疗保险、牙齿保健计划、一定情况下的眼睛保护等。为了确保业务运营有高素质的员工，福特为其雇员制订了一个继续教育计划，当雇员完成了与工作相关的大学水平或相当于高中水平的课程，福特就为其补偿学费和书本费。1988年，在教育和自我发展活动中，注册人数超过了140000人，包括白领和蓝领雇员。自1985年以来，全球范围内的2000多名高层经理参加了福特在底特律的"管理发展中心"的培训。福特花费数百万美元开展了几个自我发展研讨班。这些研讨班的哲学理念是：如果员工作为个人受到激励和对自己满意，他们会有效地执行公司的战略。

四、研究发展战略

福特汽车公司自诞生之日起，在汽车研发和技术创新方面就一直是领先者，并且这种创新精神一直激励着福特人。福特汽车公司一直致力于环保领域新型汽车的研发，并成为全球最大的替代燃料汽车生产商。

福特汽车公司将环保技术用在所生产的汽车上，其所有的运动型多功能车(SUN)、皮卡和福特稳达微型厢式车都已达到了低排放汽车(LEV)标准。福特汽车公司同时还在探索减少尾气甚至无尾气排放的新技术，开发出了各种新型环保车。

早在1998年，福特汽车公司就推出了燃料电池概念车P-2000-FCV。福特下一款燃料电池汽车以全球畅销车福克斯为原型，采用直接供氢系统。2000年，在第十三届世界氢能大会上，福特汽车公司被授予奖励，以表彰其在氢动力汽车的研究及商业化开发方面所做出的杰出贡献。同年，福特开发出了全球唯一的全系列环保品牌电动汽车，其电机由车载蓄电池供电。这款两座的城市用电动汽车不仅代表了一种新的机动车理念，而且是一种十分具有个性的城市用车，其以小巧身材开创了城市交通的环保新时代。

第八章 战略选择

是故智者之虑，必杂于利害，杂于利而务可信也，杂于害而患可解也。

——《孙子·军争篇》

战略制定者要在所取信息的广度和深度之间做出某种权衡。他就像一只在捉兔子的鹰，必须飞得足够高，才能以广阔的视野发现猎物，同时又必须飞得足够低，以便看清细节，瞄准目标进行攻击。

——弗雷德里克·格卢克

战略选择是生死抉择。战略方案将组织与特定的产品、市场、资源及技术联系起来，决定组织的长期竞争优势和经营发展方向，其选择结果对组织生存发展有着持久的影响。组织若想在市场博弈中取得竞争优势，就必须依据外部环境与自身实力状况进行战略设计、规划及最佳方案选择。理性工具与感性思维的碰撞，主观与客观的结合，是“剑拔弩张”时战略选择散发出的一丝艺术气息。

第一节 战略选择的内涵

“管理即决策”是赫伯特·A. 西蒙的一句名言，这突显了决策在管理中的重要性。而战略选择是管理者经过权衡利弊，从多种备选方案中选定最合理的战略方案的过程，其实质是决策。但事实上，这一决策过程比想象中更复杂、更困难、更具有特性，“如抽丝剥茧之行”。

赫伯特·A. 西蒙

一、战略选择的过程

选择战略方案不是理性的公式化决策，更不是直觉上的臆断或简单的拍脑袋，而是一个融合经验与分析的复杂过程。在这个过程中，决策者往往需要借助战略选择工具，在考虑影响因素的情况下，根据组织所处的环境设计出一些符合标准的战略方案以供选择，然后针对组织自身实际情况进行具体的战略匹配，最终确定能够满足决策目标要求的方案。更形象一点来说，如在海上迷路的船只选择航行方向，战略选择是朝着一个大致方向给出多条路径，然后根据周围环境和自身状况，逐步缩小范围，最终做出抉择。

事实上，战略选择不是一个孤立的过程，它与战略分析、战略实施相连，如图 8-1 所示。分析内外部环境和自身实力可以为战略选择提供信息，主要体现在运用战略选择工具时将信息的输入定量化，同时战略选择确定的方案只有付诸实施才有意义。战略具有时效性，当组织所处环境或自身状况发生新的变化，原定战略方案可能不再适应组织的发展，此时就需要进行新一轮的选择。从这个角度来看，战略选择是一个动态循环的过程。

如图 8-1 所示，战略选择的主要内容体现在虚线框内，每个实线框代表一个环节，实箭头表示过程顺序，虚箭头表示辅助因子。简单来说，战略选择主要包括以下四个步骤。

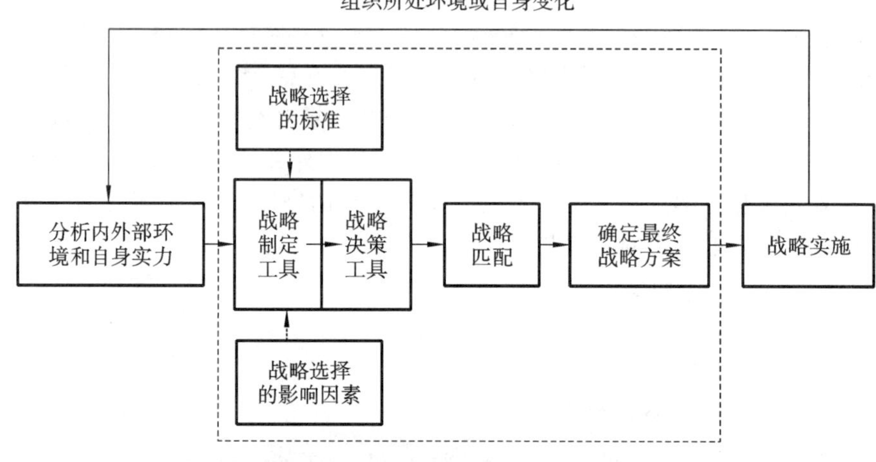

图 8-1　战略选择过程

第一，分析内外部环境和自身实力。在组织的运营过程中，随着组织所处环境或自身的变化，战略方案应该进行相应的调整和变换。制定新战略之前，组织须确认现行战略已不适用，并认清其缺陷。在分析了面临的机遇、挑战和竞争优势后，明确组织的发展目标和方向。

第二，运用战略选择工具。战略选择工具可以细分为两个部分：一是战略制定工具，如 SWOT 矩阵、SPACE 矩阵、BCG 矩阵等；二是战略决策工具，如 QSPM 矩阵。制定工具是目标，选择标准和影响因素是约束条件，三者同步进行，从而初步“解”出一系列备选战略。但是想知道哪些“解”是合理的或更合理的，还需要验证。最后运用决策工具对各项方案进行定量化比较，就可以得到一组按优劣程度排序的战略清单。工具不是万能的，每种分析模型或方法都有其局限性，决策者要充分利用各种工具的优点而避其不足，使结果更合意。

第三，战略匹配。如果说决策工具对“解”的重要性进行了排序，那么战略匹配是对“解”的合理性进行检验。正如判断数学方程的解是否在取值范围之内，备选方案同样需要经过进一步的筛选，才能形成最终的战略集合。

第四，确定最终战略方案。经过层层约束，战略集合里可能还有很多“解”，但现在设定，选择只有一个。当然，决策者会在比较和匹配的基础上，选择一个对组织最有利，即最优的“解”作为正式的战略方案。一般而言，为了增强战略的适应性，组织往往选择一个或多个方案以作备选。

二、战略选择的标准

在决策者依靠经验直觉、借助选择工具制定战略方案的过程中，战略选择的标准和影响因素都可以作为辅助因子，以确保初步战略方案的正确性和合理性，增加方案的成功率。一般来说，战略选择方案应该满足以下标准。

1. 适应性

适应性指战略与组织所处环境的适应程度以及与组织目标的一致性。适应环境的战略方案应该充分利用组织的有利条件，能够克服组织的不利因素，同时与组织各方面的目标保持一致。一个战略如果不能很好地适应组织内部的制度或政府政策、市场趋势等外部环境，即使具备足够的资源和技术，其成功的概率也很难得到保障。同样，该战略如果违背了组织保持长期信誉的目标，不管收益多大，都不是一个好战略。

2. 可接受性

可接受性与是否满足组织的经营者及其他利益相关者的期望密切相关，这决定着战略能否成功实施。很多情况下，组织选定的某种战略方案，实际上是不同利益集团讨价还价和折中的产物。

一个好的战略应该努力使各方利益相关者都接受，这可以从回报和风险两个方面进行评估。利润率、成本/收益是回报的直观表现，可以从资本收益率、投资回收期等方面进行分析；而风险主要体现在战略方案如何改变组织的资本结构和偿债能力，主要分析方法有财务比率分析、敏感性矩阵等。显然，回报越高，风险越小，战略的可接受性越高。

3. 可行性

可行性关注的是组织是否具备实施战略的资源和能力。英国战略学家理查德·鲁梅尔特所说的“企业依靠当前拥有的资源和能力就可顺利实施且能达到既定要求的战略”是可行的。这个条件过于保守，事实上，组织能够利用外部资源培养内部能力，进而实施的战略，也具有可行性。

目前，有很多方法分析一个战略的可行性。现金流分析主要考虑资金的来源和预测流出，能迅速指出组织战略在财务上是否可行；盈亏平衡分析通过盈利和亏损的可能性判断收益目标是否可行。这两种常见的方法，用于评估财务可行性。

三、战略选择的影响因素

面对同样的机遇，不同的人可能做出不同的选择，进而可能得到成功或失败两种截然相反的结果，这意味着战略选择往往受到很多因素的影响，而且是显著的。除了自身的主观因素外，决策者还需要考虑来自各方面的客观因素，对备选方案进行初步的筛选。影响战略选择的因素大致可以分为以下四类。

1. 行为因素

行为因素的主体有决策者、组织及竞争者。一般来说，在战略制定过程中，决策者经常面临初步方案的取舍问题，其专业知识、业务能力、实际经验和领导作风往往决定了该过程具有较多的主观性和偶然性。组织对过去战略的惯性，对外部环境如供应商、顾客等的依赖程度以及对风险的承受能力限制了战略选择的范围。考虑到竞争对手将会对不同战略做出不同的反应，决策者可以判断在特定领域集中优势、加强防守或主动退让，竞争者的反应是组织进行进攻或防守的重要依据。

2. 制度因素

影响战略选择的制度因素主要有产权制度和组织治理结构。产权制度不同的组织，其决策主体不同，优势和局限也不一样，因而战略选择也呈现不同的特征。如个人独资企业，往往是个人进行决策，基本上是受控于所有者本人；而公司制企业，由于企业资产的所有权与经营管理权分离，其战略选择往往被高层管理者左右。

同样，在不同治理结构下，董事会与高层管理者之间的差异对战略选择的主体、目标和控制都有影响。如英美模式由于股权松散，董事会的战略参与较弱，高层管理人员更多地考虑企业在资本市场的表现和自身利益；而德日模式由于持有企业较大股份，董事会对企业战略决策的参与意愿和能力都比较强。

3. 时间因素

时间因素主要从以下几个方面影响战略选择。第一，外部的时间制约对管理部门的战略决策影响很大。如外部时间制约紧迫，管理部门就来不及进行充分的分析评价，往往不得已而选择防御性的战略。第二，做出战略决策必须掌握时机。实践表明，一个好的战略，如果出台时机不当，也不会收到好的效果。第三，战略产生效果的时间不同。组织着眼于长远的前景，战略选择的超前时间就长。如果组织管理者关心的是近 3 年的经营问题，他们会去考虑 5 年以后的事情。

4. 文化因素

文化与战略的选择是一个动态平衡、相互影响的过程。任何一个希望能成功选择战略方案的组织，都必须深入了解所处的社会文化环境和自身的文化特点，只有这样，战略方案才能增加与社会文化及组织文化的契合度，得以顺利实施。

文化因素包括社会文化和组织文化。社会文化主要包括人口素质、价值观念等社会特征，以及风俗习惯、宗教信仰等文化环境；而组织文化作为一个组织的核心要素，也是所选战略必须相匹配的因素。如果战略方案与组织文化完全匹配，来自组织内部的阻力会减小，并对战略的成功产生积极的支撑作用；相反，两者不适应时，战略实施的风险会增加。

第二节 战略选择工具

“工欲善其事，必先利其器。”在组织所做事情没有先例或有很大不确定性的情况下，决策者的天才直觉很重要，但是这不足以支撑其生存和发展。正如彼得·德鲁克所言：“只有受纪律约束的直觉才是可信的。”战略选择需要理性分析的限制和约束，而工具的运用提供了必要的依据和支持，会给决策带来事半功倍的效果。战略选择工具有很多，本节主要介绍 SWOT 矩阵、SPACE 矩阵、BCG 矩阵和 QSPM 矩阵。

一、SWOT 矩阵

SWOT 矩阵分析法(简称“SWOT 分析法”)又称态势分析法，最早由哈佛商学院教授肯尼思·安德鲁斯于 1971 年在其《公司战略概念》一书中提出，是一种能够比较客观而准确地分析组织现状的方法，在战略管理领域中被广泛运用。其核心思想是，有效的战略源于组织“能够做的”(即强项与弱项)和“可能做的”(即机会与威胁)的有机结合。

1. SWOT 矩阵的基本概念

SWOT 矩阵是一种综合考虑内外部因素的战略选择方法，它将与研究对象密切相关的各种主要的内部优势(Strength)、劣势(Weakness)以及外部机会(Opportunity)、威胁(Threat)相互匹配，进行深层次的分析。这样可以对研究对象所处的情景进行全面、系统、准确的分析，进而制定全面有效且有针对性的发展战略。

SWOT 分析的基础是明确组织的内部优势和劣势以及外部机会和威胁，从而可以对组织的综合情况进行客观公正的评价。

(1) 优势(S)：指可以使组织比竞争对手更具有竞争力的因素，可以是丰富的自然资源、充足的资金等有形优势，也可以是良好的品牌形象、丰富的人力资源、雄厚的技术实力等无形优势。

(2) 劣势(W)：指使组织在竞争中处于不利地位且阻碍组织长期发展的因素，表现为组织中存在的在资源或能力上的不足或缺陷，如资金短缺、管理效率低下、研发水平落后等。

(3) 机会(O)：指环境中当前或未来对组织有利的因素，如竞争环境的改善、技术的升级、新市场的出现等都能给组织带来机会。

(4) 威胁(T)：指可能对组织造成冲击、破坏，进而威胁到组织的盈利能力和市场地位的因素。当新竞争者进入、贸易壁垒产生或经济衰退，组织都会受到不同程度的威胁。

2. SWOT 分析法

SWOT 分析法主要通过列表的形式构造 SWOT 矩阵，将特定的外部因素与内部因素两两匹配，再根据“发挥优势、克服劣势、利用机会、回避威胁，考虑过去、立足当前、着眼未来”的基本思路进行综合分析，形成 4 种战略组合，从而制定出一系列可选择方案。其分析步骤如下。

1）第一步：分析内外部因素

运用各种调查研究方法，分析出组织所处的外部因素和内部因素是战略分析阶段的工作，只是在 SWOT 分析中，需要进行信息转化。外部因素是外部环境对组织的发展有直接影响的有利或不利因素，一般由经济条件、政府政策、社会发展、市场需求、技术变革等相对不可控的因素构成。内部因素是组织在其发展中自身存在的积极或消极因素，一般由管理能力、财务状况、人力资源、组织文化等相对可控的因素构成。在调查这些因素时，不仅要考虑组织的历史和现状，更要考虑组织的未来发展。

2）第二步：识别优势、劣势、机会、威胁

经过战略分析阶段对组织内外部环境因素的分析，我们基本可以将收集的信息转化为组织内部条件上的优势和劣势、外部环境中的机会和威胁。这是一个彼此相关、需要反复咨询的过程，以确保客观全面。其主要内容如表 8-1 所示。

表 8-1　SWOT 各因素的主要内容

内部因素	优势	劣势
	充足的财务资金 拥有良好的顾客服务、品牌形象 强大的广告和营销能力 成本优势明显 拥有专用技术、专利 具有规模经济 成立了战略联盟或合资企业 拥有高素质的管理人员 拥有产品革新技术 产品质量良好 销售网络覆盖面广	资金短缺 债务负担过重 没有明确的战略方向 生产设施陈旧过时 营销水平低于竞争对手 研发落后于行业水平 内部管理不善 品牌或声誉不高 产品质量较差 成本高于竞争对手
外部因素	机会	威胁
	市场需求增长势头强劲 利用新技术的机会 品牌延伸的机会 能争取到新的用户群 收购竞争对手 将技术转移到新产品上 新市场的进入壁垒降低 互补产品的需求增加	市场增长率下降 替代品抢占市场 不利的政府政策 不利的人口特征变动 汇率的不利变动 贸易壁垒增加 容易受到经济冲击 消费者需求和品位变化 通货膨胀增加 强大的竞争对手进入市场

3）第三步：构造 SWOT 矩阵，制定战略行为

得到组织的各种因素后，在 SWOT 矩阵分析表格中的相应位置，按照重要性或影响程度排序罗列出来，然后针对 SW 与 OT 的具体匹配，给出相应的解决方案。战略的生成将更加科学、清晰，如“S1，O2”是利用第一条优势去把握第二条机会的 SO 战略。至此 SWOT 矩阵完成，示意图见表 8-2，同时得到一系列备选战略。

表 8-2 SWOT 矩阵

内部资源 外部环境	优势——S 列出优势 1. …… 2. ……	劣势——W 列出劣势 1. …… 2. ……
机会——O 列出机会 1. …… 2. ……	SO 战略 发挥优势，利用机会	WO 战略 利用机会，克服弱点
威胁——T 列出威胁 1. …… 2. ……	ST 战略 利用优势，回避威胁	WT 战略 减少弱点，回避威胁

SO 战略：发挥组织的内部优势来把握外部机会，是最理想的战略模式。组织可以凭借内部优势，充分利用外部环境变化中提供的各种发展机会，这是所有管理者都期望看到的局面。一般来说，组织在面对机会时应将其优势发挥到最大，即采用增长型战略（见图 8-2）。组织应该集中于某单一经营领域，利用自己的优势占领市场。

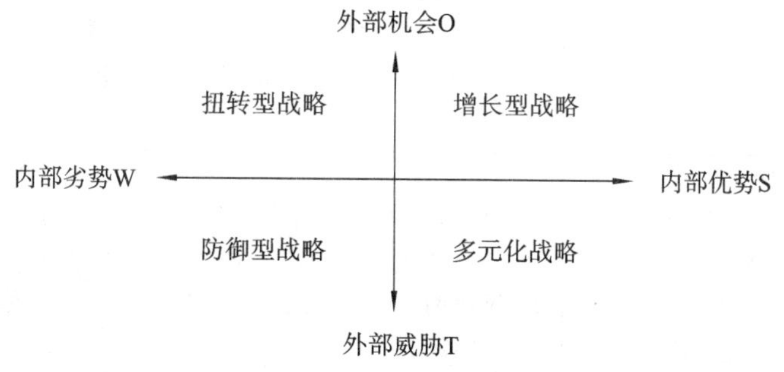

图 8-2 战略定位的 SWOT 分析图

WO 战略：利用外部机会来克服内部弱点。组织面临很好的外部环境，但被内部资源的劣势限制，“心有余而力不足”。在这种情况下，组织可以充分利用外部机会来弥补内部劣势，或者通过补短来提高自身竞争力进而把握机会，如与优势互补的组织进行项目合作或同行合并，扬长避短，扭转现状，实现双赢。

ST 战略：利用自身优势去回避或减轻外部威胁所造成的影响。组织拥有足够的内部优势，但外部的发展环境不好，“怀才不遇”。此时，组织适合多元化经营战略，应该重新调配资源，转移或培养更多的竞争优势，在机会更多的产品市场中寻求发展。事实上，ST 战略并不意味着强势组织应该与外部威胁正面硬碰，更多的是强调“不能在一棵树上

吊死”，要依靠自身优势另谋出路。

WT 战略：减少内部弱点，回避外部环境威胁。一个面临内忧外患的组织为了生存，可以选择与竞争对手合作或合并，也可以通过剥离弱势业务来缩减生产规模，以期能减少劣势、减轻威胁。

需要注意的是，在说明因素和战略时，尽可能运用明确、详细的术语，如“新增维修及服务人员”，需要 20 人与需要 2 人是有很大差异的。

3. SWOT 矩阵的实际运用

在 SWOT 矩阵中引入“S1，O2”之类的表示法很有意义，它揭示了每种可选战略的理论基础，说明每个战略不是凭空产生而是有理可依的。以一家计算机零售店的 SWOT 矩阵为例，如表 8-3① 所示，读者可以对内部与外部因素的匹配过程以及备选战略的生成过程，有更明确的认识。

表 8-3　一家计算机零售店的 SWOT 矩阵

内部资源 外部环境	优势	劣势
	1. 存货周转率从 5.8 上升至 6.7 2. 客户平均购买额从 97 美元增加至 128 美元 3. 员工士气很高 4. 店内促销带来 20% 的营业额增长 5. 报纸广告支出增加 10% 6. 维修及服务收入上升 16% 7. 店内技术支持人员具有 MIS 大学文凭 8. 商店的资产负债率下降 34%	1. 软件收入下降 12% 2. 新建的 34 号高速公路给商店位置带来不利影响 3. 店内的地毯和粉刷有些破损 4. 店内的卫生间需要翻修 5. 来自企业的收入下降 8% 6. 商店没有网站 7. 供应商准时交货时间增至 2.4 天 8. 顾客结账过程太慢 9. 每位员工的收入上升 19%
机会	**SO 战略**	**WO 战略**
1. 城市人口每年增加 10% 2. 竞争对手在 1 英里（1 英里＝1.61千米）之外开店 3. 经过商店的车流量上升 12% 4. 厂商每年平均推出 6 款新产品 5. 使用计算机的老年人口增加 10% 6. 本地小企业增加 10% 7. 地产经纪人对网站的需求上升 18% 8. 小企业对网站的需求上升 12%	1. 每月增加 4 次店内促销（S4，O3） 2. 新增两位维修及服务人员（S6，O5） 3. 向所有 55 岁以上的老年人发放宣传单（S5，O5）	1. 购买土地以开设新店（W2，O2） 2. 更换地毯，重新粉刷，翻修卫生间（W3，W4，O1） 3. 将网站服务提高 50%（W6，O7，O8） 4. 向市内所有地产经纪人投放邮件广告（W5，O7）

① 资料来源：弗雷德 · R. 戴维、福里斯特 · R. 戴维：《战略管理：概念部分（第 15 版）》，清华大学出版社 2017 年版。

续表

内部资源 / 外部环境	优势	劣势
	1. 存货周转率从 5.8 上升至 6.7 2. 客户平均购买额从 97 美元增加至 128 美元 3. 员工士气很高 4. 店内促销带来 20%的营业额增长 5. 报纸广告支出增加 10% 6. 维修及服务收入上升 16% 7. 店内技术支持人员具有 MIS 大学文凭 8. 商店的资产负债率下降 34%	1. 软件收入下降 12% 2. 新建的 34 号高速公路给商店位置带来不利影响 3. 店内的地毯和粉刷有些破损 4. 店内的卫生间需要翻修 5. 来自企业的收入下降 8% 6. 商店没有网站 7. 供应商准时交货时间增至 2.4 天 8. 顾客结账过程太慢 9. 每位员工的收入上升 19%
威胁	**ST 战略**	**WT 战略**
1. 百思买一年内将在附近开店 2. 当地大学提供计算机维修服务 3. 34 号高速公路将分散车流量 4. 附近正在建设商场 5. 天然气价格上升 14% 6. 厂商涨价 8%	1. 另外雇佣两位维修人员，并推销这些新服务(S6,S7,T1) 2. 购买土地以开设新店(S8,T3) 3. 将上门服务费从 60 美元提高至 80 美元(S6,T5)	1. 雇佣两位出纳(W8,T1,T4) 2. 更换地毯，重新粉刷，翻修卫生间(W3,W4,T1)

4. SWOT 分析的优点和局限性

SWOT 分析在战略规划中之所以被广泛应用，是因其有一些独特的优点：第一，SWOT 分析不要求大量的财务资源，只需要一些必要的数据，通过对一些关键因素进行分析，可以提高决策效率；第二，SWOT 分析可以处理并综合大量数据和信息；第三，SWOT 分析可以有效评估组织的核心竞争优势，从而帮助企业把资源和行动集中在组织有优势和机会的地方。

但过多的主观性导致了一定的局限性：第一，SWOT 分析只强调数据的质，忽略了数据的量，是一个纯粹的描述性模型，不能给读者提供明确的战略建议；第二，SWOT 矩阵不能完全揭示关键内部因素与外部因素的相互关系；第三，SWOT 分析过多地依靠分析者的经验和直觉，可能导致某些重要因素被忽略或估计不准。

二、SPACE 矩阵

SPACE 矩阵是战略地位与行动评价矩阵(Strategic Position and Action Evaluation Matrix)的简称，是美国哈佛商学院的 H. Rowe 和 R. Mason 教授于 20 世纪 80 年代提出，随后被各大企业广泛使用的一种战略选择手段，主要用于分析组织外部环境及组织应该采取的战略组合。

1. SPACE矩阵的基本概念

SPACE矩阵采用对组织的两个内部因素——财务优势(FS)和竞争优势(CA)及两个外部因素——环境稳定性(ES)和产业优势(IS)进行匹配的方式,将其战略地位划分为如图8-3所示的四个象限。其中FS、ES构成纵坐标轴,IS、CA构成横坐标轴;第一象限叫作进取象限,第二象限叫作保守象限,第三象限叫作防御象限,第四象限叫作竞争象限。

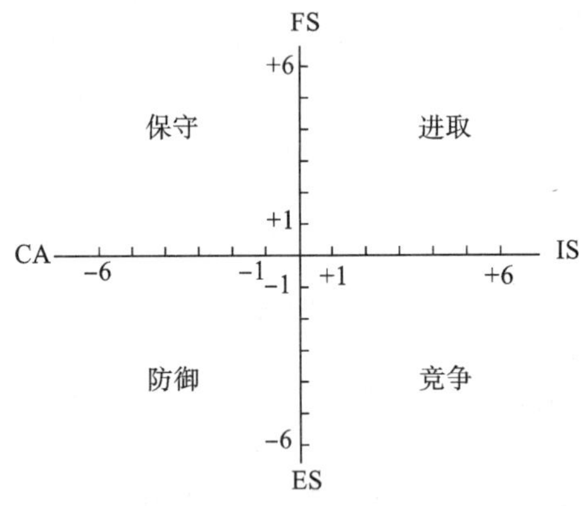

图8-3 SPACE矩阵

财务优势、竞争优势、环境稳定性、产业优势是组织总体战略地位中重要的决定因素。根据组织的类型,SPACE矩阵的轴线代表的不同要素可由多个变量组成。表8-4列出了一些主要因素及指标。

表8-4 组成SPACE矩阵轴线的主要因素及指标

内部战略因素	外部战略因素
财务优势(FS)	环境稳定性(ES)
投资回报率 杠杆比率 偿债能力 流动资金 现金流 退出市场的成本 业务风险	技术变革 通货膨胀率 需求变动性 竞争产品的价格范围 市场进入壁垒 竞争压力 价格需求弹性

续表

内部战略因素	外部战略因素
竞争优势(CA)	产业优势(IS)
市场份额 产品质量 产品生命周期 顾客忠诚度 专有技术 对供应商和经销商的控制 产能利用率	增长潜力 盈利能力 财务稳定性 进入市场的便利性 资源利用率 生产效率 产业的专有技术

2. SPACE分析方法

SPACE矩阵通过将相互影响的横轴要素(IS、CA)的评分和纵轴要素(FS、ES)的评分分别相加,可以得到一个战略向量,进而根据战略地位提出相应的方案。该过程主要在于SPACE矩阵的构建,具体步骤如下。

第一步:选择组成财务优势(FS)、竞争优势(CA)、环境稳定性(ES)和产业优势(IS)的一组变量。一般来说,每个方面的变量不超过8个。

第二步:对组成FS和IS的各个变量赋予从+1(最差)到+6(最好)的评分;对组成CA和ES的各个变量赋予从-1(最好)到-6(最差)的评分。在FS和CA轴上,与竞争者比较;在ES和IS轴上,与其他行业比较。

第三步:分别将各个数轴的所有变量评分相加,再分别除以变量总数,从而得到FS、CA、IS和ES各自的平均分数,作为四个维度的分值。

第四步:将IS和CA的分数相加,得到x值;将FS和ES的分数相加得到y值。在SPACE矩阵平面上标出由x值和y值共同确定的坐标点(x,y)。

第五步:画出从SPACE矩阵原点至坐标点(x,y)的向量。该向量所在的象限表明了组织应当采取的战略类型——进取、保守、防御或竞争。

通过SPACE矩阵分析可得出组织的战略态势,对应的向量指向组织的战略地位,而不同的战略地位区域都有相应的战略行动相匹配。

向量位于SPACE矩阵的进取象限时,组织处于一种极好的地位。此时,组织所处产业实力较强,有竞争优势但财力有待进一步提高,如图8-4(a)所示;或者组织所处产业优势不突出,但环境稳定且拥有雄厚财力,如图8-4(b)所示。组织可以利用自身的内部优势和外部机会采取进取型战略,如市场渗透、市场开发、产品开发、一体化或多元化经营等。

向量位于保守象限意味着组织应该围绕基本竞争优势开展业务,不要过多冒险。组织在一个稳定的行业里,有很强的财力但没有很强的竞争优势,如图8-5(a)所示;或者财务实力较弱,所在行业处于衰退中,如图8-5(b)所示,此时组织可以采取保守型战略,如市场渗透、市场开发、产品开发以及集中多元化经营。

向量位于防御象限时,组织应集中力量克服内部劣势并回避外部威胁。此时,企业

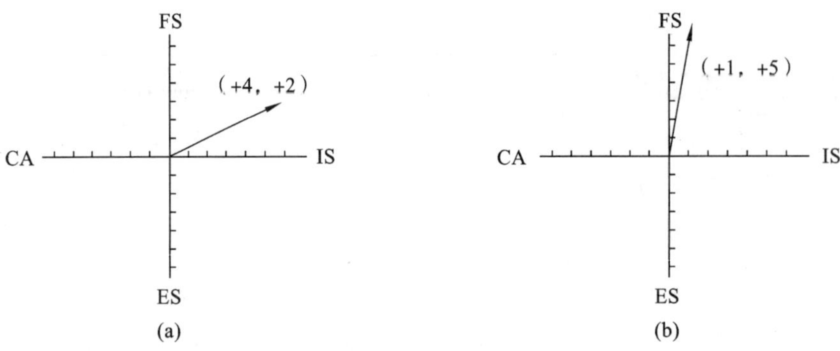

图 8-4　SPACE 矩阵进取型战略

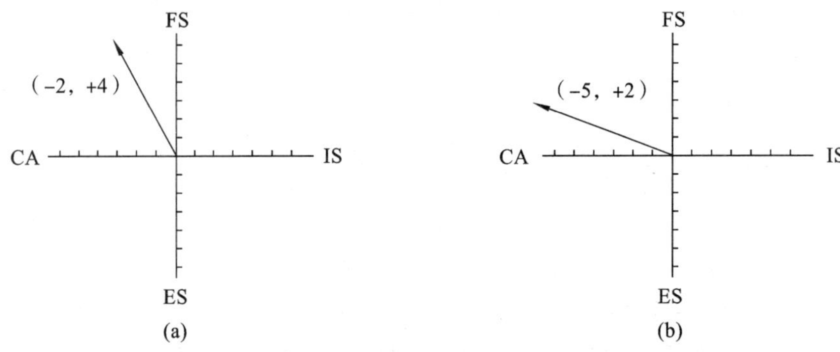

图 8-5　SPACE 矩阵保守型战略

要么在稳定但停止增长的行业中处于绝对的竞争劣势，如图 8-6(a)所示；要么在不稳定的行业中出现财务困难，如图 8-6(b)所示。组织应当采取防御型战略，包括紧缩、剥离、清算和集中多元化经营。

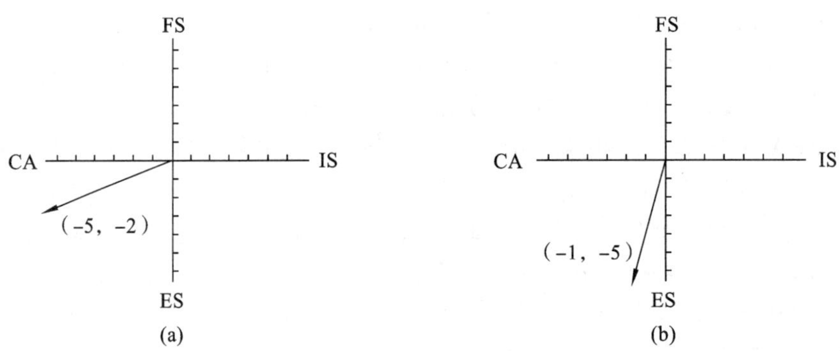

图 8-6　SPACE 矩阵防御型战略

向量位于竞争象限表明组织所处行业发展迅速，有较强竞争优势，如图 8-7(a)所示；或者在不稳定的环境中表现平庸，如图 8-7(b)所示。此时组织应该选择竞争型战略，包括一体化战略、市场渗透、市场开发及产品开发。

需要注意的是，SPACE 矩阵的建立应当依据尽可能多的事实信息，并考虑所研究组织的具体情况。而通过矩阵分析提出的战略必须更加明确，如“在武汉增设 22 家店面”，

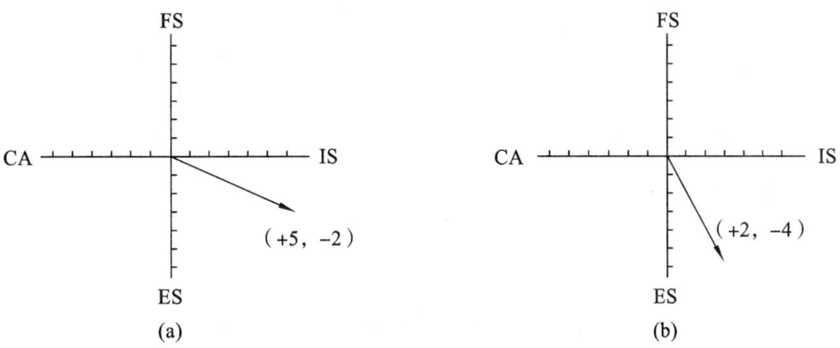

图 8-7 SPACE 矩阵竞争型战略

而不是用市场渗透等含糊的术语,这在本节所有矩阵分析中都很重要。

3. SPACE 矩阵的实际运用

现以某医药集团有限公司为例来具体说明 SPACE 矩阵的运用,如表 8-5 所示。按照 SPACE 矩阵的构建步骤,选定财务优势等四个要素的组成变量,通过赋值计算得出战略向量的坐标值,从而判断战略类型,给出参考方案。

表 8-5 某医药集团有限公司的 SPACE 矩阵

	评分
财务优势(FS)	
流动比率 2011 年上升为 1.03,可变现偿债能力不断加强	3.0
短期偿债能力相对较弱	2.0
企业长期偿债能力不断增强	3.0
存货方面控制得当	2.0
销售利润率呈增长发展	3.0
总资产报酬率逐年上升,体现企业的投入产出水平较高	4.0
净资产收益率缓慢攀升,企业受益模式稳定	3.0
每股收益水平较高	2.0
	22.0
产业优势(IS)	
国家政策的颁布对企业有促进作用	4.0
财务稳定性强	4.0
顾客群体广泛	5.0
新版 GPM 出台,使规模大的企业更具有竞争力	5.0
占有资源丰富,品质较高	5.0
	23.0

续表

	评分
环境稳定性(ES)	
药品需求随着人口老龄化、城镇化进程加快不断增加	−2.0
产品同质化严重,竞争激烈	−4.0
基本药品统一定价	−4.0
药业竞争者进入市场壁垒相对较高	−3.0
随着收入水平的提高,人们对药品个性化、多元化的需求,导致价格需求弹性大	−3.0
	−16.0
竞争优势(CA)	
市场份额相对较高	−1.0
产品开发周期长	−5.0
产品生命周期受其药理价值、副作用、人体产生抗药性的时间以及同类新药品开发上市周期等诸多因素的影响而呈现缩短趋势	−2.0
专有技术知识要求高	−2.0
建立长期协作关系,保障供应商利益;提供售前售后服务,与经销商共同发展	−2.0
品牌知名度高	−1.0
科研创新能力强	−2.0
	−15.0

结论:

①FS 平均值=22.0/8=2.8

②IS 平均值=23.0/5=4.6

③ES 平均值=−16.0/5=−3.2

④CA 平均值=−15.0/7=−2.1

向量坐标值:

X 轴:4.6+(−2.1)=2.5

Y 轴:2.8+(−3.2)=−0.4

从图 8-8 可以看出,该医药集团有限公司应该选择竞争性战略,如研发投入增加25%、在武汉销量最好的 100 家药店铺设品牌药。

4. SPACE 矩阵的优点和局限性

SPACE 矩阵的优点在于:第一,提出的财务优势、产业优势、环境稳定性和竞争优势四个维度进一步评估了组织的战略实施能力,从而增加了分析的全面性和科学性;第二,对风险问题的特别关注使该工具适合风险较大或敏感的企业。其局限性在于:第一,四个维度、若干指标可能产生多种可能组合,从而增加了分析的复杂程度;第二,当 SPACE 向量位于半径为 1 的圆内时,组织将处于一种战略态势模糊的状态,其战略地位也模棱两可,提出的战略便没有可信度。

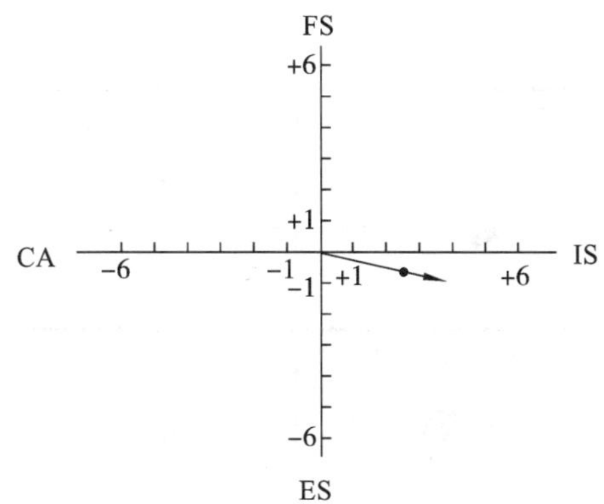

图 8-8 某医药集团有限公司的 SPACE 矩阵图

三、BCG 矩阵

BCG 矩阵即波士顿矩阵，因波士顿咨询集团（Boston Consulting Group）创始人布鲁斯·亨德森于 20 世纪 70 年代初首次提出而得名，又称市场增长率-相对市场份额矩阵，是多元化大型企业规划产品组合、进行资源配置的战略管理工具。亨德森认为："公司若要取得成功，就必须拥有增长率和市场份额各不相同的产品组合。组合的构成取决于现金流量的平衡。"可见，BCG 矩阵的基本思想是通过业务的优化组合实现企业的现金流量平衡。

布鲁斯·亨德森

1. BCG 矩阵的基本概念

组织各个自主经营的业务单位在不同行业中竞争时都必须制定各自的战略，而战略选择由市场增长率和相对市场份额这两个参数决定。在此前提下，BCG 矩阵将组织生产经营的全部产品或业务作为一个整体进行分析，旨在找出使组织相关经营业务之间现金流量平衡的业务组合。

BCG 矩阵是以两个参数为坐标构成的四象限平面图，如图 8-9 所示。其中，横轴代表业务单位的相对竞争地位，用相对于主要竞争对手的市场份额表示，常以 0.5 为界线划分为高、低两个区域。

纵轴代表市场增长率，用业务单位的销售额增长百分比表示，通常以 10％平均增长率作为高、低的分界线。①

在 BCG 矩阵中，每个圆圈代表一个独立的业务单位，其大小与该业务单位创造的收入占组织总收入的比例成正比，而阴影部分表示该业务单位所创利润占组织总利润的比重。BCG 矩阵将业务划分为问题类、明星类、现金牛类和瘦狗类，一个组织的所有业务部门都可以列入任意的象限中，依据所处的位置制定不同的战略。

---

① 以上给定的数值范围经常使用，但必要时可根据组织的具体情况确定其他数值范围。

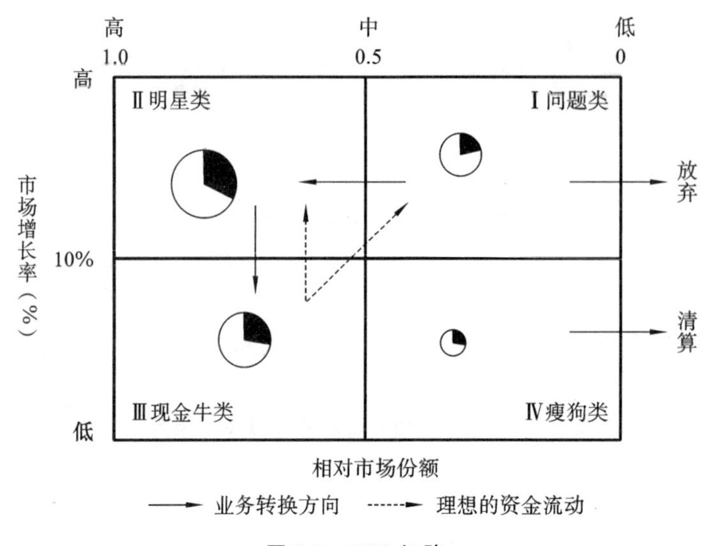

图 8-9 BCG 矩阵

2. BCG 分析方法

BCG 矩阵的基础是业务划分,却是通过组合分析帮助组织确定总体战略。不同类型的业务面临不同的战略选择,但可以通过现金流动相互联系。事实上,相对市场份额越高,获利越多,业务单位能为组织产生的现金流越大;市场增长率越高,获取更多市场份额的机会越大,现金投入的需求也就越大。

进行 BCG 矩阵分析,主要包括以下步骤。

第一步:将企业划分为各种不同的业务部门或经营单位。

第二步:确定各项业务的发展前景,即计算各项业务的市场增长率。

第三步:确定各项业务的竞争地位,即计算各项业务的相对市场份额。

第四步:确定市场增长率和相对市场份额的分界点,分别将纵、横轴划分为高、低两个区域,进而将矩阵图划分为四个象限,分别对应四种业务。

第五步:根据各项业务的数值,用圆圈将业务在 BCG 矩阵中标示出来——找到业务在坐标系中的位置,并以此为圆心画一个圆,其大小与每项业务的收入占组织总收入的比例成正比。

第六步:判断业务组合是否健康。失衡的业务组合通常是有太多的问题类和瘦狗类业务,或太少的明星类和现金牛类业务。

第七步:根据每一业务单位在组织整体业务组合中的地位选择其适宜的战略。

根据有关业务单位的市场增长率和相对市场份额的标准,BCG 矩阵将一个组织的所有业务定位在以下 4 种类别中。

(1) 问题类业务。问题类业务的相对市场份额较低而市场增长率较高。这是大多数业务成长的起点,处于较差的现金流状态。高速增长需要大量的现金投入,而低市场份额意味着该业务只能产生少量的现金。对这类业务,组织面临"是否继续投资发展该业务"的问题,有两种选择:一是对其进行投资,以扩大市场份额使其成为明星业务;二是采取放弃战略。因此,组织需要对这类业务进行识别,如果是具有发展前景、能增强组织竞争力的未来明星类业务，可以进一步投资，而对没有前景的问题类业务，应及时采取收缩和剥离战略。

(2) 明星类业务。明星类业务的市场份额和增长率都较高，通常代表最佳的投资机会和长期增长。这类业务需要和产生的现金量都很大，不足以保证能给组织带来大量现金。为了保持或加强其在市场中的主导地位，组织应该对明星类业务采取扩张战略，进行大量的投资。同时可以考虑一体化、市场渗透、产品开发等战略，扩大业务规模，提高竞争能力。

(3) 现金牛类业务。现金牛类业务的相对市场份额较高而市场增长率较低。该类业务带来的现金收入超过其需要的现金投入，通常产生大量的现金余额，可以用来支持其他需要现金的业务单位。很多现金牛类业务是由明星类业务转变而来，市场增长率一般不会再度提高，所以组织对现金牛类业务应该采取维护战略，开展有效的管理，以尽可能长时间保持其强势地位。不过，当现金牛类业务转向弱势时，组织应考虑紧缩或剥离战略。

(4) 瘦狗类业务。瘦狗类业务的市场份额和增长率都较低，这意味着该类业务在接近饱和的市场中不具有获利的竞争性，甚至存在亏损。瘦狗类业务用于维持竞争地位所需的资金经常超过其现金流入，往往成为“资金的陷阱”。因此，对这类业务追加投资是不可取的，组织应采取紧缩战略，如抽资、放弃、清算等。不过，通过采用专业化战略降低成本，增强其盈利能力也是有可能的。

将业务定位在 BCG 矩阵上后，组织可以比较清晰地把握当前的经营结构，并依此判断业务组合是否健康，及时采取有效措施。一般情况下，组织业务按逆时针方向发展——问题类→明星类→现金牛类→瘦狗类，即将问题类业务培养成明星类业务，在明星类业务增长率下降时，再使之变为现金牛类业务。如果不幸沦落为瘦狗类业务，需严格监视和控制发展动向，在适当的时候予以放弃。

企业理想的现金流动应该是，过剩的现金从现金牛类业务中取出用于任何需要资金的明星类业务，其次用于经过识别的问题类业务，将其转化为明星类业务；而对于瘦狗类业务，除非它有很强的现金创造能力，否则应该采取放弃或清算战略。在此基础上，不同类型业务的特点及相应战略如表 8-6 所示。

表 8-6　不同类型业务的特点及相应战略

业务类型	战略选择	业务单位营利性	投资需要	净现金流
问题类	扩大市场份额或放弃	低或亏损	多或不投资	负值或少量剩余
明星类	维护或扩大市场份额	高	多	零或负值
现金牛类	维护	高	少	大量剩余
瘦狗类	放弃或清算	低或亏损	不投资	剩余

3. BCG 矩阵的实际运用

图 8-10 是根据表 8-7 的数据做出来的，共同给出了一个 BCG 矩阵的实例。该企业拥有 5 个销售额在 5000～60000 美元的业务部门。部门 1 销售额最高，代表该部门的圆圈在矩阵中最大，部门 5 最小。如图 8-10 所示，部门 1 对企业总利润的贡献最大，达

39%，是明星部门，可以增加25%的投资，进一步扩张；部门2和部门3的业务存在问题，可以提高20%的研发投入，提高竞争力，扩大市场份额；部门4经营金牛类业务，可以雇佣3个职业经理人进行维护；部门5是瘦狗部门，考虑到收入和利润，放弃是明智的选择。

表8-7　BCG矩阵实例的数据

部门	收入(美元)	收入占比	利润(美元)	利润占比	相对市场份额	产业增长率
1	60300	37%	10000	39%	0.8	18%
2	40000	24%	5000	20%	0.4	15%
3	40000	24%	2000	8%	0.1	12%
4	20000	12%	8000	31%	0.6	8%
5	5000	3%	500	2%	0.05	5%
总计	165300	100%	25500	100%	—	—

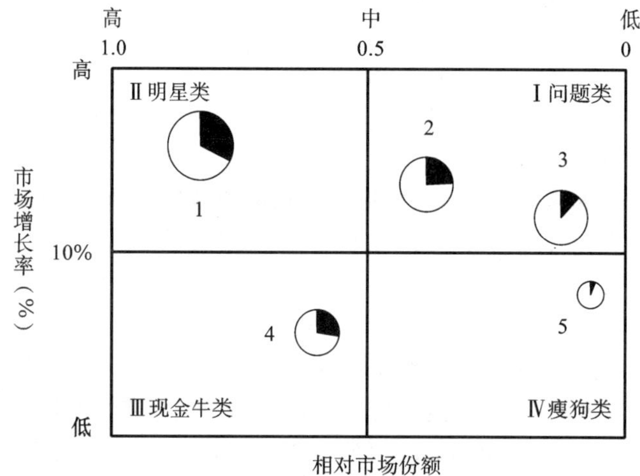

图8-10　BCG矩阵实例

4. BCG矩阵的优点和局限性

BCG矩阵被广泛运用于产业环境与组织内部条件的综合分析等多样化的组合分析中，是大企业总体战略选择的重要工具。它是最早的组合分析方法之一，其优点主要有：第一，BCG矩阵包含了丰富的信息，使复杂的多种经营战略可以简洁明了地呈现出来；第二，将战略的业务组合与现金流相结合，有助于各种业务之间的平衡；第三，根据两个量化指标对各项业务进行定位，科学性更强，而明确不同业务单位在竞争中的地位和战略发展方向，可以提高业务组合的效率。

BCG矩阵在理论上需要许多假设前提，限制了其应用领域，其局限性主要有：第一，将组织的所有业务都归为问题类、明星类、现金牛类和瘦狗类，是一种简单化的做法，很多业务实际上位于矩阵的中间位置，很难对其进行界定；第二，只用市场增长率和相对市场份额来反映经营单位的竞争状况不够全面，还需要其他方面的指标；第三，业务组合的战略选择没有考虑各经营业务之间的关联性，可能导致决策失误；第四，BCG 矩阵只强调了现金资源，但其他资源如人力、技术等也很重要。

四、QSPM 矩阵

定量战略计划矩阵(Quantitative Strategic Planning Matrix，简称 QSPM 矩阵)，是战略决策阶段的重要分析工具。它不生产战略，而是通过比较分析可选方案以确定可行战略。对于之前战略选择工具制定的可行方案，它们的重要程度如何？组织在资源有限的情况下应该如何取舍？这些问题都需要进一步分析。QSPM 矩阵可以对备选方案的相对吸引力做出评价，从定量的角度来评判备选战略方案的优劣程度，从而客观地指出哪种战略是组织的最佳选择。

1. QSPM 矩阵的基本概念

QSPM 矩阵是一种有利于决策者在事先确认的内外关键因素的基础上客观评价备选战略的工具。和其他战略选择工具一样，QSPM 矩阵同样需要出色的直觉判断，其分析原理是：根据组织能否充分利用外部机会和发挥内部优势，尽量避免外部威胁和减少内部弱点，通过专家小组讨论的形式对各备选战略进行评分，最终得分的高低反映战略的优劣程度。

QSPM 矩阵的基本格式如表 8-8 所示。QSPM 的首行是从 SWOT 矩阵、SPACE 矩阵、BCG 矩阵中得出的备选战略。这些工具通常会产生类似的可行方案，但是不是所有方案都要在 QSPM 中予以评价，决策者应该利用良好的直觉剔除不具有吸引力的战略。QSPM 的左列包括了从环境分析和实力分析中可以得到的信息。与关键因素相邻的一列，记录了各因素被赋予的权重。

表 8-8　QSPM 矩阵

关键因素	权重	战略 1		战略 2		战略 3	
		AS	TAS	AS	TAS	AS	TAS
机会							
因素 1							
因素 2							
……							
威胁							
因素 1							
因素 2							
……							
优势							
因素 1							
因素 2							

续表

关键因素	权重	战略 1		战略 2		战略 3	
		AS	TAS	AS	TAS	AS	TAS
……							
劣势							
因素 1							
因素 2							
……							
总计		1.00					

注：AS 表示吸引力分数，TAS 表示吸引力总分。

2. QSPM 分析方法

从概念上讲，QSPM 矩阵根据各战略对外部因素和内部因素的利用或改进程度，确定各个战略的相对吸引力。其中备选战略的数量不限，但是只有同一类的战略之间才会进行比较。QSPM 分析的结果并不是非此即彼的战略取舍，而是一张按重要性和优劣程度排序的战略清单。构建 QSPM 矩阵一般包括以下六个步骤。

第一步：在 QSPM 矩阵的左栏列出组织外部的机会、威胁及内部的优势、劣势。矩阵至少应包含 10 个外部关键因素和 10 个内部关键因素，这些信息可以直接从 EFE 矩阵和 IFE 矩阵中得到。

第二步：给每个关键因素赋予权重。这些权重表示该因素对组织取得成功的相对重要性，应该与环境分析和实力分析保持一致，对应填入关键因素相邻一列。

第三步：确定组织可考虑实施的备选战略，将其置于矩阵首行中。在可能的情况下，将这些战略划分为互不相容的若干组，以便对每一组同类的战略进行比较。

第四步：确定 AS，即用数值表示各组中每个战略的相对吸引力。

AS 确定方法：依次考察各关键因素与备选战略的关系，即回答"该因素是否影响战略的选择"。如果没有影响，则不需要为该组战略指定吸引力分数，在表中显示为破折号。如果有影响，则针对这一因素对该组战略进行比较，且必须为每个战略指定吸引力分数，其范围是：1＝没有吸引力；2＝有些吸引力；3＝有较强的吸引力；4＝有很强的吸引力。吸引力分数说明如表 8-9 所示。

表 8-9　吸引力分数说明

吸引力分数	机　　会	威　　胁	优　　势	劣　　势
4	充分抓住机会	很好应对威胁	充分利用优势	很好弥补劣势
3	较好把握机会	较好应对威胁	较好利用优势	较好弥补劣势
2	机会把握一般	应对威胁一般	优势利用一般	劣势弥补一般
1	没有抓住机会	不能应对威胁	没有利用优势	不能弥补劣势

第五步：计算TAS。吸引力总分是关键因素的权重与吸引力分数的乘积，即对于相邻的关键因素，吸引力总分越高，备选战略的吸引力就越大。

第六步：计算吸引力总分和(STAS)，即将QSPM矩阵中的每个战略栏的吸引力总分相加。吸引力总分和越高，战略的吸引力越大，即最优程度越高，可取性越强。

3. QSPM矩阵的实际运用

还是前文所述的那家电脑零售店，假设经过SWOT分析，店长正在考虑两种备选战略：①购买土地建设新店；②彻底翻修现有商店。以此为例，说明QSPM矩阵的运用，以及与其他战略制定工具的联系，如表8-10① 所示。

表8-10　一家电脑零售店的QSPM矩阵

关键因素	权重	备选战略			
		购买土地建设新店		彻底翻修现有商店	
		AS	TAS	AS	TAS
机遇					
1.城市人口每年增加10%	0.10	4	0.40	2	0.20
2.竞争对手在1英里之外开店	0.10	2	0.20	4	0.40
3.经过商店的车流量上升12%	0.08	1	0.08	4	0.32
4.厂商每年平均推出6款新产品	0.04	—	—	—	—
5.使用计算机的老年人口增加10%	0.04	—	—	—	—
6.本地小企业增加10%	0.10	—	—	—	—
7.地产经纪人对网站的需求上升18%	0.05	—	—	—	—
8.小企业对网站的需求上升12%	0.05	—	—	—	—
威胁					
1.百思买一年内将在附近开店	0.14	4	0.60	3	0.45
2.当地大学提供计算机维修服务	0.07	—	—	—	—
3.34号高速公路将分散车流量	0.11	4	0.48	1	0.12
4.附近正在建设商场	0.07	2	0.16	4	0.32
5.天然气价格上升14%	0.03	—	—	—	—
6.厂商涨价8%	0.02	—	—	—	—
合计	1.00	—	—	—	—
优势					
1.存货周转率从5.8上升至6.7	0.05	—	—	—	—

① 资料来源：弗雷德·R.戴维、福里斯特·R.戴维：《战略管理：概念部分(第15版)》，清华大学出版社2017年版。

续表

关键因素	权重	备选战略			
		购买土地建设新店		彻底翻修现有商店	
		AS	TAS	AS	TAS
2.客户平均购买额从97美元增加至128美元	0.07	2	0.14	4	0.28
3.员工士气很高	0.10	—	—	—	—
4.店内促销带来20%的营业额增长	0.05	—	—	—	—
5.报纸广告支出增加10%	0.02	—	—	—	—
6.维修及服务收入上升16%	0.15	4	0.60	3	0.45
7.店内技术支持人员有MIS大学文凭	0.05	—	—	—	—
8.商店的资产负债率下降34%	0.03	4	0.12	2	0.06
劣势					
1.软件收入下降12%	0.10	—	—	—	—
2.新建的34号高速公路给商店位置带来不利影响	0.15	4	0.60	1	0.15
3.店内的地毯和粉刷有些破损	0.02	1	0.02	4	0.08
4.店内的卫生间需要翻修	0.02	1	0.02	4	0.08
5.来自企业的收入下降8%	0.04	3	0.12	4	0.16
6.商店没有网站	0.05	—	—	—	—
7.顾客结账过程太慢	0.03	—	—	—	—
8.供应商准时交货时间增至2.4天	0.05	2	0.10	4	0.20
9.每位员工的收入上升19%	0.02	—	—	—	—
合计	1.00	—	3.64	—	3.27

通过吸引力总分和3.64与3.27的对比，该矩阵表明，这家店应该选择吸引力更大的“购买土地建设新店”。需要注意的是，QSPM矩阵是对备选方案进行对比评价，AS评分应该逐行进行，而且同一行的数字不能重复，即每项战略应该得到不同的AS分数。QSPM中外部因素和内部因素被看作同等重要，总权重都为1，这是一种风险中性的反映。决策者可以根据风险偏好，通过调整权重大小来调节内、外部因素的关系。组织若倾向于进取型，可以将外部因素权重设计得高一些；若偏好稳重型，可以提高内部因素权重。

4. QSPM矩阵的优点和局限性

QSPM矩阵是目前文献中唯一一种用于确定各种可行战略方案的相对吸引力的定量分析工具，它有以下几个优点：第一，QSPM矩阵可以同时评价的战略或战略组数量不受限制，能相继或同时考察一组战略，如组织可以依此对发展战略、稳定战略和紧缩战略进行评价;第二,QSPM 矩阵要求战略家将关键外部因素和内部因素整合到决策过程中,可以避免关键因素被忽略或被赋予不适当的权重,从而有利于提高评价的全面性和客观性;第三,QSPM 矩阵的应用领域比较广泛,事实上,QSPM 矩阵经过适当调整后几乎可以应用于任何类型的组织,无论是大型、小型还是营利、非营利的组织。

其他战略选择工具

但是,QSPM 矩阵也有一些局限性。第一,该方法总是需要直觉性判断和经验性假设。权重和吸引力分数的确定需要主观判断,尽管二者以客观信息为基础,但不同的战略决策者也可能在相同的方法下得出不同的结论,这种差别源于其经验和直觉的微妙差异。第二,QSPM 矩阵分析结果的科学性在很大程度上取决于它所基于的信息输入和战略制定的质量。

第三节 战略匹配方式

"什么都抓的人,什么都抓不到。"组织在分析内外部环境的基础上,通过战略选择工具,可拟定出诸多备选的战略组合。这些战略组合在理论上都是可行的方案,但在实际情境中,并非所有战略方案都符合组织的发展需要。因此,组织需要进一步约束具体战略的范围,将自身发展局势与相应的战略类型进行匹配,保证战略方向正确。

一、基于生命周期的战略匹配

美国管理学家依查克·爱迪斯在《企业生命周期》中提到:"企业是有生命的,即企业有自己的生命周期。"组织的生命周期,指一个组织的诞生、成长直至消亡的动态轨迹,在国内学界,普遍被划分为创业阶段、成长阶段、成熟阶段和衰退阶段,如图 8-11 所示。从盈利角度来看,组织的发展过程表现出周期特征:预期盈利推动企业的创立,成长阶段的盈利水平迅速提高,随着各方面成熟,盈利水平达到一定高度,但速度放缓,最后往往在激烈的竞争中下滑,进入衰退阶段。

企业生命周期理论

每个组织在其生命周期的不同阶段,会面临不同的机遇和挑战。因此,针对不同阶段的规律特征,组织应该匹配不同的战略类型,以适应自身的能力水平和外部环境的变化,从而充分发挥优势,获得可持续发展。下面将以组织生命周期的四个阶段为基础展开讨论。

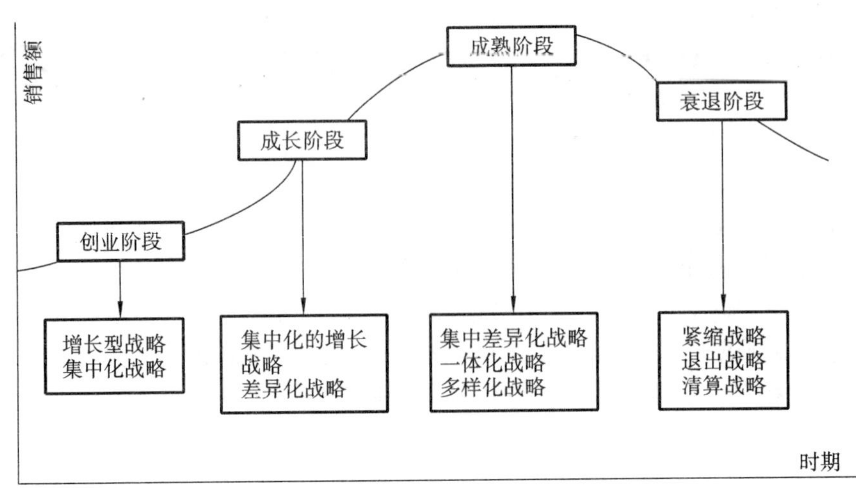

图 8-11　基于生命周期的战略匹配

1. 创业阶段

处于创业阶段的组织，成长机遇和挑战之多，可谓“冰火两重天”。一方面，组织具有活力，充满创新和冒险精神，创业者团结一致、同心协力，市场上也不存在针锋相对的竞争者，组织有较大的自主支配权。另一方面，其内部各种机制和制度尚未建立健全，诸如产品市场、生产工艺、人力资源等都在酝酿中。此时，组织无论在内部实力、应变力，还是外部的市场占有率、顾客认知度等方面，都比较弱，因而销售量增长缓慢，通常没有利润甚至亏损。因此，组织需要通过发展稳定的、独特的竞争优势来吸引对组织产品不了解的顾客，以顺利度过创业阶段。

组织在创业阶段可以选择增长型战略和集中化战略。增长型战略表现为融资，即展示独特竞争优势来吸引外部投资者和风险资本投资，以满足组织研发、销售和服务，以及培养消费者群体和形象宣传等方面的资金需求。集中化战略表现为将有限的资源和能力集中于某个特定的市场或行业，可选用为顾客提供廉价商品的集中成本领先战略，或者为顾客提供独特性和差异化产品的集中差异化战略，这有利于组织发展独特竞争力，为将来的成长创造机会和希望。

2. 成长阶段

创业者经过市场开拓、产品制造等措施取得一定的市场地位后，组织进入发展最快的成长阶段。此时，组织的规模效益开始出现，销售量增长快，产品品牌也有了一定的知名度。同时组织将面临新的格局，产权结构开始多元化和规范化，但股权资源优化、贡献利益分享、组织结构变革等一系列问题也会伴随发生。组织在创业阶段的成功引起的发展势头吸引了大量新进入者，而有关技术和工艺的成熟使得进入市场的阻力相对降低，组织往往需要继续投资，不断扩大市场规模以维持其相对竞争地位。

组织在成长阶段可以采取集中化的增长战略，即把资金都投在具有竞争优势的现有产品和市场上，经营规模经济，形成自己独特的营销渠道，扩大消费者网络，通常表现为市场渗透、产品开发、市场开发三种形式，这样可以充分挖掘自身潜力，实现自我发展。

此外，组织还可以采用差异化战略，稳固在现有市场上的顾客，开始进入新的细分市场以获取更大市场份额，进而成为一家更广范围内的差异化组织。

3. 成熟阶段

组织到了成熟阶段，通常具有稳定的市场份额，组织良好，制度健全，组织文化也已形成，新的业务萌生，开始为新生命周期的启动提供机会。此时，组织的灵活性和可控性达到平衡，具备年轻和成熟、纪律和创新的双重优势。但是这一阶段的产品技术和工艺成为“共有知识”，市场上所有的生产者都能提供符合消费者一般要求的产品。组织要想获取竞争优势，必须使自己的产品更多地具有独特性。

组织在成熟阶段可以采用集中差异化战略。成本领先者和差异化者可能采取按部就班的战略来捍卫其商业模式，它们耗费资源发展其独特的竞争力从而维持市场领导者的地位。但面对来势汹汹的国内外竞争者，很多组织都认识到，“激进”的集中差异化战略才能带来利益。这就要求组织在一个特定的细分市场上为顾客生产个性化产品和服务。技术开发能力强的组织会采取创新战略；资本能力强的组织可以实行一体化战略，以降低成本，或以兼并、合资等方式实行中心多样化战略或混合多样化战略分散经营风险；而既没有创新优势又没有资本优势的组织可采用收缩战略，将现有的资源和能力转移到其他产业，重点开发细分市场。

4. 衰退阶段

组织度过成熟阶段，将向两个方向演变：新一轮的上升或不可逆转的下降。大部分组织在成熟阶段后期，内部斗争激烈，忽视客户，缺乏创造力，对维持和增加市场份额变得无能为力，从而逐渐衰退。加上组织经营环境变得缺少吸引力，组织被迫考虑紧缩经营，或干脆退出现在的业务。当然，组织通过重塑组织愿景，把握市场焦点，不断创立新业务，也有可能实现蜕变和复兴。对于还有挽救价值的经营项目，组织可以选择转变战略，通过控制成本，加速产品升级转型，重整旗鼓，以期获得新的竞争优势和市场份额。

进入衰退期的组织一般会选择紧缩战略、退出战略甚至清算战略。组织可以通过调整组织结构、缩小业务规模、回收资产等方式实施紧缩战略，以维持和增强组织比较有竞争力的核心业务；当紧缩战略无法帮助组织渡过难关时，组织就得考虑通过出售部分或全部业务等形式实施退出战略；当退出战略仍无法使组织摆脱困境时，清算战略是最为谨慎的选择，尽早制定清算战略，组织可以尽可能多地收回企业资产，减少利益相关者的损失。

二、基于产品价格与附加值的战略匹配

1996 年，克利夫·鲍曼在波特三大竞争战略的基础上提出了以价格和附加值为核心概念的“战略钟”模型，将八种战略类型在同一个钟形图上表示出来，为组织的管理人员和咨询顾问提供思考竞争战略和取得竞争优势的方法。“战略钟”模型假设不同组织的产品或服务的适用性基本类似，则顾客选择购买其中一家而不是其他组织的产品或服务，可能有以下两个原因：

(1) 该组织的产品或服务的价格比其他组织低；

(2) 顾客认为该组织的产品或服务具有更高的附加值。

“战略钟”图是“战略钟”模型的直观表达，如图 8-12 所示，以价格为横轴，以附加值为纵轴，将组织可能的竞争战略选择在这一坐标系中用 8 种路径表示出来。其中，射线 2 和射线 6 是附加值高低的分界线，射线 4 和射线 8 是价格高低的分界线。

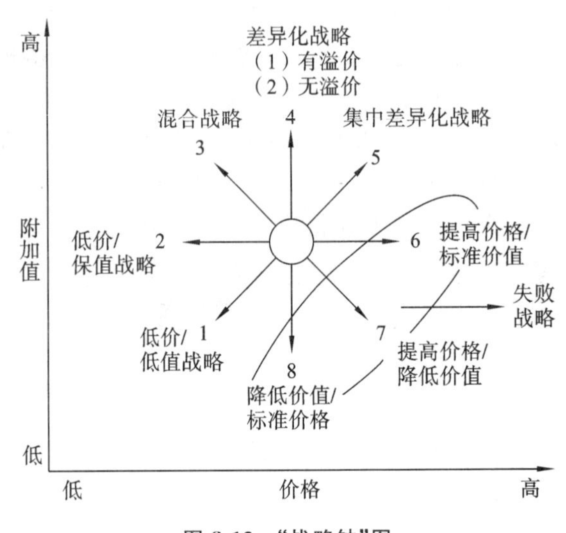

图 8-12　“战略钟”图

“战略钟”综合考虑组织产品或服务的价格和附加值，认为组织实际上会沿着这 8 种路径中的一种来完成经营行为。其中一些可能是成功的路径，而另外一些路径可能导致组织的失败。基于产品价格和附加值的战略可分为五类。

1. 低价战略

低价战略归属于波特所提出的成本领先战略，即需要有低成本基础作为保障，此类战略包括以下两种路径。

路径 1 是低价/低值战略，可以看成是一种集中成本领先战略，它将低价格、低附加值以及对价格比较敏感的细分市场的关注结合在一起，看上去可能没什么吸引力，但其实很多组织采用这一战略经营得很成功。在这一细分市场上，顾客明知产品或服务质量较低，但是他们不愿购买或无力购买质量更好的产品或服务。所以在消费水平较低的市场上，低价低值战略显得很有生命力。

路径 2 是低价/保值战略，即在降低价格的同时提供与竞争对手持平的产品附加值。这是组织建立竞争优势的典型途径，但是容易被竞争对手模仿。此时，如果组织不能将价格降低到竞争对手之下，或者顾客由于低价格难以对产品或服务的质量做出准确的判断，采用低价战略可能得不偿失。要想通过这一路径获得成功，组织必须取得成本领先地位，所以该路径可以是一种单纯的成本领先战略。

2. 混合战略

混合战略指在为顾客提供高附加值的同时，价格又低于竞争对手的战略，在“战略钟”图中以路径 3 表示，属于差异化战略和成本领先战略的综合。这种高品质、低价格的策略能否成功，既取决于理解和满足顾客需求的能力，也取决于组织是否有保持低价格的成本优势，而且很难被模仿。

通常，混合战略用于具有攻击性的投标以增加市场占有率，适用于组织有较强实力，总成本很低但可以维持一定收入，且必须进入竞争对手市场的情形。混合战略的优点在于，如果产品销量能远远超过竞争者，则由于成本很低而收入仍然可观，同时还可占据较高的市场份额。宜家是使用混合战略的成功例子。

3. 差异化战略

路径4是差异化战略，指提供独特的或与竞争对手向客户所提供的价值不同的产品或服务的战略，其目标是通过以相同价格提供更好的产品或服务来赢得更多的市场份额，或者通过略高于竞争者的价格来提高利润率。当顾客对产品或服务差异化的需求较高时，差异化战略是很好的选择，当然，组织必须具备采用这一路径的核心竞争能力。组织可以采取有形差异化战略，如产品在外观、质量、功能等方面的独特性，也可以采取无形差异化战略，如服务质量、品牌文化等方面的强化，来获得竞争优势。

4. 集中差异化战略

路径5是高品质、高价格战略，指以较高的价格为顾客提供更高的产品或服务的附加值，如高档购物中心、精品店、高级宾馆等都是采用此战略。采用此战略意味着组织只能在特定的细分市场中进行经营和竞争，所以称其为集中差异化战略。显然，组织选择该战略必然要在跨市场的差异化和集中经营这两类战略之间抉择。这种战略在面对高收入消费群体时十分有效，尤其适用于经营实力一般的组织在有特殊需求的细分市场上发展。

5. 失败战略

失败战略是市场和顾客难以接受的一种战略，包括三种路径，采用这些路径的组织一般都处于垄断经营地位，完全不考虑产品或服务的成本和附加值。

路径6提高价格却不为顾客增加相应的附加值。该战略在买方市场条件下很难实行，即使在卖方市场条件下实行，也不可持续，除非组织受到法律保护，或者有很强的经济壁垒阻止新的竞争者进入。

路径7比路径6更危险，在提高价格的同时反而降低产品或服务的附加值，除非组织处于垄断地位，否则采取这样的战略必然会失败。

路径8在保持价格的同时降低附加值，有一定的隐蔽性，除非市场中没有竞争者提供类似的产品或服务，否则顾客终究会辨别出产品或服务的优劣，从而被竞争对手夺走市场份额，这对组织来说是非常危险的。

事实上，"战略钟"模型是以第六章中的三大基本竞争战略为基础，在同一个钟形图中划分了8种不同的竞争战略，提供了另一种选择战略的方式。具体来说，"战略钟"与三大基本竞争战略的不同之处在于以下两点。

第一，三大竞争战略从组织的角度出发去考虑形成竞争优势的途径。"战略钟"模型从消费者的角度出发，以不同消费者能够接受的产品或服务的特点来选择组织该采取的战略。三大竞争战略基于成本，"战略钟"模型基于价格水平，对于组织而言，分析市场上各竞争对手的价格水平比分析内部成本容易得多。

第二，三大竞争战略是不可兼得的。在全行业范围内实行成本领先战略或差异化战略往往需要不同的大量投入，"模棱两可"对于组织来说十分不明智，两个战略目标都难以实现。"战略钟"的环形设计提供了更多的战略选择,如兼有成本和差异化优势的混合战略、垄断市场条件下的高价低值战略等,对组织来说有更强的灵活性。

案例　远离价格战的雅迪,如何创出内外贸品牌之路?

无论是国内市场还是全球贸易中,产能过剩加上产品同质化,导致价格战在中国的许多产业泛滥成灾,制造企业深受其害,但很多时候明知是在"饮鸩止渴"却不得不跟随。价格战带给制造行业的是短期内销量的提升和后续市场的严重透支、利润空间的压缩。如何才能跳出低价竞争的泥沼,向"微笑曲线"的两端挺进呢?

在国产电动车旷日持久的价格鏖战中,位于行业前列的雅迪集团控股有限公司(以下简称"雅迪")压力巨大。雅迪引入咨询外脑,帮助企业重新进行战略调整和品牌定位,通过高端产品发力,利润率大幅提升,用了两年时间即超过行业老大,给其他制造企业树立了一个逆袭成功的案例。

一、浴火重生,如何抢占战略高地

在电动车产业竞争激烈的2016年,价格战加速了行业洗牌。据工信部数据,已有约700家企业退出电动车市场竞争。

雅迪前身是一家做摩托车的企业,2005年进入电动两轮车领域。雅迪长期以来注重技术研发,不擅长营销,虽然在外贸出口方面业绩斐然,但国内销量一直被竞争对手压制。

"雅迪缺乏明确的战略定位,一直疲于应付价格战,资源消耗大但结果并不理想。团队和经销商都很困惑,找不到行之有效的解决方法。"回顾以往,雅迪董事长董经贵心情有些沉重。

2015年上半年,雅迪找到定位实战专家君智咨询机构(以下简称"君智"),梳理企业战略,将品牌重新定位为"更高端的电动车"。经过一个多月的内部访谈、市场调研,定位实战专家团队发现:经历了几年同质化的价格竞争之后,中国电动车行业产品越来越低端、价格越来越低,而且行业的高增长期已过。电动车行业已完成品类的普及,但是,整个行业没有一家提出向高端转型。如果整个行业继续往低附加值走,行业不可能有未来。

在北大汇丰商学院举办的"定位实战私董会"上,君智集团董事长、定位实战创始人、"北京大学战略定位课程"主讲师谢伟山表示:"在消费者心中,欧美发达国家对产品品质的要求较高,所以出口的产品品质靠得住,雅迪电动车出口了66个国家,坚持自主知识产权的开发和申报,自主研发专利累计128项,成为行业中出口国家数量最多的品牌,能够支撑其更高端的品牌定位。"

君智带给雅迪的不仅仅是一份战略定位报告,而是更加强调定位的实战性及在企业的落地,同时针对产品及传播形成详细的手册。产品上,君智建议雅迪做出战略取舍,暂时放弃三轮车及特种车业务,聚焦两轮电动车。传播方面,将"雅迪出口美国、德国等欧美66国"的信息提炼出来,高频次投放,强化传播效果。在终端,全面升级门店服务,导入五星级服务标准，提升消费者的购买及售后服务体验；在市场推广方面，摒弃"降价、买赠、换购"活动，导入模特展示、城市快闪、大学生骑行、试驾体验等品牌推广活动；在KPI（关键绩效指标）考核上，改变以往以销量为主的考核指标，转向以品牌推广活动是否做到位为主。

精准定位后，雅迪就此拉开了一场全面的变革。首先要在企业内部统一思想、聚焦发力。除了安排对公司中高层、经销商、供货商进行多场定位理论的培训外，更重要的是聚焦研发高端产品，升级终端店面形象，实现"更高端"的品牌战略全面落地。在营销方面，聘请了明星李敏镐、胡歌出任品牌形象大使，拍摄了高端大气的广告片来演绎雅迪新的品牌形象，通过在央视和一些卫视热门栏目强力宣传，抢占顾客认知制高点。

"这么多年我们有过多次培训，只有这次培训最有效，让整个产业链齐心协力，达成一致。"董经贵感慨地说，"通过新的定位，再加上媒体的大力传播，雅迪实现了历史性的跨越，在宏观经济不景气、行业下滑20%的情况下，雅迪逆势增长30%，利润也大幅度上升。更为关键的是，'更高端'的定位，得到了上下游产业链合作伙伴的高度认同，经销商以及员工对雅迪更有信心，忠诚度更高，凝聚力更强。"

二、六重"防火墙"，阻击对手

当雅迪在高端产品上发力、利润率提升后，竞争对手一旦模仿竞争，格局又会发生什么变化？雅迪需要根据对手的反应做出调整吗？

谢伟山指出，高明的战略，要在顾客心中找准自己的位置，在一开始就已把对手的所有反击都考虑在内，并形成对手无法跟进的竞争力。

在雅迪实施"更高端"定位之后，其竞争对手也开始采取行动。2015年7月，在雅迪"更高端"定位的初期，竞争对手依然采取价格战的常规手法，结果却大败而归。一个提价，一个降价，让消费者更加相信雅迪是个高端品牌，竞争对手是个低价品牌。对价格敏感的消费者选择竞争对手的产品，而更多追求品质的消费者选择了雅迪，从7—9月份的销售数据来看，雅迪量价齐升，同比增长近40%，成为全年销量增长最多的季度。

2015年12月，当竞争对手看出高端是行业的未来方向时，开始模仿雅迪，宣称自己也是高端品牌，而此时雅迪已经筑起了六重"防火墙"。

第一重，顾客的认知。因为雅迪的品质要求更高、成本更高，一直以来，在市场上卖得更贵，雅迪更高端，顾客更可信。

第二重，经销商的认知。雅迪卖贵一点的车已经习惯了，而竞争对手习惯打着促销的旗号，卖更便宜的产品，一旦价格往上挪动，导致经销商找不到卖点，不知如何销售，风险非常大。

第三重，产品层面。进入两轮电动车行业的企业前身来自两个不同的行业，一是以雅迪为代表的摩托车企业，二是以竞争对手为代表的自行车企业，产品出现豪华款以及简易款两个方向，雅迪卖得好的是豪华款，竞争对手卖得好的是简易款。一旦竞争对手要定位高端，其产品跟不上。此外，雅迪在中国共持有664项专利，其中15项为发明专利、270项为实用新型专利、379项为外观设计专利，还有48项专利申请正待审批。

第四重，终端店面。雅迪的更高端不仅仅是传播以及产品的调整，包括终端也进行了大幅升级，整个装修历时大半年，对手要跟进也得花较长时间。

第五重，组织能力。定位变了，雅迪整个组织已经进行了重大的变革，这一点，竞争对手短时间内很难改变，一旦要跟进，品牌定位与其企业基因不吻合，调整企业更是难上加难。

第六重，配套体系。雅迪擅长做产品，因此对于行业的各项创新非常关注，供应商也愿意与之配合。而竞争对手更善于营销，对产品研发不够重视，创新能力较差。

这六重“防火墙”恰恰是竞争对手无法跟进的竞争力。所以，战略不仅仅是要定位，对于企业来说，牵一发而动全身。找到差异化以后，就要形成围绕定位的整套运营体系。

三、专注高端，用品牌赢全球

2016年，雅迪通过港交所上市，进入国际资本市场，展现了其全球化的视野和战略。此外，公司与专门开发和制造尖端电动两轮车的美国公司Lightning Motors合作，共同研发高端产品。

2015年我国出口的各种电动车已经突破了300万辆，市场遍布东南亚、中东、南美洲、非洲、欧洲等160多个国家及地区，市场增长最快的还是东南亚，其次是中东、欧洲、南美洲、非洲。

同质化和低价竞争，是中国外贸企业最痛恨的两颗毒瘤，无情地吞噬着制造企业的利润和竞争力。从雅迪的案例可以看出，定位理论帮助企业找到品牌升值的差异化之路，但光有营销是万万不能的，必须有一整套运营解决方案，在品牌、产品研发、供应链管理、渠道和服务上做出一系列颠覆和变革，才给雅迪带来了逆袭的机会。

雅迪招股说明书显示，其上市所得款项的10%用于研发产品、改善研发设施及聘请研发人员。对科研的执着和对产品质量的高要求，成为雅迪差异化成功不可或缺的支撑。更多制造企业在学习雅迪的成功之路时，不仅要关注其营销和推广的手法，更重要的是以产品品质和创新为核心。

在世界经理人智胜未来出口系列论坛上，知名战略管理专家、北京华夏基石管理咨询集团合伙人施炜指出，当企业的战略发生了变化，就意味着其未来的方向和目标变了，这个时候企业的组织结构、机制都要变革，比如组织架构更具弹性，和外部市场接触更多，大企业要变得像小企业一样灵活。而中小企业不具备资金、资源和人才优势，所以其战略要更加聚焦和专注，把针眼大小的业务做到极致，才能在细分市场中找到生存和发展空间。

这是中国品牌最好的时代，谢伟山表示，在消费升级的风口下，定位高端的产品将拥有广阔的发展空间，国内外消费者对高品质、个性化产品的需求被激发出来，他们愿意为高端产品支付更多的钱。我们期待更多的中国制造自主品牌，像DJI、雅迪、Anker一样，在全球贸易中胜出。

（资料来源：http://www.ceconline.com/strategy/ma/8800086416/02/.）

第九章 战略规划

战略规划是组织在市场经济条件下，为求得长期生存和稳定发展，在分析内外部环境的基础上，对总体目标、经营方向、方针策略等全局性问题所做的谋划。

“人无远虑，必有近忧。”战略作为计划的一种，事关组织长远发展，为实现组织长远目标而绘制蓝图。虽然不同组织在多种环境下采取的战略存在差异，但是每个组织在制定战略规划时无一例外会利用科学方法进行分析，这是因为只有经过科学的分析，才能制定出可靠的战略规划。

第一节 战略规划的编制

战略规划是对重大的、全局性的、基本的、未来的目标、方针和任务的谋划，它为组织未来发展提供了明确的目标及方向，帮助组织从容应对未来的挑战。正是由于制定了战略规划，组织各级人员才能够知晓组织的共同目标，进而可以增强组织的凝聚力和向心力。明确未来各个阶段的工作重点和资源需求，组织结构设计和资源整合才会更具有目的性和原则性，进而保持组织机构与发展战略规划的匹配性，更合理地优化资源，实现资源价值最大化。

编制战略规划应该包含组织概况、目标定位、战略资源分析、战略方案选择、战略实施计划和战略保障措施六个部分。

一、组织概况

组织概况是对组织基本情况的简要介绍，进行战略规划之前需要弄清楚组织概况，做到胸有成竹，才能为规划工作打下坚实基础。组织概况主要包括基本信息与历史沿革、团队介绍以及组织文化。

1. 基本信息与历史沿革

组织基本信息包括组织创立时间、地点、成员数量以及组织成立的宗旨和目标。历史沿革是组织从创立到现在所经历的各种重大事件，如改革和发展，一般以组织发展的历史过程中比较重要的节点来表示，图 9-1 显示的是中国中车股份有限公司历史沿革，这种表示方法的优点是比较直观，脉络清晰，能快速让人抓住重点，令人一目了然。

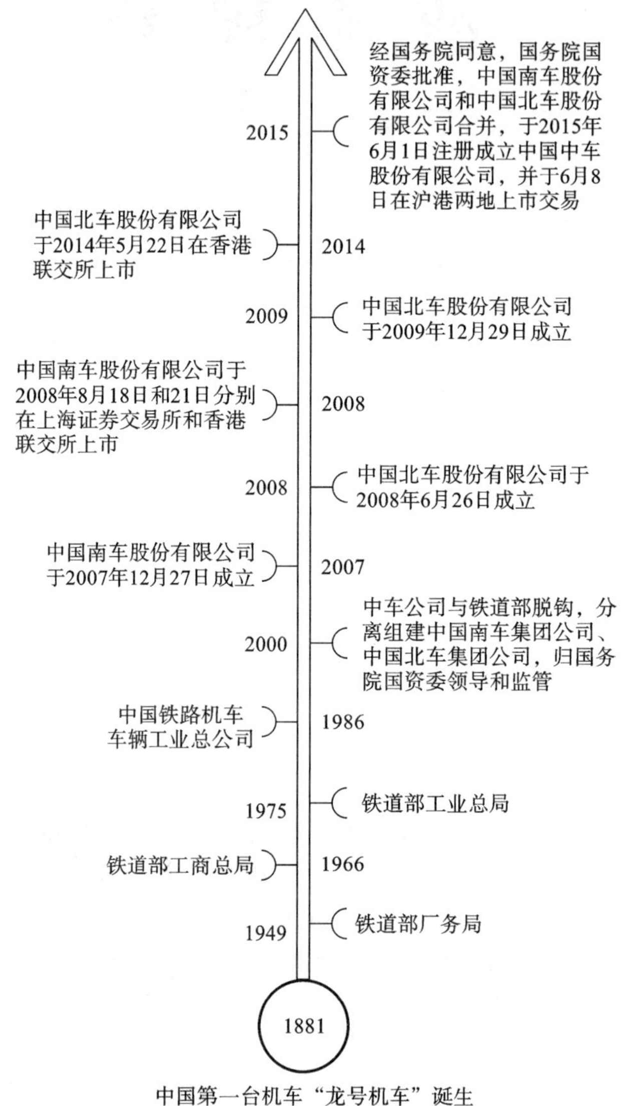

图 9-1　中国中车股份有限公司历史沿革

2. 团队介绍

团队介绍是对参与组织建设的核心成员的简介，包括各成员的职务、学历、成就、能力以及对组织的贡献等。组织在从创立到不断发展壮大的过程中，离不开创始团队的智慧与努力，可以说创始团队担任着赋予组织生命的重要角色。一般而言，创建组织的团队核心就代表着组织的领导者，领导者的能力和素质在很大程度上代表一个组织的形象，也最终决定着一个组织能走多远。

3. 组织文化

组织文化是由一个组织的价值观、信念、仪式、符号、处事方式等组成的特有文化形象，简而言之，是组织在日常运行中所表现出的各个方面。组织文化是组织成员共同的价值体系，是他们共有的思维与行动的准则和方式，也可称为组织精神，其中包括创新、忠诚、诚信、严谨、协作和温情等。同时，组织文化是组织管理思想的重要内容，它要求组织全体成员对生产经营活动中产生的基本问题保持一致的看法，当他们在处理这些问题时，采取与组织整体利益一致的决策和行动。

二、目标定位

彼得·德鲁克说："目标并非命运，而是方向。目标并非命令，而是承诺。目标并不决定未来，而是动员组织的资源与能源以便塑造未来的那种手段。"组织的目标定位是一项十分复杂的管理工程，是组织生存与发展的基础和关键。一个组织如果没有科学的目标定位，这个组织会处于一种盲目的、不确定的发展状态，会在激烈的市场竞争中被其他不断创新的组织所取代，确定组织目标时，可以选用 SMART 原则。如果组织的目标定位足够准确和科学，组织就可以做大、做强，因此要用科学的目标激励成员，增强凝聚力，用科学的目标统领组织的各项工作，让组织由弱变强，由小变大，以保持组织可持续发展的能力和活力。组织目标定位体现在以下几个方面。

SMART 原则

1. 组织投资效益定位

组织是一个经营实体，它的主要目标是实现投资收益最大化。追求利润是组织永恒不变的法则，是组织发展的基础，也是组织永续运作的动力。组织作为一个投资主体必须从市场经济的角度出发，站在经济实体的位置考虑，对投资的每一个项目，花出的每一分钱均必须从收益最大化的角度分别进行纵向与横向分析、短期与长期分析。

2. 组织产品定位

产品定位是在产品设计之初或在进行产品市场推广的过程中，通过广告宣传或其他营销手段在消费者心中确立产品的具体形象的过程，简而言之是给消费者选择产品时制造一个决策捷径。无论是国内还是国外，出名的大组织都是靠自己品牌的质量在社会上形成让消费者满意的一个共识形象，增加组织自身知名度，在市场竞争中不断发展壮大。如果一个组织没有主导产品，没有自己的品牌，就不会有属于自己的市场，不会获得最大的效益，也不会形成公众认可的组织形象。

组织将主导产品或自己的品牌做精、做大，这是组织可持续发展的基础，也是组织向多品种、多元化方向发展的基础。在没有强大的品牌、雄厚的财力和先进的技术的情况下，如果一个组织盲目进行扩张、随意投资项目、胡乱生产产品，它将会在复杂的市场环境中处于被动地位，甚至会导致自己的产品被市场无情地淘汰。

3. 组织目标市场定位

组织的发展，必须同自身确立的目标市场紧密相连。一个组织从诞生起，就应该有自己的目标市场定位。①目标市场的区域定位，如省内、国内或国际某一区域市场。现在经济全球化速度进一步加快，由于原材料供应全球化及消费全球化，组织的目标市场应盯住全球大市场，而不能仅仅盯住眼前的局部小市场。②目标市场的客户定位。应及时了解、分析并研究目标人群在市场发展中的需求变化，并根据这些动态变化对自己的市场目标定位进行灵活调整，绝不可因循守旧、毫无改变，否则组织会步入逐渐消亡的过程。

4. 组织持续发展定位

组织的可持续发展指组织在产品、技术方面不断创新，不断为适应市场需要而发展壮大。如果一个组织不能长期保持其本身具有的生命活力，不能让自己的产品、技术处于不断创新之中，这个组织的衰亡过程会缩短，投资效益会降低。因此，组织的可持续发展目标是组织发展战略决策的核心，关系到一个组织能够走多远。

三、战略资源分析

组织战略资源指组织能够长期获取和控制的资源，可分为有形资源、无形资源和人力资源三种。著名管理学家阿尔弗雷德·钱德勒认为："战略是一个组织的长期目标，以及为实现这个目标所要采取的行动方案和必要的资源分配方案。"这说明组织战略的核心是实现组织的生存与发展，其基本手段是在进行战略资源分析的前提下合理配置资源以利于目标的实现。

对战略资源进行合理分配是制定战略规划的必备条件，分配的具体方法可以根据资源的特点和战略活动的性质决定。在进行战略资源分配之前，需要有科学合理的分析过程，主要包括以下四个方面。

1. 资源质量分析

为了确定组织目前拥有的资源储备情况，需要进行资源质量分析，列出组织资源清单（见表 9-1），为制定战略提供可靠依据。

表 9-1 组织资源清单

<table>
<tr><th colspan="2">资源类型</th><th>性质特征</th><th>清单内容</th></tr>
<tr><td rowspan="4">有形资源</td><td>财务资源</td><td>组织融资借款能力和内部资金产生能力</td><td>①组织资本结构
②组织资金流动、债务水平及盈利情况
③融资能力、信用等级等</td></tr>
<tr><td>实物资源</td><td>组织厂房和设备的地址及其先进程度,以及获取原材料的能力</td><td>①组织厂房及区位地理
②设施设备规模及现代化程度
③原材料供应渠道和能力</td></tr>
<tr><td>组织资源</td><td>组织结构、管理模式以及计划、控制和协调系统</td><td>①组织架构和报告关系
②管理模式和管理人员水平
③组织内部计划、控制和协调系统的有效性</td></tr>
<tr><td>技术资源</td><td>知识技术的含量和储备</td><td>①专利、商标、版权
②商业秘密</td></tr>
<tr><td rowspan="2">无形资源</td><td>创新资源</td><td>创意、科技能力、创新能力</td><td>①研发人员比重
②创新能力</td></tr>
<tr><td>声誉资源</td><td>组织声誉和社会关系网络</td><td>①组织形象
②客户声誉、品牌知名度、产品认可度
③供应商和经销商声誉
④政府、银行、社区等社会关系和交往方式</td></tr>
<tr><td colspan="2">人力资源</td><td>知识技能、员工关系、管理能力和组织惯例</td><td>①人员数量、结构及变化
②员工知识、经验、能力、素质
③员工技术水平、专业资格、流动情况
④工资水平、激励政策的功效</td></tr>
</table>

2. 资源利用情况分析

进行资源利用情况分析的目的是发现组织的生产效率,即产出与资源投入的比率,也可以用利润和成本的比率表示。在分析时首先要决定使用的效率指标,一般是一些财务指标。对组织内的不同职能活动还需要采用其他一些指标,如分析营销活动的效率时可以采用销售额与广告费用的比率,销售额与销售人员的工资或销售场地面积的比例。分析生产活动的效率时可以采用产出数量与废次品或返工产品的比率等指标。

另外,为了客观反映组织资源利用效率,分析资源利用情况还可以运用比较法,即将本组织资源的利用情况分别与组织计划中设定的目标、组织历史最高水平、组织所在行业的平均水平、竞争对手的情况等进行比较,找出改进的机会和途径。

3. 资源平衡性分析

关于资源平衡性分析存在两种观点：一种观点认为，为保持资源的稳定平衡，应在组织内设置资源余量；另一种观点认为，设置资源余量只会助长差错和低效率的风气，组织应采取无库存生产方式。这两种观点虽然都有一定的道理，但也各有其不足之处，因此我们需要根据实际情况来进行具体分析。对于可控性强、重置容易的资源，应通过加强管理来逐步降低甚至取消资源余量；对于组织不可控或重置困难的资源，应保持在合理、适度的水平，以应对环境变化。进行资源平衡分析，应进行以下四个方面的工作。

第一，业务平衡分析。主要分析组织各项业务的经营状况、发展趋势，以确定组织在各项业务上的资源分配是否合理。

第二，现金平衡分析。主要分析组织是否拥有必要的现金储备或应对战略期内的现金需求的资本金来源。

第三，管理资源平衡分析。主要分析组织高级管理人员的数量、质量、管理风格、管理模式等，与制定战略、实施战略所需人力资源的适配程度。

第四，战略平衡分析。主要分析组织现有的资源和战略期内可获得的资源对组织战略目标、战略方向的保证程度，要确定组织资源是否符合实现战略目标的要求。如不符合，则要找出缺口在哪、有多大，哪些缺口需要填补，要如何采取相应措施来增强组织未来的资源基础等。

4. 资源适应性分析

进行资源适应性分析的目的是确定战略环境发生变化时，组织资源对变化的适应程度。尤其是对那些处于多变环境的组织来说，更应进行资源的适应性分析，这是建立高度适应环境变化的资源体系的基础。

具体分析时，要将分析重点放在那些对环境变化特别敏感的资源上，着重分析当内外部环境发生变化时，组织及时对资源进行重新组合和开发新资源的可能性。

四、战略方案选择

组织在制定出相关战略方案之后，还要对战略方案进行选择。在战略选择方面要考虑以下评价标准：适用性、可行性和可接受性。当一个战略方案顺利通过这三个标准的考验之后，便可以作为一个可选择的方案加入战略实施计划当中。

1. 适用性评价

适用性评价是评估所提出的战略对在战略分析中所确定组织情况的适用程度，以及它如何保持或改进组织的竞争地位。涉及战略选择的适用性评价时，应考虑以下问题：第一，该战略是否完全利用组织的优势或环境提供的机会；第二，在战略分析中发现的问题是什么；第三，劣势和威胁解决到什么程度；第四，该战略与组织的目标是否一致。

2. 可行性评价

可行性评价是分析组织是否具备相应的资源、能力和财力以成功地实施该战略。可行性评价因素主要是组织有形或无形的资源与能力，包括财务资本、技术资本或能力、组织资本或能力、人力资本、知识资本和社会资本。进行可行性评价应考虑以下问题：第一，该战略是否有资金支持；第二，组织是否有能力达到要求的经营水平；第三，能否实现所必需的市场地位，是否具有所必需的营销技巧；第四，能否处理竞争性活动；第五，组织如何保证所要求的管理能力和经营能力均可得；第六，是否具有能有效进行竞争的技术；第七，能否获得所必需的材料和服务。

3. 可接受性评价

可接受性评价与人们的期望密切相关，因此需要确定进行评价的主体，弄清楚“是谁接受”的问题。进行可接受性评价的目的是实现战略实施可能面临的风险评估，如考虑战略方案与现有文化和价值观是否一致、与主要利益相关者的期望和利益是否一致等。进行可接受性评价，应考虑以下问题：第一，从利润率的角度看，组织的财务状况将会如何发展；第二，财务风险会如何变化；第三，对资本结构将产生怎样的影响；第四，各部门、团体或个人的职能变化如何；第五，所提出的变动是否全部符合组织成员的一般期望；第六，组织与外部利益相关者的关系是否需要改变；第七，组织环境是否接受这个战略。

五、战略实施计划

1. 战略实施计划的定义

战略实施计划指为保障战略目标的实现，对战略实施过程中的主要工作、人员职责及具体时间所进行的计划和安排。战略实施计划保证战略的实施有一个总体控制的基础，确保战略规划得以实施，同时也可保证组织中的各级管理层明确自身在组织战略目标实现过程中所充当的角色，并提供对战略落实情况进行考评的依据。

2. 制订战略实施计划的基本步骤

战略的实施并非一蹴而就，需要分阶段实施。在此过程中，需要根据近详远略即短期内尽可能详尽细致、长期内尽可能简略概括的原则，明确各个阶段的重点任务。同时，总部需要协调各部门，制定详细的战略实施方案。一般情况下，战略方案的实施主要包括以下步骤：第一，以总的战略规划为基础，按不同部门进行战略规划细化，并制订行动计划；第二，以各部门职责分工为基础，确定不同行动步骤主要的负责部门及协同部门；第三，制定保障战略实施计划落实的相关政策；第四，安排保障战略实施计划得以落实的资源；第五，比照战略目标实现日期，确定不同的行动步骤的起始时间；第六，制定保障战略实施计划落实的各项措施；第七，在制订战略实施计划的过程中，需要各部门和组织高级管理层的参与和决策。

3. 战略实施计划的特点

战略实施计划必须包含以下四个因素才有效：第一，要有具体的实施时间段，如一周、一个月或一个季度，在规定的时间段内制定详细的行动步骤；第二，设定每个行动步骤的起始时间点；第三，指明行动步骤的负责人；第四，设定短期目标。

4. 战略实施计划的种类

战略实施计划可分为多个种类，涵盖组织运营的各个方面，具体包括体制机制创新计划、组织结构调整和资源优化计划、产业和产品结构调整计划、投融资计划、自主创新与科研开发计划、科技投入计划、国际化经营计划、组织文化建设计划以及其他计划。

六、战略保障措施

对于任何组织而言，无论选择了什么样的战略实施计划，都要将其应用到组织的发展实践当中，形成完善的战略实施体系。为了保证战略计划的顺利实施，需要制定战略保障措施。组织战略的保障措施，要立足其自身实际，为战略计划的有效实施创造条件。

1. 组织结构优化

组织结构优化是战略实施过程中的关键要素，高效的组织结构不仅能够有效分配内部资源，还能为其适应外部环境提供有力支持，是实现组织战略目标的基础。就组织的特点和现实状况而言，难免会存在各部门职能分散、专业管理难以整合和工作协调困难的问题，个别组织存在机构臃肿、作用发挥不明显的问题。因此，应对组织结构实行进一步的优化组合，为其战略的有效实施提供组织保障。

2. 组织文化建设

组织的主流文化是这个组织的核心价值观的体现，也是这个组织的核心竞争力所在。一个组织的产品、技术均可以被别人所掌握并予以应用，可唯独组织文化不能被复制，组织文化的差异才是竞争差异的根本所在。组织文化具有极强的导向作用、凝聚作用、激励作用和规范作用，对战略的实施及战略目标的实现有着十分重要的意义。

3. 人力资源建设

人力资源建设要与组织战略计划相适应、相结合，要针对战略计划实施过程中存在的突出问题，实施科学系统的管理，优化人才队伍结构，着力建设一支专业化、高素质、年富力强的人才队伍。

第一，建立科学的引进培养机制，全面优化人员队伍结构。要根据组织战略规划制订出完善的人力资源需求计划，立足组织实际，着力培养一支具有战略眼光、运筹帷幄、驾驭大局的管理者队伍和一支专业技能过硬、善打硬仗的技术人员队伍。

第二，靠机制、事业、感情留住人才，营造有利于优秀人才成长的良好氛围。要加强与人才队伍的沟通，掌握他们的思想动态，改善他们的工作和生活条件，解决其最关心的问题和需求。

第三，完善绩效考核体系，强化人才约束激励。注重建立并完善人才管理的竞争机制、约束机制和激励机制，根据组织的实际定期对现有全体工作人员实施绩效考核，进一步强化工作人员对“有作为才有地位”的理解与认识，激发成员的工作热情。员工在发挥个体效能的同时，也能形成人才团队的合力，为组织建设发展贡献力量。

总体来说，组织要实现发展，必须在制定发展战略规划的基础上，对内部管理的各项措施、机制进行强化。形成一个高效、健康、良性的管理组织，创建组织独有的、积极向上的组织文化，并拥有一个强大的人力资源队伍。只有这样，组织的战略和目标才不会成为空话，各项具体实施步骤才能按计划得到有效的执行和落实，进而实现组织的发展。

第二节 商业计划书的编写

当今企业之间的竞争，不是产品之间的竞争，而是商业模式之间的竞争。

——彼得·德鲁克

54%的首席执行官认为，商业模式创新将是比产品和服务更重要的创新。

——《经济学人》智库

企业的盈利方式由商业模式慢慢推演而来，研究商业模式，对企业的发展有着重要意义：第一，商业模式是企业战略的具体化，反映了企业的商业逻辑，为企业提供了发展方向；第二，商业模式是企业配置各种资源的依据，为企业提供了可行的经营模式；第三，商业模式设计越合理，越能获得投资人的青睐。商业模式的设计体现在商业计划书中，一个优秀的商业计划书能够吸引投资商，为企业创造巨大效益。

商业计划书的编写开场白

一、执行摘要

1. 执行摘要的意义

商业计划书的执行摘要将是风险投资者阅读商业计划书时首先看到的内容。如果说商业计划书是敲开风险投资公司大门的敲门砖，是通向融资之路的铺路石的话，则执行摘要可以被看作是点燃风险投资者投资意向的火种，是吸引风险投资者进一步阅读商业计划书全文的灯塔，它浓缩商业计划书的精华，反映商业计划书的全貌，是全部计划书的核心所在。

执行摘要部分的主要内容包括企业简介、产品服务、策略推行、管理团队、财务分析、风险防范等，这与接下来要详细阐述的商业计划书的其他部分内容一致，只不过内容更为简要。

在展示商业计划书之前，应针对具有不同背景和经历的风险投资商进行详细的调查研究，找出他们关注的重点，撰写切合不同兴趣点的执行摘要。在完成商业计划书的其他部分之后，最后撰写执行摘要。执行摘要是商业计划书的精华，要求撰写时言简意赅，将创业企业的亮点、项目的亮点、客户的亮点、团队的亮点，通过商业计划书展示出来。执行摘要是整个商业计划书的“凤头”，是对整个计划书的高度概括。投资者是否中意你的项目，主要取决于摘要部分。可以说没有合适的摘要，就没有投资。

2. 执行摘要应该表达的内容

执行摘要应该让投资者能够马上理解基本观点，快速掌握商业计划书的重点，然后做出是否愿意花时间继续读下去的决定。在发达国家，繁忙的投资者一天要看数十份商业计划书。如果执行摘要不能一下子抓住投资者的心，即使商业计划书后面部分写得再精彩也没有用。执行摘要的主要目的是刺激投资者的阅读欲望，在写执行摘要时必须充满激情、满怀信心，全部正面阐述，向投资者灌输一种朝气蓬勃、蒸蒸日上的情感，获得投资者的充分信任。

在执行摘要部分，应该重点向投资者传达以下几点信息：第一，基本经营思想正确且合乎逻辑；第二，经营计划有科学根据和充分准备；第三，有一个坚强有力的领导班子和执行队伍去管理这个组织；第四，清楚地知道进入市场的最佳时机，并且预料到什么时间能适当地退出市场；第五，有实际的财务分析。如果能简洁清楚地阐述这些内容，投资者一定会有兴趣读完整个商业计划书，高兴地将钱投入项目。

3. 撰写摘要的注意事项

(1) 摘要一定要放在最后完成。动笔写摘要之前，先完成整个商业计划书的主体的润色，然后反复阅读几遍主体文章。提炼出整个计划书的精华，再开始动笔撰写摘要部分，做到胸有成竹、一气呵成。初步完成之后，可以请周围的人进行检查，提出意见，重点了解他们的反馈，看他们能否马上被摘要所打动。如果不能，则需要重新考虑如何撰写，直到可以马上打动身边的人为止。

(2) 撰写摘要一定要有针对性。在撰写摘要时，要常常问自己：“谁会读我的计划?”不同的投资者兴趣和背景各异，他们在阅读商业计划书时的侧重点不同。如银行等投资者通常对企业以前的成功业绩感兴趣，而投资公司则通常对新技术感兴趣。所以在撰写摘要之前先要对目标投资者做一番调查研究，突出投资者最感兴趣的方面。对不同的投资者，要突出不同的方面。由于一项投资通常要由几个人或几个部门共同做决定，在调查投资者情况时要对整个投资机构有一个较为全面的了解。

(3) 撰写摘要一定要直截了当。风格要开门见山，夺人眼球，可以让人立即抓住重点。切忌行文含蓄晦涩，让人难以琢磨。投资者每天要看大量商业计划书，没有时间去仔细琢磨，因此应该追求简单明了。

(4) 进行检查和勘误。在写作全部完成之后，一定要自己先检查有无错别字等，切忌在文章中出现细节错误。自己检查完之后，再请别人检查，直到确切无误为止。若是用英文撰写商业计划书，完成之后，还可以用专业的文字软件检查一遍拼写和语法，或者请专业人士勘误。如果在文章中出现文字错误，则会给人留下做事不严谨的印象，因此千万不可由于细小的误差而失去重要的机会。

二、企业简介

企业简介是对公司基本信息、经营宗旨、公司目标、愿景规划、管理团队和管理结构等的介绍。这部分内容是为了让投资人对公司基本情况和人员构成有一个初步的了解，对公司的基本情况介绍要简明扼要，力求用简洁清晰的一句话概括项目在什么领域解决什么问题,让投资人很直观地了解企业现在做的事情,避免出现一些专业术语。

具体来说,企业简介应包括以下内容:企业名称、成立时间、注册资本及实际到位资本,特别是其中的现金到位情况,无形资产占股本比例;企业性质、注册地点,并说明其中国有股份及外资股份比例;企业沿革,说明自企业成立以来的主营业务、股权、注册资本等变动情况,并说明变动原因;目前企业主要股东情况,包括股东名称、出资额、出资方式、股份比例等情况;目前企业内部机构设置情况,组织机构图及本企业的独资、控股、参股企业及非法人机构等情况;企业经营业务类型及主营业务情况;企业目前员工情况,包括员工人数、学历及职称结构等;企业财务状况,应列出过去3～5年的销售收入、利润、资产、负债、所有者权益、投资收益水平等重要财务指标情况;企业规划目标,包括在行业中的地位、未来销售收入、市场占有率、产品品牌以及企业股票上市等规划目标;企业近期及未来发展方向、发展战略等。

HX公司是一家致力于提供有温度的安防服务、满足多种客户需求的个人安防企业,公司力求通过App＋外设产品的模式,尽可能减少女性在遇到危险时的求救时间,简化报警操作,同时又巧妙地将日常生活中常用的社交互动功能与安防功能结合,既能满足情感需求,又能在必要时保护女性,增强安全感。在产品外形方面,HX公司有专业的设计人员和美工人员,力求让消费者购买到设计新颖、美观实用、充满个性的产品,满足消费者的需求。

从发展规划来看,HX公司将战略发展分为起步、发展和成熟三个阶段(见表9-2)。先将产品在两个模式下的基本功能予以完善及改进,再横向拓展其他功能,并且设计不同外形和类型的系列产品。在切实实现每个阶段战略目标的基础上,逐步培育公司的核心技术能力、运营能力、管理能力和营销能力,形成独一无二的核心专长,将公司做大,最后再利用核心专长优势,向外扩张,将公司做强。

表9-2 企业战略规划表

项目	起步阶段	发展阶段	成熟阶段
战略目标	根据制订的高校推广计划,以广州各高校学生为切入口,迅速占领高校个人安防产品市场	进一步进行市场调研,获取或挖掘消费者更深层次的需求,投入资金进行二代产品的开发以及软件功能的改进。扩大市场份额,目标客户群进一步扩大至各年龄段消费者	发展至全国乃至世界市场。横向纵向发展,多元化战略转型,成为全国著名个人安防产品品牌
战略规划	1. 抢占市场策略; 2. 建立示范效应; 3. 全面控制成本	1. 扩大市场份额; 2. 提高销售利润率; 3. 加强客户服务质量,打造品牌形象; 4. 扩大生产线,增加现金流; 5. 加大研发力度,开发新产品	1. 优化企业组织架构; 2. 打造"护花使者"国际著名个人安防品牌; 3. 加强研发力量,增强服务质量管理; 4. 实行多元化战略,保证"护花使者"登上更大的发展平台

为确保公司立于不败之地，HX公司所生产的产品应采取差异化战略，针对不同的对象实行不同的计划。根据安防及未来研发产品的销售情况和用户情况采取不同的差异化定价策略。第一，公司通过市场细分寻求市场差异化。针对不同的家庭，HX公司根据家庭人员情况等将其分为不同的用户等级，顾客多能获得更为优惠的价格政策，从而与这些家庭形成稳定的关系，实现共赢。第二，根据新的市场定位和需求，改进技术和产品，形成产品差异化。针对不同的市场需求，销售不同的产品。第三，调整定价策略，提供不同的产品组合和解决方案，实行价格差异化。对于不同的对象，制定不同的价格。第四，加强渠道管理和战略合作伙伴建设，构建渠道差异化。销售渠道分线上与线下同时进行，网店与门面共同发展。第五，完善服务与创新，突出服务差异化。

三、产品服务

对产品和服务的介绍要突出产品和服务的创新性、独特性和价格优势。内容要实事求是，不可做出不切实际的承诺。要以通俗、简单、准确的语言描述产品与服务，避免过多的关于技术细节方面的论证，尽量减少复杂的专业术语的出现频率。如有成形的样本或样品进行现场展示，将对辅助产品讲解和促进投资商对产品的理解大有裨益。

在进行投资项目评估时，投资人最关心的是创业企业的产品、技术和服务是否能满足顾客的需要，即是否拥有巨大的市场潜力，这也直接反映了风险投资能否收到满意的回报。产品介绍通常应包括以下几个方面。

1. 产品名称、性能

古人云："赐子千金，不如教子一艺；教子一艺，不如赐子一名。"所谓名不正则言不顺，名字的重要性不言而喻。产品名称是一个企业给人的第一印象，产品名称必须简洁、易读、易记、易写，能吸引消费者注意，便于消费者记忆和传播。理想的品牌名称应该遵循以下原则：第一，符合品牌核心定位；第二，与竞争对手区隔化；第三，符合目标顾客价值审美个性；第四，与良好视觉的图案和符号相配。产品名称包含中英文全称，或者中文拼音。另有对应于全称的企业或产品简称，如：中兴通讯股份有限公司，简称"中兴通讯"，英文简称"ZTE"。

产品性能指产品在一定条件下，实现预定目的或者规定用途的能力。任何产品均具有其特定的使用目的或者用途。产品性能包括性质和功能。不同的产品性能所包含的内容不同，如耐用性、安全性、可靠性等。

2. 产品所处的生命周期

产品从在市场出现到被市场淘汰的过程被称为产品的生命周期。美国经济学家雷蒙德·弗农提出了产品生命周期理论，正如人的生命要经历出生、成长、成熟、老去、死亡的周期，产品也需要经历一个导入、成长、成熟、衰退的周期。他认为，一个产品的生命指的是它在市场上的营销生

雷蒙德·弗农

命。设计师不仅要对产品生命周期的时间线有一个纵向宏观的把握，还需要对每个时间节点有一个横向深入的了解。

1）第一阶段：导入期

导入期指产品从设计投产直到投入市场进入测试阶段。新产品投入市场，便进入了导入期。此时产品品种少，顾客对产品还不了解，除少数追求新奇的顾客外，几乎没有人实际购买该产品。生产者为了增加销量，不得不投入大量的促销费用，对产品进行宣传推广。该阶段由于生产技术方面的限制，产品生产批量小，制造成本高，广告费用大，产品销售价格偏高，销售量极为有限，企业通常不能获利，反而可能亏损。

2）第二阶段：成长期

当产品进入导入期，销售取得成功之后，便进入了成长期。成长期是产品在市场上站住脚并且打开销路的阶段。这是需求增长阶段，需求量和销售额迅速上升。生产成本大幅下降，利润迅速增长。与此同时，竞争者看到有利可图，将纷纷进入市场参与竞争，导致同类产品供给量增加，价格随之下降，企业利润增长速度逐步减慢，最后达到生命周期利润的最高点。

3）第三阶段：成熟期

在成熟期，产品大批量生产并稳定地进入市场销售。经过成长期之后，随着购买产品的人数增多，市场需求趋于饱和。此时，产品普及并日趋标准化，成本低而产量大。销售增长速度缓慢直至转而下降，由于竞争的加剧，同类产品生产企业之间不得不在产品质量、花色、规格、包装服务等方面加大投入，在一定程度上增加了成本。

4）第四阶段：衰退期

在衰退期，产品进入了淘汰阶段。随着科技的发展以及消费习惯的改变等，产品的销售量和利润持续下降，产品在市场上已经老化，不能适应市场需求，市场上已经有其他性能更高、价格更低的新产品来满足顾客的需求。此时成本较高的企业会由于无利可图而陆续停止生产，该类产品的生命周期也就陆续结束，以致最后完全撤出市场。

产品在不同发展阶段具有不同的特征，如表 9-3 所示。

表 9-3　产品生命周期不同阶段特征

项目	导入期	成长期	成熟期		衰退期
			前期	后期	
销售量	低	快速增大	继续增长	有降低趋势	下降
利润	微小或负	大	高峰	逐渐下降	低或负
购买者	爱好新奇者	首用消费者	大众	大众	追随者
竞争	甚微	兴起	增加	甚多	减少

3．产品的市场竞争优势

根据迈克·波特的理论，企业的竞争优势来源于两个主要方面：成本领先或者差异化。为了向消费者提供更多的价值，企业产品定位就从差异化开始，主要包括产品差异化和服务差异化两个方面。

1）产品差异化

实体产品的差异化可以体现在产品的诸多方面：一是形式差异，即产品在外观设计、尺寸、形状、结构等方面的新颖别致。如对闹钟的外形进行不同的卡通形象设计。二是功能特色，即对产品基本功能的某些增补，率先推出某些有价值的新特色无疑是最有效的竞争手段之一。如为汽车增加电动驾驶功能、为某种食品增加防潮包装、为牙刷增加更换提示功能、为台灯增加护眼功能等。企业往往要在用高成本为顾客定制特色组合，还是让产品更加标准化而降低成本之间进行决策。三是性能质量，即产品的主要特点在运用中可分为低、中、高等不同的水平。四是一致性，即产品的设计和使用与预定标准的吻合程度的高低。一致性越高，则意味着买主可以实现预定的性能指标。五是耐用性，即产品在自然或苛刻的条件下预期的使用寿命。对于技术更新不快的产品，耐用性高，无疑增加了产品的价值。六是可靠性，即在一段时间内产品保持良好状态的可能性。许多企业通过降低产品缺陷，提高可靠性。七是可维修性，即产品一旦出现故障进行维修的容易程度。标准化的零部件、一定的维修支持等均会让产品更受欢迎。

2）服务差异化

竞争的激烈和技术的进步，使产品建立和维持差异化越来越困难，于是，竞争的关键点逐渐向增值服务上转移。服务差异化日益重要，主要体现在订货、交货以及安全、安装、客户培训与咨询、维修养护等方面。如通用电气公司不仅向医院出售昂贵的X光设备并负责安装，还对设备的使用者进行培训，并提供长期服务支持。

综合以上要素，企业应从顾客的需求出发，确定影响产品外观和性能的全部特征的组合，提供一种最强有力的设计，保证产品或服务差异化和准确定位。

4. 产品的研究和开发

对风险投资人而言，如果由于某种程度上的判断失误，从而投资了一位纯粹的研究人员而不是一位开发产品的企业家，那将是一场噩梦，投资人需要的是一位能将研究结果转化为市场产品，最终赚取利润的企业家。

产品的研究和开发主要包括：企业的技术研发力量和未来的技术发展趋势；企业研发新产品的成本预算及时间进度。风险投资者在这里主要关心企业的技术研发队伍是否具有足够的实力把握市场上产品技术发展的脉搏，是否能迎合顾客的需要开发新产品、开拓新市场，是否能保证企业未来竞争发展对技术研发的需要。

四、策略推行

要想拥有广阔的市场前景、强大的竞争优势和难以复制的商业模式，就必须制定详尽的营销策略，这是打动投资者的关键因素。因此商业计划书首先必须对企业的市场定位、市场容量、估计的市场份额和销售额、市场发展的走势进行清晰的描述，尽可能引用行业数据进行表述；其次要分析现有和将来的竞争对手，其优势和劣势，以及本企业的优势和战胜竞争对手的方法，对目标市场制订出营销计划，包括产品和服务的定价和分销、广告和提升、规划和开发计划、开发状态和目标、困难和风险等。

1. 营销方略

1）知己知彼，百战不殆

与竞争对手过招，知己知彼是关键，以便制定进攻策略，不打无准备之战。系统收集竞争对手的相关信息，分析竞争对手的优劣势，寻找竞争对手的薄弱环节进行进攻，竞争信息系统的建立和实施要做到实用、有效。

2）避实就虚，攻击软肋

在与竞争对手进行交锋时要选择对方的薄弱市场的薄弱环节进行攻击，不要选择竞争对手的强项与竞争对手发生正面的交锋，要避实就虚，避其锋芒，乘虚而入，在提高资源效率的同时，有力打击对手。

3）快速强攻，先发制人

兵法有云："先发制人，后发制于人。"企业自身无论是在产品的卖点、媒体资源还是渠道、终端上，都要先声夺人、先发制人，才能压倒竞争对手。

4）以强攻弱，集中攻击

兵法常讲集中优势兵力，各个击破。历史上以强攻弱的战例数不胜数，兵法如此，商战也如此，因此要在竞争对手控制的市场选择集中性攻击战略。

5）抢位营销，量力而行

抢位营销抢的是关键点，是对营销各因素中关键点的抢占。随着市场的变化，关键点的争夺显得尤为重要，变得更加激烈。作战讲究量力而行的原则，营销进攻也是一样的道理。弄清楚自己的能力，根据自身能力制定相应的营销方略，才能将优势转化为胜势。

2. 网络营销

中小企业没有大企业丰富的资源，无法在传统营销方式上一掷千金，所以小企业更要灵活应变，扬长避短，改变自己的营销策略。互联网发展迅速且技术稳定，小企业可以通过互联网这个平台来实现企业的推广计划。很多企业正是看中了互联网的优势，纷纷加入了网络营销队伍。并不是所有的中小企业网络营销均能够达到高水平，因为部分企业缺乏网络营销实战经验，对网络营销一知半解，从而导致无法达到当初的预期效果，投入的资金无法得到回报，而且造成人力资源等多方面的浪费。

中小企业要想在竞争日益激烈的互联网中取得一席之地，利用网络推广来提高业绩从而提升企业的竞争力，首先可以先建立自己的网站。以网站为核心来做网络推广是众多中小企业的首选，网站不仅是企业在互联网上的门面，更重要的是能够直接为自己的企业和产品做宣传，宣传内容和范围也能够更细致、更广泛。有的企业可能会感到奇怪，企业网站做得很新颖且实用，网站的内容也经常更新，但是为什么访问的用户会很少呢？到底是哪个环节出错了？问题的关键在于PR（网页级别）值和网站排名，想要提高网站流量，企业一定要将网站的链接发布到各种正规、相关、优质的平台上面，从多方面对网站进行宣传以吸引更多的用户访问网站，提高流量，同时也是在增加潜在客户。

要想进一步扩大网络营销所带来的效应，企业还要将网站的广告信息发布到用户浏览量较高的商务网站中。因为网站本身所起到的推广作用是有限的，需要从更多的方面对网站进行宣传，为企业做推广。将企业网站的广告信息发布到其他商务网站，可以让企业网站被更多的人所认识，从而提高企业网站的知名度，这是网络营销中关键的一步，也是部分企业网站没有太多用户访问的解决之道。

3. 广告营销

广告营销是企业通过广告对产品展开宣传推广，促成消费者的直接购买，扩大产品的销售，提高企业的知名度、美誉度和影响力的活动。广告营销主要以户外广告和媒体广告为主。户外广告主要指在大型商场、地铁站、电影院等人口密集、人流量比较大的场所投放广告。媒体广告主要指在报纸、广播、电视、网络等媒介上投放广告。企业主要借助以上两种方式来宣传品牌形象，从而在激烈的竞争中占据优势地位。广告是一种宣传的手段，也是一种让大众了解企业的方式。广告创意的主要用途是可以让人注意到广告的存在，并且留下深刻的印象。

五、管理团队

事在人为，只有团队具有不败的信念，不断更新理念，企业成功的可能性才较大。宁可选择一流的团队、二流的产品，而不选择二流的团队、一流的产品，这说明投资者对团队的重视程度。因此，商业计划书中要对企业的重要人物进行介绍，包括他们的职务、工作经验、受教育程度等。对于团队的介绍重点在于通过人员以往的成功经历突出他们的企业家精神和出色的管理能力，注意团队成员之间的分工和互补。

展示管理团队与组织结构，最直观的方式是画一个组织架构图来展示管理团队成员，简要介绍相关的经验与特长。企业组织架构图（见表 9-2）包括企业董事会成员及董事长基本情况、总经理等经营团队基本情况，以及技术开发、市场营销、财务及其他对企业发展负有重要责任的人员的基本情况。

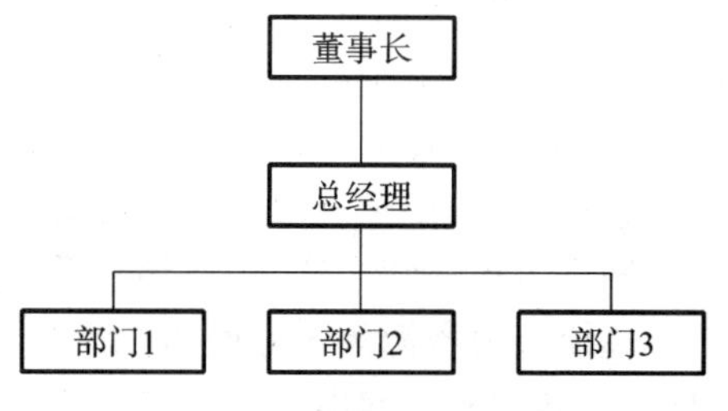

图 9-2　企业组织架构图

可以借鉴简历形式对企业核心人物做出简要介绍，整个介绍要能体现管理团队的能力、运作模式、责任等级，最重要的一点是要体现管理团队对企业的忠诚度。关于忠诚度的描述大致可以采取下面这样的“肯定声明”的形式：“管理团队成员、董事会成员或本公司主要的投资者均不曾受到犯罪指控。上述人员个人不曾破产，其所从事过的业务也未曾破产过，其个人资信报告也能证明每位成员均有着良好的信用评级，也不曾有过拖欠债务的记录。”总之，企业必须向风险投资者证明自己及其管理队伍的其他成员均非常可靠。

六、财务分析

对于缺乏企业财务管理经验的新创企业而言，往往无法做到资金的有效使用，为了更准确地预测和体现企业短期和长期的资金需求，必须制定准确的财务预测。财务分析部分应说明产品经营计划中的财务状况，如产品的销售价格和销量预测、产品的生产成本、销售成本、研发费用、管理成本、利润、资金支付、边际效益、债务预测、收入税率、存贷周转和资产利用率。同时应提供融资后未来3～5年项目预测的资产负债表、损益表、现金流量表等，并说明财务预测数据编制的依据。

1. 成本、收入及利润预测

总成本包括主营业务成本、销售费用、管理费用、财务费用等。收入主要指销售收入，等于销售数量与产品单价的乘积。利润指收入中扣除成本的部分。

2. 财务模型分析预测

财务模型分析预测是将企业的各种信息按照价值创造的主线进行分类、整理，以完成对企业财务绩效的分析、预测和评估等功能。在实际操作中，财务模型既可以通过Excel办公软件，也可以借助专业的财务模型软件来协助完成。财务模型包括企业未来3年内的损益表预测、资产负债表预测、现金流量表预测、盈亏平衡分析、财务比率预测等内容。

3. 融资计划

融资计划是财务分析的一个重要组成部分，它向风险投资者展示其所关心的关于未来双方合作投资于新的风险投资项目的问题。它的内容包括：预计的风险投资数额；风险企业未来的筹资资本结构安排形式和全部债务情况的说明；获取风险投资的抵押担保条件；投资收益和未来再投资的安排；风险投资者投资后双方对企业所有权的比例安排；投资的收支安排及财务报告的编制；投资者介入企业经营管理的程度。

4. 资金用途

资金用途包括企业未来3年内的投资方向、资金使用项目、具体的投资计划等内容。企业对资金的来源及运用进行规划，对收入、成本及现金流量进行预测，对投资价值进行衡量。在投资评估方面可以运用的方法包括静态回收期法、净现值法、内部收益率法等。静态回收期指投资支出从现金流入中得到补偿（回收）所经历的年数。前一种方法不考虑货币的时间价值。在考虑货币时间价值的情况下，现金流入的现值与初期投入资金额的差额称为净现值（NPV），在考虑要求的回报率、经济寿命周期、每年现金流入金额之后，得出净现值为正，则项目可行。内部收益率法找出的是保证现金流入的现值等于投资现值的回报率。

由于财务管理在一个企业经营管理中所占地位的重要性以及与企业其他方面管理的密切相关性，财务分析规划的内容编制是否出色对于风险企业能否获得投资具有十分重要的影响，因此，商业计划书的财务分析部分必须与其他各部分保持一致，必要时可以请专业顾问帮助编写或给予指导。

七、风险防范

创业风险指由于市场环境的不确定性，市场机会与竞争企业的复杂性，创业者、管理团队与投资者的能力与实力的有限性等诸多因素，导致创业活动偏离预期目标的可能性及后果。千万不要为了获得风险投资而隐瞒或者缩小风险，这将会让风险投资者失去对创业者的信任。商业计划书应向风险投资者说明项目的风险因素及应对风险的措施。风险防范是有目的、有意识地通过计划、组织、控制等活动来阻止、防范风险损失的发生，削弱损失发生的影响程度，以获取最大利益。

1. 技术风险

技术风险是指外部环境的不确定性、技术创新项目本身的难度与复杂性、创新者自身能力与实力的有限性，导致技术活动达不到预期目标的可能性。技术风险包括开发风险、转化应用风险、技术寿命风险等。应对技术风险的策略包括以下几个方面：第一，重视技术方案的咨询论证，对技术方案的可行性进行研究，对项目方案的风险水平与收益水平进行比较，对方案实施后的可能结果进行猜测；第二，改善内部组织，建立有利于技术创新的生产过程组织；第三，通过选择合适的技术创新项目组合，进行组合开发创新，降低整体风险；第四，建立健全技术开发的风险预警系统，及时发现技术开发和生产过程中的风险隐患；第五，建立健全有关技术治理的内部控制制度，加强对技术资产的监督治理。

2. 行业及市场风险

行业及市场风险是指由于一些不确定因素的存在，导致对某行业或者市场生产、经营、投资或授信后偏离预期结果而造成损失的可能性。行业及市场风险涉及行业周期、行业外部环境、市场接受时间及程度等。应对行业及市场风险的策略有：严格采取市场导向策略，在市场拓展上走稳健路线；加大宣传，让消费者在观念上接受产品；时刻关注竞争对手，及时改变营销策略；关注国家政策及行业发展方向，关注新技术及竞争对手的动向，及时调整方向和市场策略；密切关注消费者的需求，确定最佳销售策略；建立销售业务授权制度和审核批准制度；加大产品研发力度，在创新方式上保持企业成本领先的地位。

3. 财务风险

财务风险包括企业可能丧失偿债能力的风险和股东收益的可变性。财务风险涉及规模扩大的后续资金支持、投资的退出。融资意味着有更多资金进入，然而对于资本市场不熟悉，可能会导致融资失败或融资时间拉长，或融资后企业战略方向的不确定性增大。资金流的风险尤其明显，对于初创型小微企业，如果没有合适的资金预算，再新奇的创意、再强的产品，也可能不会成功。应对措施如下。一是广泛接触与资本相关的圈子，维护企业的社会关系。利用身边资源积极与投资公司接触，获取与资本接触的机会，同时拓展现有市场的业务，以业务数据及新颖的商业模式获得投资机构的认可。二是聘请专业的财务人员，建立较完善的财务数据和管理制度，对企业开支进行严格把关。三是做出资金预算，警惕超预算和超计划的额外支出。在决策额外支出时，要根据实际情况进行分析，严禁独裁、拍脑决策，以防止资金链断裂。四是维护企业的信用以及与商业伙伴的合作关系，增强议价能力，获取供应商的账期支持，减少原料购买带来的压力，同时加强项目的管理力度，及时交付，控制坏账率。五是及时预见即将到来的现金流断裂危机，提前引入更多合伙人以防止资金链的断裂。

4. 管理风险

管理风险是管理运作过程中因信息不对称、管理不善、判断失误等产生的风险，包括决策风险、组织人事风险等。应对管理风险的措施如下。

1）重视并不断落实企业法律风险的控制工作

企业的持续发展，需要相应的法律法规来做必要保障，这种保障能够对企业的管理风险实行合理、有效的控制，进而在很大程度上降低企业经济问题发生的可能性。随着经济全球化时代的来临，中国的各类企业不应将眼光局限于国内法律法规的学习和落实，还要将目光投向国外，了解国外的法律法规。如果在企业发展过程中，没有严格落实法律管理，会从各个角度和层面给投资商和经营商带来经济损失，企业在开展法律方面的培训课程中一定要有针对性地学习，降低投资成本和风险。另外，在全球，法律有非常强的领域性特征，面对这种情况，企业要对新的法律法规不断进行了解，持续跟进，要清晰地认识到企业要想在激烈的竞争环境中站稳脚跟，需要从法律法规的学习方面下功夫，只有这样才能更合理地控制企业的管理风险。

2）加强企业会计管理工作的开展

企业的会计管理工作异常重要，能够对整个经营业绩、财务资金起到全面掌控的作用。对此，首先要设定正确的会计管理目标，这个目标非常关键，能够对企业的发展起到决定性的影响，所以，管理人员要随时随地全面掌握会计信息资源的更新工作。面对实际的业务处理任务，要将责任细化，具体到每个会计管理人员身上，每个会计管理人员要以认真的态度对待自己负责的工作，这是由于每项会计管理工作本身均有连续性，每项业务均要确保资产的安全。企业还要坚持正确的财务规划，这样可以防止出现意外的支出成本，从而使企业的经济效益得到提升。此外，对于企业的管理信息要坚持保密的原则，企业要不断提升资金的流动效率，确保资金的周转不会出现意外问题。

3）对于各种各样的纠纷要制定出相应的政策

企业运营是一个非常复杂且长期的工作，在运营过程中难免出现各种各样的问题，一旦出现纠纷就要及时想出合理的对策，不要对其采取忽略的态度或者运用非法手段去处理。第一，企业必须建立合理的处理纠纷的相关管理制度，设立专门处理纠纷的部门，制定出合理、详细的处理流程和法律制度。同时还要设定相关的管理工作人员，确保整个案件的每个处理过程的合理性和规范性。第二，确保案件处理的质量，对法律问题必须持严谨的态度，确保企业的权益能够得到全面保障。第三，对于已经发生的经验教训，企业要善于做出总结，避免在未来的工作中可以及时、有效地预防纠纷。对于运营过程中的纠纷事件，企业要增加重视程度，因为这和企业的长久发展密切相关。只有将各项工作重视起来并落到实处，企业的权益才能得到有效保障。

总而言之，商业计划书的重要性不容小觑，如何让投资者对企业融资的项目感兴趣是企业需要考虑的事情。这就需要企业在经过一番调查之后，对于项目定位、市场分析、融资需求、运作计划、风险分析等全部梳理清楚，再以简单易懂的方式呈献给投资者。一份高质量的商业计划书建立在切实调查的基础上，因此商业计划书不仅对融资具有重要作用，还对企业的发展具有战略指导意义。

案例　荷兰皇家壳牌集团的管理经验

荷兰皇家壳牌集团（以下简称“壳牌”）是一家全球化的能源和化工集团，于2016年在《石油情报周刊》世界50家最大石油组织排名中位列第八。

一、战略规划管理体系

壳牌的战略规划及预算管理是一个统一的整体，战略规划最近1～2年的目标，是组织下一年度的框架预算，这样可以有效解决集团战略和实际运行脱节的问题。

战略规划和预算管理一般分为集团总部、板块和职能部门三个层面。其中，集团总部层面主要负责战略规划管理，也涉及年度预算指标的对接、汇总和评价；板块层面是组织预算编制的主体，同时制定板块层面的业务战略规划；职能部门战略规划一般以改善部门服务支持业务为宗旨，预算工作一般包括压缩行政支出和进行成本控制。

各个层级的战略规划及预算管理属于财务职能管理范畴，组织首席执行官授权财务总监对组织的整个战略、预算与评价流程负责，确保将集团目标转换成战略，再将战略转换成发展和实施预算，并进行业绩评价，及时干预偏差。

二、战略规划编制

壳牌战略规划的时间跨度通常为5～10年，以确定投资项目的方式。战略规划每年滚动更新，并于第二年3月份在集团内网以各种语言向全体成员公布。集团战略规划和年度预算框架由总部和板块共同测算，上下沟通的过程主要集中于上游板块，下游板块的指标基本自上面直接下达，各职能部门的管理性支出也由总部直接确定并切割给各职能部门。

战略规划内容包括现有项目和新项目，重点针对新的业务领域和新兴市场，以及未来投资项目的选择。现有项目按照原有的或调整的勘探开发方案或项目运行计划安排投资和成本支出，在制定5～10年的战略规划时不再投入更多的精力进行测算。备选的新项目根据其在财务、价值和风险方面的吸引力，以及根据期望投资组合和可持续发展前景，对项目进行分析排序，按照不同的投资组合编制若干个方案，由董事会决定投资组合，同时预留一部分资金用于满足预算执行年度内发现有价值的投资项目方面的需求。

三、预算管理

预算的目的是将战略细化到具体的目标、方法、任务和措施，用以指引业务操作，集团的预算框架在制定战略的同时便确定下来。总部层面的预算工作由战略与预算部门下的预算与评价小组完成，主要包括将董事会确定的目标分解到职能部门，将职能部门的最终年度预算汇总上报，向首席执行官、财务总监、执行委员会等人员和部门提供建议和支持等。业务板块集中了集团的专业预算力量，主要负责年度预算的确定、分解、落实和定期评价。

预算一般针对未来1～2年。预算制定是自上而下的过程，责任清晰，分解到板块、职能和业务单元，明确哪些过程将被评价，以便在必要时予以干预。预算每年更新，由董事会批准，更新主要侧重于重大事项和重大变化。每年的 7—12 月是年度预算确定时间，预算指标的分解和细化主要集中于板块层面，并于 12 月初召开最后一次董事会审议并确定最终预算指标。

第十章 战略实施

“没有什么话比做到更重要”。在组织战略明晰、目标认同、计划清晰后，组织就应该专注于如何将其落实转化为实际行动，并确保目标的实现，这就是战略实施。成功的战略制定并不能保证成功的战略实施，然而，成功的战略实施却可以弥补战略制定的不当之处。同时为保障战略的成功推行，战略实施过程中要保证组织的资源、领导者、组织结构和文化不断地随战略进行调整。

第一节 资源配置

战略如果没有相应的资源保障，就不可能成功实现。同时，战略有助于资源的有效利用与储备。因此，资源配置是战略实施的重要内容。组织在战略实施过程中，必须对所属的有形资源、无形资源等进行优化配置，以保证战略的成功推行。

一、资源随战略调整的必要性

现实中，推行战略行动和计划时没有做好充分的资源调整准备且未意识到其危险性的组织不在少数，究其原因，主要有：组织对资源的需求预测不够准确，造成了后续战略实施过程中资源缺乏而影响战略的推行，同时在实施过程中也未及时对资源配置做出相应的调整。资源不仅是组织制定战略的基础，还是组织形成核心竞争力的必备条件之一，而对于任何一个组织来说，获取资源总是要付出一定代价的，能够利用的资源都是有限的。

因此，为保证战略计划的顺利实施，对于资源该如何随战略进行调整，组织要给予足够的重视，在战略实施过程中，必须保证资源的合理有效配置，尽量做到物尽其用，保证资源的潜力得到充分发挥。

二、资源的归类与分配

1. 资源的归类

从资源的分类角度来看，组织的有形资源、无形资源以及人力资源在战略实施中主要表现为以下八个方面。

1）采购与供应实力

它主要指：组织是否具备有利的供应地位；与自己的供应商关系是否协调；是否有足够的渠道保证；能否以合理的价格获取所需的资源等。

2）生产能力与产品实力

它主要指：组织的生产规模是否合理；生产设备、工艺是否符合产品的生产要求；组织产品的质量、性能是否具有竞争力，以及产品结构是否合理等。

3）市场营销与促销实力

它主要指：组织是否具备开发市场的强大实力；是否有一支精干的销售团队；市场策略是否有效等。

4）财务实力

它主要指：组织的获利能力与经济效益是否处于同行前列；组织的利润来源、分布与趋势是否合理；各项财务指标及成本状况是否正常；融资能力是否强大等。

5）人力资源能力

它主要指：组织的领导者、管理人员、技术人员等素质是否一流、意识是否先进；组织员工的知识水准、经验技能是否有利于组织的发展；组织的凝聚力如何等。

6）技术开发创新实力

它主要指：组织是否具备产品开发和技术改造的力量；组织与科研单位、高校的合作是否广泛；组织的技术储备是否能在同行业中处于领先地位等。

7）管理经营实力

它主要指：组织是否拥有一个运行有效、适应广泛的管理体系；组织对新鲜事物的灵敏度如何，反应是否及时、准确；组织内是否有良好的文化氛围，是否形成良好的分工与合作等。

8）时间、信息等无形资源的把握能力

它主要指：组织是否能充分获取、储备和应用各种信息；时间管理是否合理等。

2. 资源的分配

对于资源的分配，由于在战略资源中，时间、信息等无形资源很难把握，进而一般只考虑人力资源和有形资源的分配，并且其中有形资源均可用价值形态来衡量，因此整体战略资源的分配表现为人力资源的分配和资金的分配。

1）人力资源的分配

针对人力资源的分配，有三个方面的内容：①为各个战略岗位配备合适的管理和技术人才，特别是对关键岗位的关键人物的选择；②注意人才的培养，为战略实施建立人才及技能的储备，不断输送优秀人才；③在战略实施过程中，注意整个团队的综合力量的搭配与权衡。

2）资金的分配

对于资金的分配，组织应当遵循两项基本原则：①根据各单位、各项目对整个战略的重要性来设置资金分配的优先权，以实现资源的有偿高效利用；②努力开发资金在各战略单位的潜在协同功能。

具体而言，组织一般采用预算的方法来分配各种资金资源，而通常采用的预算方式有以下五种：①零基预算，指不受以往预算安排情况的影响，一切从实际需要出发，逐项审议预算年度内各项费用的内容及其开支标准，结合财力状况，在综合平衡的基础上编制资金的预算；②滚动预算，指按照战略规划的要求和年度目标，将上阶段的执行情况作为下一阶段预算的根据，以战略目标增减为基准进行滚动调整；③规划预算，指按规划项目而不是像传统预算那样按职能领域来分配资金资源；④灵活预算，指以预算期间可能发生的多种业务量水平为基础，分别确定与之相应的费用数额而编制的、能适应多种业务量水平的费用预算；⑤产品生命周期预算，指根据产品不同阶段的特征来编制各项资金的支出计划和原则。

三、战略与资源的动态组合

在组织的不断发展过程中，随着战略的不断更新，战略资源也在不断发生变化，资源配置已不再是单一的资源配置，资源与战略已经融为一体，此时对于战略资源的配置组合实际上是战略与资源的动态组合，而资源在这个过程中便会与战略实现动态相辅和动态相乘两个效应。

1. 动态相辅效应

动态相辅效应又可划分为物的动态相辅效应和资金的动态相辅效应两个部分。

物的动态相辅效应指组织的现有战略运行中所储备的资源能在一定程度上作用于未来战略。这里的物主要指人力、厂房、设备等资源。组织在规划产品和市场战略时，应首先考虑选择能够使用现有资源的未来战略，若不能，便要做好在激烈的市场竞争下更新人力、劳动、材料等方面的准备。

规模效应

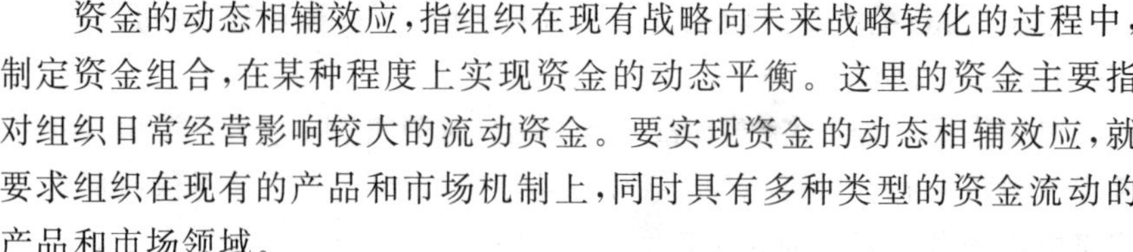

资金的动态相辅效应，指组织在现有战略向未来战略转化的过程中，制定资金组合，在某种程度上实现资金的动态平衡。这里的资金主要指对组织日常经营影响较大的流动资金。要实现资金的动态相辅效应，就要求组织在现有的产品和市场机制上，同时具有多种类型的资金流动的产品和市场领域。

乘数效应

2. 动态相乘效应

动态相乘效应指组织在执行战略中产生的能供未来战略利用的资源集聚效应，其中既有有形资源集聚产生的规模效应，也有无形资源与有形资源叠加产生的乘数效应。组织在构建动态相乘效应时需注意以下三点：①在战略推进和业务重组中，注重无形资源的积累；②在战略推动中，拓展新业务时优先考虑与旧业务相关性较强的业务；③为实现动态相乘的良性循环，提高战略的推进效率，必要时可选择一些短期看来资源要求超过资源基础的战略目标举措，保持现实与目标之间的适度差距，激发内部的变革动力。

第二节 领导者匹配

在战略实施中，组织会遇到各种挑战，究其原因，是战略实施的领导者选择不当或能力不足、方法不当所致。要保证战略实施真正落实在行动上，就应该充分发挥领导在战略实施中的关键作用，这就需要在战略实施之初任命合适的领导者。

一、领导者随战略调整的必要性

战略领导者指具有战略管理思想、富于战略思维、具有战略能力、掌握战略实施艺术、从事研究和制定战略决策并指导组织开拓未来的组织高层决策群体。在成功实施组织战略的过程中，高效出色的战略领导者是核心与基础，其工作内容及作用主要体现在以下方面。

1. 探索和维护核心竞争力

核心竞争力是使一个组织拥有竞争优势的资源和能力，它通常和组织的某项职能绩效相关。组织在许多不同的职能领域建立和发展核心竞争力以实施其战略，战略领导者必须证实战略的实施强化了组织的能力。在许多大型的、业务多元化的组织内，领导者通过在不同部门单元中运用和发展核心竞争力，有效发挥其作用。

2. 发展人力资本

人力资本指组织整体劳动力的知识和技能。从人力资本这一角度来看，员工被看作是一种需要投资的资本资源。有效的人力资源管理是一个组织成功实施其战略的能力和决定因素。

有效的培训和发展项目增加了经理人成为成功的战略领导者的机会，且随着知识在获取和保持竞争优势中变得越来越重要，这些项目也越来越重要。此外，这些项目提供了对组织的系统性观点，有助于构筑和传播组织的核心意识形态和愿景，同时还对组织形成核心竞争力做出了积极的贡献，帮助战略领导者提高那些统筹领导有效战略的技能。

3. 战略指导

战略领导者需要能够将组织的战略意图分解到不同职能、不同业务之间的能力，需要为员工提供战略实施指导，帮助员工保持自己的工作与组织战略的一致性。战略的实施，是一个全员的、长期的过程，成功地实施组织战略，仅靠员工的工作热情是不够的，还需要全体员工的同心协力，需要组织的所有活动都形成一个有机的整体。

4. 战略坚持与调整

组织战略在实施过程中，经常会发生偏离。战略领导者需要确保组织在实施战略的过程中不偏离既定的目标，以及在变化的环境中根据具体情况对组织战略进行灵活的调整。领导者对战略持续关注与调整方能保障组织战略持续有效地推行下去，同时带动组织全体员工的积极性。

高效出色的战略领导者在战略实施中是如此之关键，如果组织在推行新战略时没有找到合适的领导者，现有领导者便会被迫承担更多的责任。这些领导者要应对新的挑战，其日常工作量必然会增加，做其他工作的时间会相应减少，而他们通常会放弃那些成效不易界定的工作，如员工发展，如此便会降低整体效率。因此，合适的、随战略进行匹配与更改的领导者对于组织战略的成功实施至关重要。

二、领导模式

组织战略的推行与实现中，实施是关键，如果一个合适的战略得不到有效实施，便等于纸上谈兵。因此，在战略实施中，领导者的战略实施方法对于组织战略的如期实现至关重要。组织领导者在战略实施过程中所采用的手段通常可分为以下五种模式。

1. 指令型模式

在这种模式中，组织的战略领导者考虑的是如何制定一个最佳的战略。在实践中，计划人员要向战略领导者提交组织经营战略的报告。根据该报告，战略领导者将运用严密的逻辑完成战略的制定。一旦战略制定好了，会强制下层管理人员予以执行。

这种模式的运用主要有以下约束条件。

(1) 战略领导者要有较高的权威。战略在实施过程中主要是靠领导者的权威来实现的，如果领导者权威较低，则很难通过发布指令来推动战略的有效实施。

(2) 战略在具体实施过程中障碍较少，比较容易实施。具体内容主要体现在：战略制定者与设计者和战略实施者的根本目标一致；新战略与组织现行运行系统并不产生根本性冲突；组织体制高度集权；组织内外部环境稳定；组织拥有的信息较多；组织经营多元化程度较低；组织在市场中竞争地位较强；组织资源比较丰富。

(3) 组织信息系统较完备，信息传递准确高效。战略实施过程中的相关重要信息应及时准确地被收集并传递到领导者手中，领导者才能及时有效地做出正确的决策。如果信息传递较慢或有误，则会影响领导者决策的有效性或导致其做出错误的决策，因此，指令型模式不适应高速变化的环境。

(4) 组织规划人员应该有全局眼光且客观公正。一般情况下，组织的各个部门会从本部门利益出发来思考问题从而忽略组织整体利益，因此，需要规划人员有全局眼光且客观公正，这样其在制定和执行组织战略时会从大局出发，在协调各个事业部的计划时能表现出客观公正。只有这样，组织战略目标才能得以有效实现。

这种模式的主要缺点是战略的制定与执行是分开的。领导者制定战略然后强制下级执行，这就压抑了下级的积极性，必然造成下级在战略执行过程中缺乏主动性和创造性，甚至阻碍战略的执行。

2. 变革型模式

在这种模式中，通常一个好的战略已经建立，此时组织的战略领导者考虑的是如何实施组织战略。在该战略实施过程中，战略领导者需要对组织进行一系列的变革，如改变组织结构、改变管理人员、改变组织优先考虑的事情、改变计划和控制系统等，以促进战略的实施。为进一步增强战略成功的机会，战略领导者往往采用以下三种方法：第一，利用新的组织机构和参谋人员，向全体员工传递新战略优先考虑的战略重点，组织的注意力集中于战略重点所涉及的领域；第二，建立战略规划系统、效益评价系统，采用各项激励政策以支持战略的实施；第三，充分调动组织内部人员的积极性，争取各部门人员对战略的支持，以此保证组织战略的实施。

这种模式在许多组织中比指令型模式更加有效，但它并未解决指令型模式存在的如何获得准确信息的问题，也没有解决各事业单位和个人利益对战略计划的影响问题以及战略实施的动力问题，而且还产生了新的问题，即组织通过建立新的组织机构及控制系统来支持战略实施的同时，也失去了战略的灵活性，在外界环境变化时让战略的变化更为困难。从长远来看，处于环境不确定性状态的组织，应该避免采用不利于战略灵活性的措施。

3. 合作型模式

在这种模式中，组织的战略领导者考虑的是如何让其他高层管理人员从战略实施之初就承担有关的战略责任。为利用集体智慧，战略领导者要和组织其他高层管理人员一起对组织战略问题进行充分讨论，形成较为一致的意见，制定出战略，并进一步落实和贯彻战略，保证每个高层管理者都能够在战略制定及实施过程中做出各自的贡献。

协调高层管理人员的形式多种多样，如有的组织成立由各职能部门领导参加的“战略研究小组”，专门收集在战略问题上的不同观点，并进行研究分析，在统一认识的基础上制定出战略实施的具体措施等。战略领导者的任务是要组织好一支能合格胜任的制定并实施战略的管理人员队伍，并使他们能够很好地合作。总体来说，该类型战略领导者的主要作用是协调整个管理团队，并鼓励具有不同观点的人员做出各自的贡献。

合作型模式克服了指令型模式及变革型模式存在的两大局限性，让战略领导者接近一线管理人员，获得比较准确的信息。同时，由于战略的制定是建立在集体考虑的基础上的，从而提高了战略实施成功的可能性。该模式的缺点在于战略是不同观点、不同目的的参与者相互协商折中的产物，有可能会让战略的经济合理性有所降低，同时仍然存在着战略制定者与执行者的区别，未能充分调动全体管理人员的智慧和积极性。

4. 文化型模式

在这种模式中，组织的战略领导者考虑的是如何动员全体员工都参与战略实施活动，即战略领导者运用组织文化的手段，不断向组织全体成员灌输战略思想，建立共同的价值观和行为准则，保证所有成员在共同的文化基础上参与战略的实施活动。一旦战略已经制定，战略领导者就作为一个教练，帮助和鼓励不同的职能和工作区对实现战略目标的具体细节做出决策。由于这种模式打破了战略制定者与执行者的界限，力图让每一个员工都参与制定和实施组织战略，因此组织各部分人员都在共同的战略目标下工作，让组织战略迅速实施,风险小,组织发展较快。

文化型模式也有局限性,主要表现在以下三个方面。第一,这种模式是建立在组织员工都是有学识的假设基础上的,而在实践中员工很难达到这种学识程度,受文化程度及素质的限制,一般的员工,尤其是劳动密集型组织中的员工,对组织战略制定的参与程度有限;第二,极为强烈的组织文化可能会掩饰组织中存在的某些问题,组织要为此付出代价;第三,采用这种模式要耗费较多的人力和时间,而且还可能因为组织的高层不愿意放弃控制权,从而让员工参与战略制定及实施流于形式。

5. 增长型模式

在这种模式中,组织的战略领导者考虑的是如何激发下层管理人员制定和实施战略的积极性和主动性,使其为组织效益的增长而奋斗。战略领导者要认真对待下层管理人员提出的一切有利于组织发展的方案,只要方案基本可行,符合组织战略发展方向,在与下层管理人员探讨方案中具体问题的解决措施以后,就应及时批准这些方案,以鼓励员工的首创精神。采用这种模式,组织战略不是自上而下推行,而是自下而上产生,因此,战略领导者应该具有以下认识:

(1) 战略领导者不可能控制所有的重大机会和威胁,有必要给下层管理人员以宽松的环境,激励他们帮助自己做出有利于组织发展的经营决策;

(2) 战略领导者的权力是有限的,不可能在任何方面都把自己的愿望强加于组织成员;

(3) 战略领导者只有在充分调动并发挥下层管理者积极性的情况下,才能正确地制定和实施战略,一个稍微逊色但能够得到员工们广泛支持的战略,要比那种"最佳"的却根本得不到员工们热心支持的战略有价值得多。

在20世纪60年代以前,一般认为进行战略管理需要绝对的权威,在这种情况下,指令型模式是必不可少的。60年代,钱德勒的研究结果指出,为了有效实施战略,需要调整组织结构,这样就出现了变革型模式。合作型、文化型及增长型三种模式出现较晚,但从这三种模式可以看出,战略的实施充满了矛盾和问题,在战略实施过程中,只有调动各种积极因素,才能保证战略获得成功。上述五种战略实施模式在制定和实施战略上的侧重点不同,指令型模式更侧重于战略的制定,而把战略实施作为事后行为;变革型、合作型、文化型及增长型模式则更多地考虑战略实施问题。实际上,在组织中上述五种模式往往是交叉或交错使用的。

三、领导者领导能力的战略匹配

许多组织在经营过程中往往会出现这种情况,在战略制定阶段往往非常顺利,整个组织的积极性都被调动起来,准备为一个宏伟的目标而努力。到开始实施战略的时候,组织往往会陷入困境,各种资源能力不匹配、资产配置不到位、生产流程存在问题、高层管理者的领导能力不匹配、执行力度不够、管理成本居高不下等。这些问题严重影响了组织战略的实施,却很少有组织能认清产生这些问题的真正原因是领导者的领导能力与组织战略不匹配。

讨论领导者领导能力的战略匹配问题,主要包含两方面内容:一是领导者能力与战略的匹配;二是领导者能力的相互匹配。

1. 领导者能力与战略的匹配

在组织经营中,领导者的作用是不可替代的,特别是一些中小型组织,领导者往往是组织的灵魂,对组织的经营发展起到决定性作用。不同的领导者往往具有不同的个性、行为和能力特征,因而分别适合执行不同的战略,如图 10-1 所示。

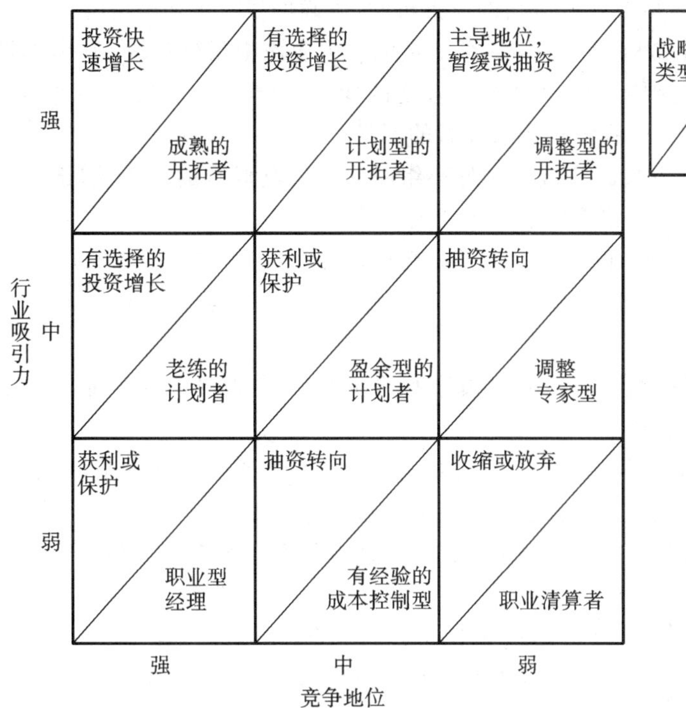

图 10-1 战略类型与领导者类型的匹配关系

同时,对于在战略实施中领导者采取的五种模式,也有相应的领导者类型需求,如表 10-1 所示。

表 10-1 战略实施的五种模式与领导者类型的匹配关系

模　式	领导者研究的组织战略问题	领导者类型
指令型	如何制定出组织的最佳战略	制定者
变革型	如何将制定好的战略予以实施	决策者
合作型	如何保证战略管理人员对组织战略承担起自己的责任	协调者
文化型	如何动员全体员工参与实施战略	动员者
增长型	如何激励组织战略管理人员和全体员工执行已制定的组织战略	激励者

2. 领导者能力的相互匹配

成功实施每一战略,都对领导者能力提出多方面的要求。在现实世界中,一个人的能力、知识、阅历和经验以至精力都是有限的,因而一个领导者很难完全满足战略的要求。无论多么优秀和杰出的领导者,都不可能做到尽善尽美,总是在某些方面有所长,在某些方面有所短。因此，实施一项战略，单靠一个领导者的作用是远远不够的，还必须发挥领导小组的集体作用。而在组建一个领导小组时，应遵循以下五点原则。

（1）确认首要领导者。即根据环境变化的情况和组织要实施的战略要求，选择合适的首要领导者，再结合首要领导者的素质与能力，让其发挥组织战略实施的核心作用。

（2）由首要领导者组建战略领导小组。即由已经确定的首要领导者来确定战略领导小组的其他成员。之后再配合适当的监控机制，以确保战略领导小组的万无一失。

（3）能力相配。战略领导小组内部成员的能力应该相互补充、相互匹配，即要根据战略管理对领导能力的要求和组织内外部环境的变化，选择具有首要领导者不具备的能力的人员进入领导小组，以弥补首要领导者的不足。

（4）协作原则。即在组建战略领导小组时应考察其成员的合作性，选择富有合作性的人员进入领导小组，以建立内部和谐的人际关系，提升效率。

（5）优化组合原则。即在组建领导小组时，可能会有诸多人员搭配方案，这时应选择最佳或满意的方案来实现组建目标，便于实现能力匹配的要求，同时有利于战略的制定及有效推行。

另外，在确定了战略所需匹配的领导者的能力后，获取具备这些能力和素质的领导者，主要有以下两种途径。

（1）调整现存领导小组成员。即依靠现存领导小组来负责新的战略领导职能，只对其做局部的调整和必要的培训，以适应新的要求。这种做法的优点在于：第一，现存领导小组成员熟悉内部情况，便于开展工作；第二，现存领导小组内成员相互了解，便于合作；第三，既可以保持组织领导的连贯性，也可以树立典范，增强组织的凝聚力。然而，利用现存领导小组成员来实施新战略也有其固有的缺点，主要表现在：第一，由于知识、态度和价值观的影响，现存领导小组对于重要的组织战略变化适应性较差；第二，现存领导小组对于过去的承诺和责任感，可能会阻碍实施一个新战略所需要的重要决策；第三，现存领导小组可能缺乏对战略变化的实施热情。

（2）招聘吸收新的领导小组成员。在组织内部不具备合适的人选时，选聘新人来组建新的战略领导小组，在一定的条件下，它可能会更好更快地贯彻新的战略。采用这种途径的好处在于：第一，挑选对新战略有信心的外部人员，能够避免现任领导成员面临的障碍，可以让他们更加顺利地进入新的角色和履行新的使命；第二，新的工作会让新的人选产生新鲜感，特别容易激发人的活力，让人创造性地完成使命；第三，新人受组织人际关系和旧秩序的影响较少，可以更加超脱地推行新战略。当然，选用新人也会有一些弊端，如新人对环境不熟悉，需要花费大量的时间、精力去了解情况；另外，新选人员容易受到原来领导小组成员或组织其他员工的排斥。因此，应该在详细、审慎、妥善的分析与安排之后，并配合一定的时机，才能使用该途径。

第三节 组织结构设计

组织结构是实施战略的一项重要工具，组织要想有效地发展，确保战略的顺利实施，必须将战略和组织结构联系起来考虑，要求组织必须建立适合战略的组织结构并适时予以调整。不适合的组织结构将妨碍战略的实施，让战略达不到预期目标，进而影响组织的绩效。

一、组织结构随战略调整的必要性

地域型组织结构

战略的变化往往要求组织结构发生相应变化。主要原因有两个。第一，组织结构在很大程度上决定了目标和政策如何建立。如在地域型组织结构中，目标与政策往往以地域性术语来表述；在基于产品类别的组织结构中，目标与政策很大程度上用产品术语描述。制定目标与政策所依赖的组织结构形式，会对战略实施活动产生显著影响。第二，组织结构决定了资源的配置方式。如果组织是按用户群构建的，资源配置亦然。同理，如果组织构架依据职能领域，则资源配置也依据职能领域。除非新的或修改后的战略同原战略侧重的职能领域相同，否则，调整组织结构常常会成为战略实施的重要内容。同时，战略与组织结构之间的关系是一种主从关系，并体现出战略的前导性与组织结构的滞后性。

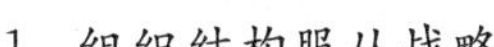
1. 组织结构服从战略

一定的组织结构是组织实现战略目标的保证，组织结构起着内外协调的作用。组织处于不断变化的外部环境之中，而协调组织与外部环境的关系并使其与之相适应，都是通过具体的组织结构来实现的。美国学者钱德勒在对 70 家公司的发展历史，特别是通用汽车公司、杜邦公司、新泽西标准石油公司和西尔斯-罗巴克公司等四家公司的发展历史进行深入研究后，于 1962 年出版了《战略与结构：美国工业企业历史的篇章》一书。提出了战略与组织结构关系的基本原则，即组织结构要服从战略。这一原则还指出，组织不能仅从现有的组织结构出发去考虑战略，而应根据外部环境的要求去动态地制定相应的战略，然后根据新制定的战略来审视组织结构，如有必要，需对其进行调整。

不同的外部环境要求组织制定不同的战略和实施不同的组织结构。而组织结构变革的形式也往往与外部环境的动态程度相关。在外部环境相对稳定时期，组织的战略调整和相应组织结构的变革往往是以渐进方式进行的，战略与组织结构的匹配程度虽不尽完美，但也基本适应。当组织面临重大的战略转折时，就会对组织结构提出严峻挑战。

如果没有一个健全的与战略相适应的组织结构，所选择的战略就不可能有效地实施。战略与组织结构的密切关系主要表现在以下四个方面：第一，管理者的战略选择规范着组织结构的形式；第二，只有保证结构与战略相匹配，组织的目标才能实现；第三，与战略不相适应的组织结构，将会成为限制和阻碍发挥战略应有效果的巨大力量；第四，一个组织如果在结构上没有重大的改变，也就很难在战略上取得实质性的变化。

2. 战略的前导性与组织结构的滞后性

在市场经济中，组织作为一个开放的系统，其外部环境总是处于不断变化之中。相对于组织内外部环境变化而言，战略与组织结构做出反应的时间是有差别的。最先做出反应的是战略，而后组织结构才在战略的推动下对环境变化做出反应，这样就形成战略的前导性和组织结构的滞后性。

1）战略的前导性

所谓战略的前导性，是指战略的变化要快于组织结构的变化。当组织的外部环境和内部条件变化提供新的发展机会或产生新的需求时，组织首先在战略上做出反应，以谋求新的经济增长。如经济增长和技术革新都会刺激组织发展现有业务或进入新的更有增长潜力的领域。另外，当组织自我积累了大量资源时，也会据此提出新的发展战略来提高资源的利用效果。新的战略往往需要新的组织结构与之相适应，或至少对原有的组织结构进行调整。如果组织结构不随战略的变化相应地进行改变，新战略的实施就没有组织上的保证，最终往往也不会产生好的效果。

2）组织结构的滞后性

所谓组织结构的滞后性，是指组织结构的变化速度常常慢于战略的变化速度。造成这种状况的主要原因是，新旧结构的交替需要一定的时间过程。当内外部环境变化后，组织首先考虑的是战略。只有当新的战略制定出来后，组织才能根据新战略的要求来调整组织结构。旧的组织结构具有一定的惯性，管理人员在管理过程中由于适应了原来的组织结构运转形式，往往会无意识地运用旧有的职权和沟通渠道去管理新旧两种经营活动。特别是感到组织结构的变化会威胁自己的地位、利益时，甚至会运用行政方式抵制需要做出的组织变革。

从战略的前导性和组织结构的滞后性可以看出，在环境变化和战略转变的过程中，总是有一个利用旧结构推行新战略的阶段，即交替时期。因此，当开始实施新战略时，要正确认识组织结构的滞后性的特点，在组织结构调整上不能操之过急，但又要尽量努力来缩短组织结构的滞后时间，尽快调整组织结构，以适应组织战略发展的需要。

二、组织结构的类型及发展

1. 组织结构的类型

随着经济的发展、社会的变化和组织生存发展的需要，组织对于组织结构不断地进行管理和实践，组织结构的形式也由此不断地发展演变，主要形成以下五种。

1）直线式组织结构

直线式组织结构又称简单结构，组织所有者兼管理者直接做出所有主要决定，并监控组织的所有活动。这种结构涉及的任务不多，分工很少，规则也很少，整个结构十分简单。一般来说直线式组织结构适合提供单一产品、占据某一特定地理市场的小组织。采用这种组织结构不仅可提高工作效率，而且可降低管理费用。图 10-2 为常见的直线式组织结构。

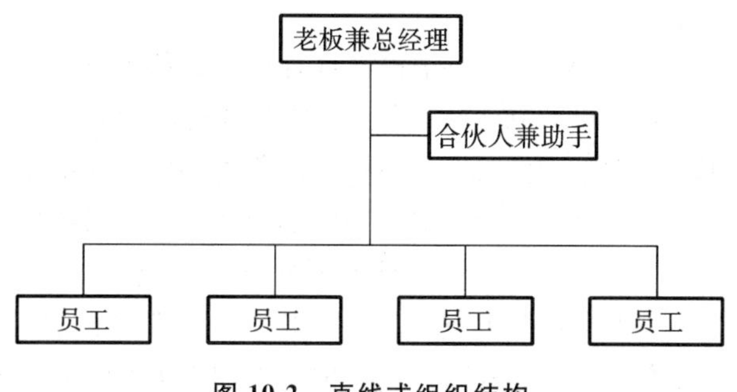

图 10-2 直线式组织结构

2）职能式组织结构

职能式组织结构是按职能来组织部门分工，即从企业高层到基层，均把承担相同职能的管理业务及其人员组合在一起，设置相应的管理部门和管理职务，在重点的职能领域如生产、财务、营销、研发和人力资源等领域，配备相应职能层次的经理。在组织中，有专门的职能机构为组织的决策提供参考意见，同时，组织高层领导者直接领导下属各个部门。职能式组织结构适用于具备下列条件的组织：组织处于较稳定的外部环境中；组织各部门的技术独立性较高，职能性较强；组织规模不大，为中小型组织；组织具有一定的产品系列，产品线不长；组织的主要目标是提高效率及提高产品或服务的质量。图 10-3 为常见的职能式组织结构。

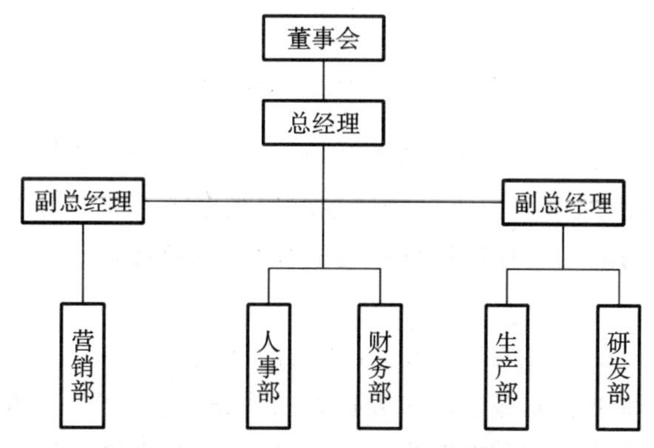

图 10-3 职能式组织结构

职能式组织结构主要有以下三个突出优点。第一，可以促使职能部门实现规模经济。如一家工厂可以用一套机器设备生产所有的产品，或者不同技术部门在同一套设备上生产不同的产品，提高利用效率。第二，可以实现专业化分工。让一组人专注于生产，而另一组人专注于销售，比每个人都兼顾两者的效率要高很多。第三，职能式组织结构的管理权力高度集中，便于组织决策的贯彻实施。

而职能式组织结构的主要缺点是对外界环境变化的反应太慢。如果环境变化过快，则会出现纵向决策信息超载、高层决策缓慢的现象。在这样的组织中，员工们习惯眼睛向上看，等待高层决策，而缺少横向联系和自主解决问题的意识，由于协调少导致缺乏创新，从而也导致每个员工对组织目标认识有限。

3）事业部式组织结构

事业部式组织结构，又称M型组织结构。这种组织结构的典型特征是战略决策和经营决策分离。根据业务种类可以按产品、服务、客户、地区等设立半自主性的经营事业部，组织的战略决策和经营决策由不同部门和人员负责，让高层领导从繁重的日常经营业务中解脱出来，集中精力于组织的长期经营决策，并监督、协调各事业部的活动和评价各部门的绩效。事业部式组织结构适用于具备下列条件的组织：组织处于变化较大的外部环境中；组织规模较大，往往是多元化组织；组织各个事业部的独立性比较高；组织的产品线较长或市场区域较多；组织关注对外部环境的反应速度及顾客满意度。图10-4为常见的事业部式组织结构。

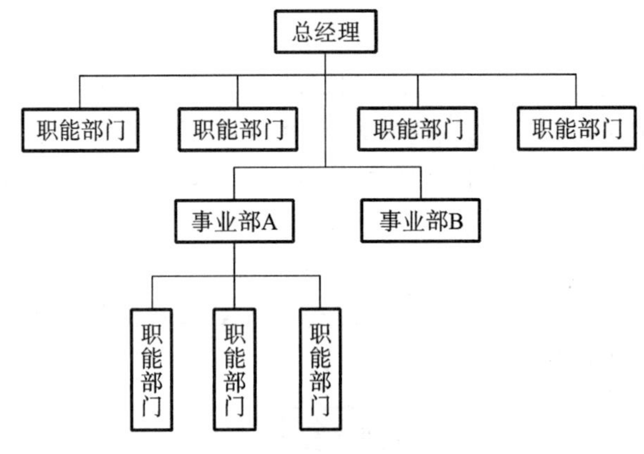

图10-4　事业部式组织结构

事业部式组织结构的主要战略优势有以下三点：第一，首席执行官在事业部的独特环境下制定并执行战略，且具有更大的制定战略决策余地；第二，在每个事业部中都能保持职能型分工；第三，为战略经理提供良好的锻炼基础；第四，组织更加关注产品和市场，能对变化做出快速反应。

事业部式组织结构的缺点在于：第一，助长潜在的功能失调性的竞争，争夺组织资源；第二，暴露出应该赋予事业部经理多大权力的问题，同时产生了在事业部经理自负盈亏的情况下对组织管理费用分配的难题；第三，增加了事业部中政策不连续的潜在可能性，同时职能的重复增加了成本。

4）矩阵式组织结构

矩阵式组织结构指将按职能划分的部门横向排列，按产品、项目划分的部门纵向排列，然后结合起来组成一个矩阵式的组织。在矩阵式组织结构中，员工既与原来的职能部门保持业务联系，又参加产品或项目小组的工作，并且为每一个产品或项目小组设置领导者，直接接受最高层管理者的领导。矩阵式组织结构适合具有特殊项目或任务的组织。图 10-5 为常见的矩阵式组织结构。

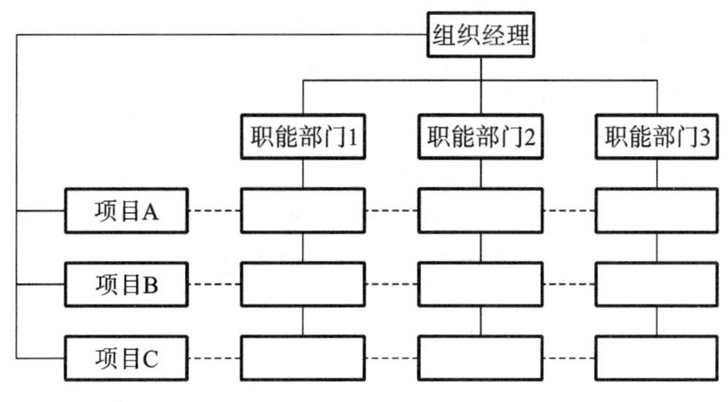

图 10-5 矩阵式组织结构

矩阵式组织结构的优点主要有以下三点：第一，可以将组织的横向与纵向关系相结合；第二，针对特定的任务进行人员配置有利于发挥个体优势，提高项目完成质量，提高劳动生产率；第三，各部门人员的不定期组合有利于信息交流，增加互相学习的机会，提高专业管理水平。

矩阵式组织结构的缺点主要是项目负责人的责任大于权力，因为参加项目的人员都来自不同部门，隶属关系仍在原单位，所以项目负责人对他们管理困难，没有足够的激励手段与惩治手段，这种人员上的双重管理是矩阵式组织结构的先天缺陷。

5）网络式组织结构

网络式组织结构是利用现代信息技术手段，适应现代社会快速发展需要而发展起来的一种新型的组织结构。网络式组织结构是目前正在流行的一种新型组织结构，它让管理当局对于新技术、时尚，或者来自海外的低成本竞争具有更大的适应性和应变能力，其比较适合玩具和服装制造等雇用廉价劳动力的组织，因为它们需要相当大的灵活性以应对时尚的快速变化。

图 10-6 是管理当局将其经营的主要职能都外包出去的一种网络式组织结构。该网络式组织结构的核心是一个小规模的经理小组，其工作是直接监督组织内部开展的各项活动，并协调同其他制造、分销和执行其他重要职能的外部机构之间的关系。

网络式组织结构可以促进组织经济效益实现质的飞跃：一是降低管理成本，提高管理效益；二是实现组织在全世界范围内供应链与销售环节的整合；三是简化机构和管理层次，实现组织充分授权式的管理。

网络式组织结构的最大缺点是可控性太差。组织开展的活动通过与独立的供应商广泛而密切的合作来实现，由于道德风险和逆向选择性，一旦组织所依存的外部资源出现问题，组织将陷入非常被动的境地。组织还要求建立较高的组织文化以保持组织的凝聚力。然而，由于项目是临时的，员工随时都有被解雇的可能，因而员工对组织的忠诚度比较低。

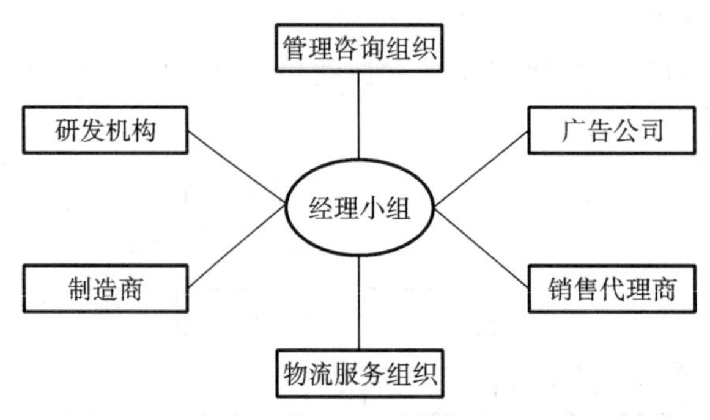

图 10-6 网络式组织结构

2. 组织结构的发展趋势

由于近些年来社会经济的推动发展，组织结构也在不断创新，总体来说具有以下六种发展趋势。

1）组织结构趋于扁平化

组织结构扁平化指通过减少管理层次、裁减冗余人员来建立一种紧凑的组织结构从而让组织变得灵活，提高组织效率。彼得·德鲁克的预言已经逐步验证：未来的组织将不再是一种金字塔式的等级制结构，而会逐步向扁平式结构演进。

扁平化组织结构的优势主要体现在以下几个方面：第一，信息流通畅，缩短决策周期；第二，创造性、灵活性加强，使士气和生产效率提高、员工工作积极性增强；第三，可以降低成本，增强组织市场竞争优势；第四，有助于增强组织的反应能力和协调能力。

2）组织结构趋于网络化

网络化组织与官僚制组织相比，前者最本质的特征在于强调通过全方位的交流与合作实现创新和双赢。这里的全方位交流与合作既包括组织间超越市场交易关系的密切合作，也包括组织内部各部门之间以及员工之间广泛的交流与合作关系。同时，这些交流与合作关系是以信息技术为基础的，并随着信息技术的不断发展而得到不断强化。当然，网络组织也不是万能的，它不能取代组织中权威的作用。所以，网络组织中的层级结构是需要保持的，只不过是采取层级较少的扁平化组织结构。

3）组织结构趋于无边界化

无边界化指组织各部门间的界限开始变得模糊，不再具有鲜明的区分性，目的在于打破部门之间的沟通障碍，使各种边界相互渗透，达到有利于信息传送的目的。在具体模式上，现在比较有代表性的无边界模式是团队组织。团队组织打破原有的部门边界，组合起来直接面对顾客和对组织总体目标负责，以群体和协作优势赢得竞争优势。这种组织成为组织结构创新的典型模式。

4）组织结构趋于多元化

多元化组织指组织不再只有一种合适的组织结构，组织内部不同部门、不同地域的组织结构不再是一成不变的统一模式，而是根据具体环境及组织目标来构建不同组织结构。管理者要学会利用每一种组织工具，了解并且有能力根据某项任务的要求，选择合适的组织工具，从一种组织转向另一种组织。

5）组织结构趋于柔性化

组织结构的柔性化指在组织结构上，根据环境的变化，调整组织结构，建立临时的以任务为导向的团队式组织。组织柔性的本质是保持变化与稳定之间的平衡，它需要管理者具有很强的管理控制力。

6）组织结构趋于虚拟化

组织结构的虚拟化指以现代信息技术为基础，将人、资金、知识或构想整合在一个无形的组织内，以实现一定的组织目标的过程。

虚拟化的组织不具有常规组织具有的各种部门或组织结构，而是通过网络技术将目标所需要的知识、信息、人才等要素联系在一起，组成一个动态的资源利用综合体。它的主要特征包括：第一，在现代通信技术基础之上，能克服空间和时间的局限性；第二，组织结构具有松散性；第三，能保持集中和分散活动的协调统一；第四，有较强的市场适应性。

三、组织结构调整的原则及内容

1. 组织结构调整的原则

当组织战略发生变化需要对组织结构进行相应调整时，应注意遵循适应循环原则。所谓适应循环原则，是指要不断地适应外部环境和内部条件的变化。因为组织战略的重要特性之一便是它的适应性，它强调组织运用已占有的和可能占有的资源去适应组织外部环境和内在条件的变化。这种适应是一种极为复杂的动态调整过程，它要求组织一方面加强内部管理，另一方面不断推出适宜的有效组织结构。因此，适应的特殊性决定了这种适应不是简单的直线运动，而是一个循环上升的过程，只有不断地循环上升，才能使组织结构不断地与战略相适应。

2. 组织结构调整的内容

与组织战略相适应的组织结构调整工作主要包括以下三个方面的内容：

(1) 正确分析组织目前的优势和劣势，设计开发出能适应战略需求的组织结构模式。

(2) 通过组织内部管理层次的划分、相应的责权匹配和适当的管理手段，建立起确保战略实现的组织结构。

(3) 为组织结构中的关键战略岗位选择合适的人才，保证战略的顺利推行。同时，为确保组织结构调整工作的有效开展，需做好以下几个方面的前期准备工作。

第一，确定战略实施的关键活动。组织应从错综复杂的活动，如制度建设、人员培训、市场开发等方面，去寻找对战略实施起重大作用的活动。

第二，把战略推行活动划分为若干单元。将组织整体战略划分为若干战略实施活动单元，它们实际上就组成了组织结构调整的基本框架，这样在客观上保证了组织战略被放到组织的首要地位。

第三，将各战略实施活动单元的责任与权利加以明确化。组织管理者应全面权衡集权与分权的利弊，从而做出适当选择，给每个战略实施单元授予适度的决策权力，责成其制定符合组织总体战略的单元战略并负责贯彻执行。

第四，协调各战略实施活动单元的战略关系。这种协调通过构建组织整体权力等级层次和建立协调机制来实现对各战略实施活动单元的协调，并在实施组织整体战略的过程中吸收各单元共同参加，让其在实施过程中相互了解、相互沟通，从而发挥协调各方的作用。

由于每种组织结构都有其长处和短处，在调整组织结构的过程中，应综合考虑各种组织结构的特点，而不应局限于某一基本组织形式。组织结构作为实现组织战略的手段，其本身无所谓好坏，关键在于其如何适应战略。因此，组织应从实际出发，对自身的组织结构进行有效的调整，让其既满足战略要求又简单可行，而不要盲目追求结构上的膨胀和形式上的完善。

第四节 组织文化适应

组织文化是战略制定和实施的微观环境。优秀的组织文化既有助于战略制定，又可以推动战略的有效实施。为了保证组织战略的有效实施，组织需要建立与之相适应的文化，建设优秀、合适的组织文化本身也是战略的重要组成部分。

一、组织文化随战略调整的必要性

组织文化是处于一定经济、文化背景下的组织在长期的生产经营过程中逐步形成的相对稳定的、独特的价值观和组织精神等，以及以此为核心衍生的行为规范、道德标准、文化传统、管理制度、典礼仪式、组织形象等，由全体成员在工作过程中所创造的由精神形态文化、制度形态文化和物质形态文化构成的综合体。它不仅包括思想和精神方面的内容，也包括社会的心理、技能、方法以及组织自我成长的特殊方式等各种因素。

一般而言，组织战略在价值观、经营理念等组织文化核心要素所规范的总体经营思想、路线、方针的指导下产生，有什么样的组织文化，就会形成什么样的战略。当组织具有很强的文化特色时，会通过组织的经营理念、共同价值观等表现出组织的特殊性，这有利于形成别具一格的组织战略，为组织的成功奠定文化基础。同时，组织文化具有连续性特点，一旦形成便较难改变，因此，它对组织战略的制定和实施具有引导和制约的作用。组织战略也要求组织文化与之相适应、相协调。组织根据外部环境和内部条件的变化制定了新战略，并要求有新的组织文化与之匹配，但原有的组织文化的调整速度非常慢，很难马上对新战略做出反应时，原有的组织文化就可能成为实施新战略的阻碍力量。因此，在战略管理过程中，组织内部新旧文化的协调和更替是战略实施获得成功的重要保证。

二、组织文化与战略关系的管理

在战略管理中，组织处理战略与组织文化二者的关系时，有一个重要的内容是制定战略与组织文化关系的分析管理图(见图 10-7),以此来分析组织战略的稳定性与文化的适应性,更好地保证组织文化与战略相匹配。组织战略的稳定性反映组织在实施一个新战略时,组织的结构、技能、共同的价值观、生产作业程序等各种组织要素所发生的变化程度;文化的适应性反映组织所发生的变化与组织目前的文化相一致的程度。

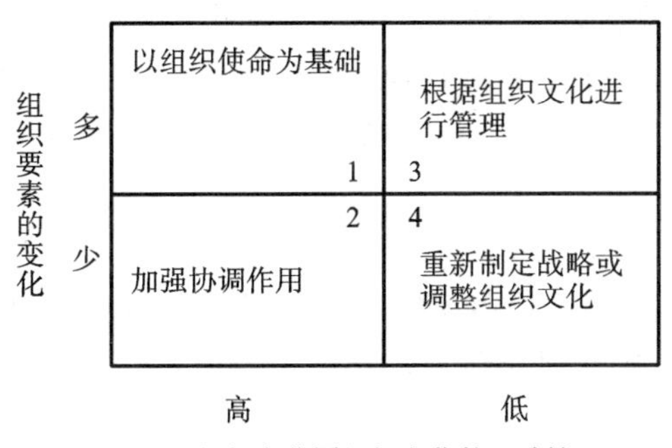

图 10-7 战略与组织文化关系的分析管理图

从图 10-7 可以看出,组织在实施战略时会与组织目前的文化形成四种不同的关系和管理方式。

1. 以组织使命为基础

在第 1 区域,组织在实施战略时,重要的组织要素会发生较大变化,但这些变化与目前的文化有高度的潜在一致性。这时,组织一般处于非常有利的地位,可以在目前的组织文化的大力支持下实施新战略。这些组织通常经营状况良好,可以根据自己的实力去寻找重大机会,或者可以改变主要产品和市场。

在这种情况下,组织处理战略与文化的关系的重点如下。

第一,在组织进行重大变革时,必须考虑其与组织使命的关系。在组织中,使命是组织文化的正式基础,因此,组织管理者在处理这一关系、促进两者匹配的过程中,一定要注意组织变革与组织使命保持不可分割的内在联系。

第二,要发挥组织现有人员的作用,让现有人员填充由于实施新战略而产生的职位空缺,这是因为,组织现有人员之间具有共同的价值观和行为准则,可以保证组织在文化一致的条件下实施变革。

第三,在必须调整组织的奖励制度时,应注意与组织目前的奖励措施保持一致。如当新的市场变化要求产品销售方式相应变化时,新的奖励制度仍需强调与过去相同的评价标准,以保证组织奖励制度的连贯性。

第四,必须对那些与目前组织文化不相适应的变革予以特别关注,以保证现存价值观念、行为规范的主导地位。

2. 加强协同作用

在第 2 区域,组织实施新战略时,组织要素发生的变化较少,而且这些变化与现有组织文化高度一致,因此,组织所处地位是相当有利的。在这种情况下,组织主要考虑两个问题:第一,利用目前的有利条件和已有的优势,巩固和加强组织文化;第二,利用文化相对稳定的时机,根据文化的需求,解决组织生产经营中的问题,或者利用战略的相对稳定，排除组织方面的障碍，转向所需要的组织文化。

3. 根据组织文化进行管理

在第3区域，组织实施新战略时，主要的组织要素变化不大，但这些变化与目前的组织文化不一致。这时，组织最好根据组织文化的要求进行管理。其管理要点是，要实现组织所期望的某些战略变化，但不与现存的组织文化直接冲突。即在不影响组织总体文化一致性的前提下，根据具体需要对某种经营业务实行不同的文化管理。通常，每当组织文化所带来的阻力逐渐消失后，新战略所带来的某些变化也就渗透于组织的文化之中。

4. 重新制定战略或调整组织文化

在第4区域，组织实施一个新战略时，各种组织要素的变化大，同时各要素与当前文化的潜在一致性小，组织在处理战略与文化的关系时，遇到了极大的挑战。在这种情况下，组织首先要考察是否有必要推行这个新战略。如果没有必要，则需要考虑重新制定战略。也就是说，组织在现实中能够实施的战略是与组织现有行为准则相一致的战略。在外部环境发生重大变化，组织文化也需要相应地做出重大改变的情况下，组织应考虑到自身长远利益，不能为了迎合组织现有的文化，而将组织新的战略修订成与现有的文化标准相一致的战略，这是不符合组织发展需要的战略。为了处理这种重大的变革，组织需要从四个方面采取管理行动：第一，组织高层管理者要下定决心进行变革，并向全体成员阐明文化调整的意义；第二，为形成新的组织文化，组织应招聘一批具有相应文化意识的人才，或在内部提拔与该种文化相符的人员；第三，组织要把激励的重点放在具有新的组织文化意识的群体和个人上，从而促进新的组织文化的贯彻；第四，设法让管理者和一般员工明确新的组织文化要求的行为，让员工按照新的组织文化的要求进行工作。

三、组织文化与不同战略的匹配

战略是组织运行的逻辑方式，根据外部环境的变化，需要不断调整甚至改变；而组织文化作为一种无形力量，影响着组织所有成员的思考方法和行为方式。文化对组织战略有着正反两方面的影响作用。当组织成员的基本信念与组织的战略目标一致时，组织文化便能发挥出巨大的推动作用，让组织成员自觉主动地贯彻实施组织战略，在这个过程中组织文化也会得到进一步加强；当组织战略与组织文化不一致时，组织文化显现出其“抗性”作用，阻碍、影响战略的贯彻执行。组织的文化与战略是否匹配，是决定组织竞争能力和未来发展的重要因素。

一般来说，组织战略与文化的匹配有两种方式。一是组织文化能适应战略要求，且组织文化已根深蒂固、深入人心。在这种情况下，组织可以对战略做出相应的调整，以适应现存的组织文化。二是在不改变组织核心价值观的基础上，通过调整组织文化，以适应组织战略的要求。从现实中的组织运行历程看，组织往往需要不断调整战略方向以适应环境的变化，对于那些渴望在竞争中获取竞争优势的组织来说，需要创造或产生一种匹配战略的组织文化。这种组织文化，由于其基本信念、价值观与组织的战略目标一致，并能够体现在组织成员的行为方式中，让组织成员拥有完成组织战略计划的热情和信心，促使组织取得良好绩效。

下面分别针对根据生命周期和总体类型来进行分类的组织战略来具体阐述组织文化如何与不同战略进行匹配。

1. 文化与组织生命周期战略的匹配

1）初创时期

初创时期的组织文化是在组织创立者个人价值观和信仰的基础上逐步形成的，随着组织的发展，这些个人价值观和信仰用于指导组织的各项活动，并深深地影响和决定着组织的发展战略。这些思想将组织成员凝聚在一起，推动着组织在竞争中不断成长，组织通常会去寻找符合这一文化的发展道路。所以组织文化是人们自觉创造的成果。如某组织是在充分利用某项技术或专门知识的基础上建立起来的，则它更倾向于确定技术领先型的发展战略，即使出现了其他可利用的发展机会时，其仍会偏爱原有的战略。

2）增长时期

组织文化在增长时期会因环境不同而产生不同的变化，以下情况反映了文化的发展对战略选择的影响。

第一，初创时期文化的内聚性渐渐扩散到亚文化中，每种亚文化都会以自己的方式和类型发展。因此，在增长阶段，组织的文化基础对未来的战略选择没有指导作用，允许一定程度的分散，以保持这些小派系之间的和平共处。

亚文化

第二，在增长时期，组织规模不断扩大，许多新成员加入，并开始出现在中层管理者中。进而在组织内形成了预期的多样化，促使某个占主导地位的文化不断扩散从而形成对某类战略的偏好。

第三，面临增长时期的市场，有些组织可能陷入进退两难的境地：一方面，组织应该跟随市场的自然增长，否则，一旦失去机会，风险将会很大；另一方面，增长可能会触犯组织中存在的其他信念。

第四，许多组织认为，要求组织增长的发展战略在追求低风险的官僚文化氛围内是很难培育和推进的。因此，其要么放弃该发展战略，要么在主体结构之外选择其他发展战略。

当组织处在增长时期，高层管理者一般会热衷于采用本组织的已有文化。但是也有两个方面会阻碍战略管理：一方面，根深蒂固的信念会遮住管理者的视线，让他们无法觉察外部环境的变化；另一方面，当特定的文化在过去被证明是行之有效时，人们会很自然地选择在未来仍固守这一文化。

3）成熟时期

在组织成熟期，文化已趋向习俗化，以至人们可能意识不到其存在，或者很难将其概念化。作为一种共同规律，成熟期的组织可能更喜欢稳定型的发展战略。虽然从文化的角度看，稳定发展比较容易，但如果环境发生变化，稳定发展方式可能不合适。在组织成熟期，选择一种能够与组织文化相一致的战略是组织高层管理者的责任。战略制定者在建立战略与文化相匹配的关系时,需要做好以下工作。

第一,充分运用高层管理者的权力来推动文化变革。在组织成熟期,容易产生文化惰性,形成小心进取的求稳心态。一般来说,实施新战略的变革程度越大,要求适应新战略所需转换的行为准则越多。这时,高层管理者必须运用其权力,克服原有文化对变革的阻力。

第二,在组织内部营造积极向上的变革精神。战略管理者应当促使组织内部形成管理人员、技术专家、普通员工都参与和支持变革的良好氛围,以及一种能够对环境变化迅速做出反应的组织精神。为此,应当鼓励个人和集体创新,同时容许员工和管理者创新失败。

第三,让调整成为组织内部的公开话题和公开行为。实施组织战略调整方案时,应该让员工知道调整的意义,让调整成为组织内部共同探讨的话题,让员工及早做好心理准备。

4）衰退时期

当组织处于衰退时期,内聚的文化可能是组织应付不利环境的一个主要工具。在这种环境下,组织面临的是缩减生产规模、逐步减少产品种类和市场范围,为退出市场做准备,但是这些产品和市场已深深嵌入组织文化,有时这种调整需要许多年才能完成,尤其当组织的外部形象强化其内部状态时更是如此。在此情况下调整的难度很大,以至于组织的所有者决定将该组织出售,才能做出更迅速的调整。

2. 组织文化与不同战略类型的匹配

1）组织文化同进攻型战略匹配

组织实施进攻型战略,主要通过技术创新、产品开发、市场开拓、扩大生产等策略,力求掌握市场竞争主动权,提高市场占有率。与此相匹配的组织文化应以“持续创新”为核心,营造一种尊重个性、鼓励开拓、勇于冒险、包容失败的宽松氛围。

2）组织文化同防守型战略匹配

实施防守型战略的组织,为应对竞争对手的挑战,避免激烈的市场竞争,投入的资源仅用于维持现有的市场地位,希望稳住阵地,稳中求发展,先做守势,以守为攻,后发制人。与此相匹配的组织文化应坚持稳重、严谨,注重细节管理,提倡遵守纪律、循规蹈矩、审慎行事、勤勉敬业,对经营活动强调严格控制及高度标准化、秩序化、规范化。

3）组织文化同撤退型战略匹配

实施撤退型战略的组织在竞争中处于不利地位,或者其产品处于衰退期而严重滞销,或者财务状况恶化等。此时,组织不得不牺牲一些眼前利益,来应对严重的竞争威胁。与此相匹配的文化应既能在组织内部营造人心稳定、士气不减的氛围,又能继续保持良好的公共关系和组织形象,避免可能带来的负面效应。

四、组织文化的调整

组织文化建设的关键在于根据组织战略而不断适应变化,特别是当组织内外部情况已发生根本变化,组织必须推行新的战略,而组织文化又与新战略相抵触时,就必须进行组织文化的调整。

1. 组织文化的发展规律

进行组织文化的调整先要了解组织文化的发展规律。组织文化的发展过程是在一定的时空条件下组织文化的积累、传播、冲突与选择、整合与变迁的过程。这个过程是循环往复、周而复始的，在组织经营管理实践活动的推动下和外部环境的影响下，不断地由低级向高级发展。组织文化的发展规律无疑是客观的，是不以人的意志为转移的。但是，当人们认识了这一规律的实质以后，就可以自觉地利他，通过采取一些必要的措施和手段，加速组织文化发展的进程。组织文化的发展规律体现在以下四个方面。

1）组织文化积累

组织文化积累是组织文化特质的保存以及组织文化新特质不断增长的发展过程。组织文化绝不是某一时、某一点产生的，它是组织在长期的生产经营活动中连续传递、积累的产物。这种积累往往同淘汰组织文化中的消极成分同时进行。

组织文化积累是组织文化发展的基础。组织文化发展离不开组织文化积累，随着组织文化在量上的积累和积累的形式日趋多样而使组织文化日趋成熟，组织文化体系也逐渐形成。当人们没有意识到组织文化积累的重要性和没有自觉地进行组织文化积累时，组织文化积累是自然、缓慢地进行的；反之，组织文化积累的速度是可以加快的。如果违背组织文化积累的规律性，拔苗助长，其结果将是适得其反。组织文化积累是永无止境的，只要组织存在，就需要进行组织文化积累

2）组织文化传播

组织文化传播指组织文化特质从一个个体或群体扩散到另一个个体或群体的过程。组织文化特质广泛而持续地传播、扩散和流动，能为组织全体成员共同认可并共同享有。组织文化特质的传播只有通过组织全体成员的交往才能实现。组织中的各种关系是动态的交往关系，在交往中以各种形式和媒介沟通信息、交流观念和情感体验，达到双向传播和相互作用。组织成员正是在文化传播中让群体的行为得到协调，产生共同的信念与目标。新成员所带来的与组织文化不相适应的异质文化，可以通过组织内的文化传播，与组织文化特质相融，真正成为组织的一员。

3）组织文化冲突与选择

组织文化冲突是组织文化发展过程中不同特质的文化在相互接触、交流时所产生的撞击、对抗和竞争。组织文化冲突的产生主要是由于不同类型、不同模式、不同行业、不同区域、不同历史阶段的组织文化的不同特质所构成的基本价值观之间过分悬殊造成的。有时，在同一文化类型内部，也会由于群体意识、社会心态、价值观念的不同而发生冲突。在组织文化传播过程中，冲突是不可避免的。正是由于组织文化冲突的存在，才推动了组织文化的进步。

在组织文化积累、传播的过程中，积累原有文化、创造新文化、吸收异质文化都需要进行选择。组织文化选择是组织文化运动的客观功能，它对同质文化的历史成分进行筛选，有选择地积累和存储适合组织需要的部分，摒弃不适合组织需要的部分。组织文化在发展中也对不同质的文化加以选择，这种选择不是简单的、机械的，而是经过判断、分析和评价等活动有选择地加以吸收。虽然组织文化冲突和选择是客观的，但当人们认识

了组织文化运动的规律以后，就可以通过分析组织文化冲突的起因、性质、程度，从主观上确立组织文化的选择标准，有目的地、自觉地选择同质文化中的优秀部分、异质文化中具有适应性的部分，通过各种手段倡导、强化这些组织文化，进而缓解冲突，达到某种程度的共识。

4）组织文化的整合与变迁

组织文化在发展中不仅具有排异性，也具有整合性。组织文化整合是组织内部不同特质的文化通过相互接触、交流而相互吸收、渗透、融为一体的过程。组织文化整合的实质是不同文化的重新组合。组织文化变迁指由组织文化特质改变所引起的组织文化整体结构的变化，它是组织文化运动的必然趋势。组织文化变迁的过程是复杂的，它不仅涉及物质层面的文化的改变，精神层面的文化也会发生变化，包括组织成员的基本价值观念、行为准则、行为方式以及内部各种利益关系等方面。组织文化变迁是客观的、有规律的，总是由无序状态过渡到有序状态，由量变到质变。

组织文化整合与变迁是组织文化发展必然经历的阶段，认识组织文化整合与变迁的形成、演变机制及其本质特征有利于促进组织文化的发展。我国加入 WTO 后，组织内外部环境都发生了较大的变化，组织文化显现出较为明显的冲突，如果组织能够抓住这一契机，进行组织文化再造，就能得以继续生存和发展。

2. 组织文化调整的基本程序

组织文化调整是一项非常艰巨而复杂的工程，一个优秀的组织文化的构建不像制定一项制度、提出一个口号那样简单，它需要组织有意识、有目的、有组织地进行长期的总结、提炼、倡导和强化。

组织文化调整一般包括调查研究、定格设计、实践巩固和完善提高等环节。

1）调查研究

组织在进行文化调整或再造时首先要进行调查研究，分析组织现有的文化状况和影响因素，为组织文化的定格做好准备。调查研究的主要内容包括组织经营范围、组织成员素质、组织主要矛盾、组织所处地区、外部人文环境、组织优良传统、现有文化状况、现有文化适应性等。

2）定格设计

组织文化调整的定格设计指在分析、总结组织现有文化状况的基础上，充分考虑到组织的战略目标、经营范围、成员素质、主要矛盾、所处地区、人文环境、优良传统以及现有文化适应性等因素的影响，用确切的语言文字将组织的价值观表述出来，成为组织固定的理念。组织文化定格设计应遵循以下原则：实际与创新相结合；个性与共性相结合；领导组织与群众参与相结合。

3）实践巩固

组织文化定格后，要创造条件将其付诸实践并加以巩固，要把组织文化所确立的价值观运用到组织的一切经营活动中，并在实践中不断进行强化训练，保证新的组织文化得以巩固。具体做法如下。

第一，积极创建适应新的组织文化的运行机制，完善组织经营机制和决策机制，加强科学管理，提高成员素质，在组织中营造和谐、温馨的“家庭环境”，把组织建设成一个命运共同体。

第二，加强舆论宣传，通过灌输教育、媒体宣传、文娱活动等方式，培育组织浓厚的文化舆论氛围，在潜移默化中传递新的组织文化的信息。

第三，新的组织文化的倡导者要以身作则、身体力行，在新的组织文化的建设中做一名示范者和引领者。

第四，将新的组织文化寓于无形和有形之中，利用制度进行强化，把无形的组织价值观渗透到组织的每一个战略目标、每一个战略决策、每一项经营活动、每一项规章制度之中，保证组织全体成员每时每刻都能感受到组织文化的指导和引领作用。

第五，及时鼓励正确的行为。人的正确行为在受到激励以后，这种行为会再现，进而成为一种习惯稳定下来，并逐渐渗透到人的深层观念之中；在激励的同时也为他人树立了学习的榜样，产生模仿效应。这种强化和激励是巩固组织文化不可或缺的重要一环。

4）完善提高

组织文化定格并在实践中得到巩固以后，其有特色的核心内容一般不易改变，但随着组织内外部环境的变化，组织文化应该根据发展的需要进一步予以充实、完善和提高，及时剔除文化中的消极成分，从而更好地适应组织和社会发展的需要。组织文化的完善与提高既是一个组织文化调整过程的结束，又是下一个过程的开始，是一个承上启下的阶段。组织文化的发展过程与组织的发展是相适应的，是一个不断积累、传播、冲突与选择、整合与变迁的过程，组织文化的调整不是一两次循环就能完成的，它是循环往复的。

案例　艾伦·穆拉利改变了福特的结构和文化

在2006年遭受130多亿美元损失之后，连续五年作为福特汽车公司（以下简称“福特”）首席执行官的威廉姆·福特（William Ford Ⅲ）认为自己并非扭转公司糟糕业绩的最佳人选。事实上，显而易见的是，他也是造成福特管理层问题的部分原因，因为他和福特公司其他高管人员都在试图构建和保护他们自己的公司帝国，没有人愿意承认过去几年所犯的错误。结果是公司的业绩每况愈下，未来也是举步维艰。意识到他们需要借助“外脑”来改变企业运营的方式后，福特聘请了波音公司的艾伦·穆拉利来做公司新的首席执行官。

来到福特之后，穆拉利和新的管理层参加了上百次常务会议。在一次会议上，穆拉利感到非常困惑的是为什么一个明显不知道有关其汽车事业部业绩问题答案的部门经理，竟然漫谈几分钟来掩盖其无知。穆拉利转向其副手马克·菲尔兹，并且问他那个经理为什么这样做。菲尔兹解释道：“在福特，你绝对不能承认你不知道。”菲尔兹同时告诉穆拉利，当他来福特公司当中层经理时，他想邀请他的上司共进午餐以了解部门运营的情况，却被告知：“你在福特是什么级别？难道你不知道在福特下级绝对不能邀请上级共进午餐吗？”穆拉利发现福特公司多年来已经由管理人员搭建了一个高耸的金字塔层级，这些管理人员的首要目标是保护自己的地盘，并且竭力避免由于汽车销售量下滑而遭受直接批评。当问到为什么汽车销售量正在下滑时，他们并不承认本部门糟糕的设计和质量问题，相反却在隐瞒详情。管理人员携带厚厚的笔记本和材料来参加会议并用高昂的零部件价格和劳动力成本来解释为什么他们自己的汽车销售量不好，或者为什么要赔本销售。

穆拉利非常好奇：为什么福特的高管拥有如此封闭和破坏性的心态？他应该怎么做才能改变福特的组织结构和文化以降低成本、加速产品研发，从而生产出顾客想要的汽车？首先，穆拉利认为他需要改变福特的组织结构，而且企业官僚化层级的重组也非常必要。他决定推进福特组织结构的扁平化并且在总部实现集中控制以便所有的部门经理可以直接向他汇报。但同时他也聚焦于团队工作，并采取跨职能方式来解决组织仍然面临的价值链方面的巨大挑战，以降低企业成本。他取消了高层管理的两个层级，并且清晰界定了每个高管在公文流转过程中的角色，以便企业能像一个整体而不是追求各自利益的独立事业部一样运转。穆拉利同时也意识到，只是通过改变福特的组织结构来改变其运营方式是不够的，福特更主要的组织问题是其文化深处的价值观和行为准则，因为其经过长期积累，已经阻碍了企业的合作和团队精神。这些价值观和行为准则倾向于保密、模糊而不是共享信息，它强调地位、等级以便管理人员能隐藏他们自己的信息，这也是各个事业部和职能部门管理人员相信能保住他们自己工作和地位的最好方式。只有上级才能邀请下级共进午餐的原因就在于这可以隐藏他们的信息，并且有助于保住他们的职位。穆拉利能做些什么呢？他直接发布了一个命令，要求每个事业部的管理人员都要与其他事业部的同事分享制造每一辆车的详细成本。他坚持要求福特每一事业部的负责人都应参加周例会，并开诚布公地分享和讨论企业所有部门存在的问题。他也告诉管理者参加每一次会议时都要带一名不同的下属，以便组织内每一名管理者都能了解那些被刻意隐藏的问题。穆拉利的最终目的是消除福特文化中不良的价值观和行为准则。穆拉利的目标是创建能够鼓励员工承认错误、共享汽车模型设计和成本的所有信息，以及寻求加速产品研发、降低成本的新的价值观和行为准则。他也想改变福特的组织文化以便形成助推部门内部或部门间合作的行为准则，从而使新的组织结构有效运转进而改善企业绩效。

到 2011 年，穆拉利改变福特组织结构和文化的努力取得了成功。据报道，2010 年春季，福特就已经实现了盈利，为此穆拉利获得了 700 万美元的薪酬和其他奖金，而到 2011 年，福特则因汽车销量陡增而斩获了创纪录的利润。2011 年，穆拉利已经 65 岁了，这是福特公司高管人员的退休年龄，但是威廉姆·福特在发布会上宣布福特取得的创纪录成绩时，调侃道他希望穆拉利能够到 2025 年还在执掌福特。

第十一章
战略控制

> 战略管理需要巧妙地处理思考与行动、控制与学习、稳定与变革之间的关系。
>
> ——亨利·明茨伯格

绩效评估和控制系统就好比是驾驶一辆汽车，方向盘、加速装置和刹车让驾驶者能够控制汽车的方向和速度；仪表盘提供行驶速度等数据，提醒驾驶者可能存在的隐患。就像一辆以最高速度奔驰的赛车，越是表现优异的组织，越是需要出色的绩效评估和控制系统对组织的运行状况进行检测，以便管理者充分挖掘组织的潜力，防范组织的风险。

第一节 确定控制标准

标准是人们检查和衡量工作及其结果的规范。控制标准是战略控制过程中对实际工作进行检查的衡量尺度，是实施战略控制的必要条件，对计划工作和控制工作起着承上启下的作用，是控制工作的依据和基础。确定控制标准是战略控制过程的第一步，要控制便要有标准，离开可比较的标准，就无法实施控制。没有一套完整的标准，衡量绩效和纠正偏差以进行战略调整便失去了客观依据。

一、确定控制对象

要建立控制标准，首先必须确定控制对象，即明确要控制什么。在组织推行战略，进行经营管理的过程中，经营活动的成果便是需要控制的重点对象，控制工作的最终目标是要促进组织有效地取得预期的活动结果。因此，需分析影响组织经营结果的各种因素，并把它们列为需要控制的对象。影响组织经营成果的主要因素如下。

1. 环境因素

组织根据决策者对特定时期内经营环境的认识和预测来计划与安排经营活动。如果预期的市场环境没有出现，或者组织外部发生了某种无法预料和抗拒的变化，原来计划的活动就可能无法继续进行，甚至很难为组织带来预期的结果。因此，制订战略计划时应把所依据的对外部环境的认识作为控制对象，列出各项环境控制的具体标准。

2. 资源投入

组织的经营成果源自对一定资源的加工转化，缺乏这种资源，组织经营便会成为无源之水。投入的资源，会在数量和质量上影响经营活动按期、按量、按要求进行，从而影响最终的经营结果。因此，必须对资源投入进行控制，保证资源在数量、质量以及价格等方面符合预期经营成果的要求。

3. 组织活动

组织的经营成果源自全体员工在不同时间和空间上，用一定技术和设备对不同资源进行不同的加工劳动。组织员工的工作数量与质量是决定经营结果的重要因素，因此必须让组织员工的活动符合计划和预期结果的要求。要建立员工的工作规范，以及各部门和各员工在各个时期的阶段成果的评价标准，以便对其活动进行控制。

二、选择控制关键点

组织无法对所有成员的全部活动进行控制，只能在影响经营成果的众多因素中选择若干关键环节作为重点控制对象。美国通用电气公司在分析影响和反映组织绩效的众多因素的基础上，选择了对组织经营成败起决定作用的八个方面，即八个控制关键点。

1. 获利能力

通过提供某种商品或服务来取得一定的利润，这是任何组织从事经营的直接动因之一，也是衡量组织经营成败的综合标志，这种获利能力通常可用与销售额或资金占用量相比较的利润率来表示。利润率反映了组织对某个时期内投资应获利润的要求，它的实现情况与计划的偏离，反映了生产成本的变动或资源利用效率的变化，为组织采取改进方法指出了方向。

2. 市场地位

市场地位指对产品在市场上占有份额的要求。这是反映组织相对于其他组织的经营实力和竞争能力的一个重要标志。如果组织占有的市场份额下降，则意味着由于价格、质量或服务等某个方面的原因，组织产品相对于竞争产品来说其吸引力降低了，因此，应该采取相应措施来改进产品，提升市场地位。

3. 生产率

生产率标准可用来衡量组织各种资源的利用效果，是衡量生产技术的先进性、生产组织的合理性和工人劳动的积极性的指标，通常用单位资源所能生产或提供的产品数量来表示。生产率按生产要素的种类可分为四种——劳动生产率、资本生产率、原材料生产率和能源生产率，其中最重要的是劳动生产率。

4. 产品领导地位

产品领导地位通常指产品的技术先进水平和功能完善程度，表明组织具有在工程、制造和市场方面创造领导一个行业的新产品和改良现有产品的能力。为了维持组织产品的领导地位，必须定期评估组织产品在质量、成本方面的状况及其在市场上受欢迎的程度，并与预期目标相比较，找出差距，制定相应措施以达到标准。

5. 员工发展

组织的长期发展在很大程度上依赖于员工素质的提高。因此，需要测定组织目前活动以及未来发展对员工的技术、文化素质的要求程度，并与其目前的实际能力相比较，以确定如何为提高员工素质采取必要的教育和培训措施。同时要通过员工发展规划的制定和实施，为组织及时供应足够的经过培训的人员，为员工提供成长和发展的机会。

6. 员工态度

员工态度对组织目前和未来的经营业绩有着非常重要的影响。测定员工态度的标准包括多个方面，比如可以通过分析离职率、缺勤率来判断员工对组织的忠诚，也可通过统计改进作业方法或管理方法的合理化建议的数量来了解员工对组织的关心程度，还可通过对定期调查的评价分析来测定员工态度的变化。如果发现员工态度不符合组织的预期，任其恶化是非常危险的，组织应采取有效的措施来提高员工在工作或生活上的满意程度，以改变他们的态度。

7. 公共责任

组织的存在和延续以社会的承认为前提。要争取社会的承认，组织必须履行必要的社会责任，包括提供稳定的就业机会，参加公益事业等。公共责任能否很好地履行，关系到组织的社会形象。组织应根据有关部门对公共态度的调查，了解组织的实际社会形象同预期的差异，改善对外政策，提高公众对组织的满意程度。

8. 短期目标与长期目标的平衡

组织目前的生存与未来的发展相互依存，不可分割。因此，在制订和实施经营活动计划时，应能统筹长期与短期的关系，检查各时期的经营成果，分析目前的高利润是否会影响未来的收益，以确保目前利益的获取不以牺牲未来的收益和经营的稳定性为代价。

三、制定控制标准

控制对象不同，为其制定标志正常水平的标准的方法也不同。一般来说，组织可以使用的制定标准的方法有以下三种。

1. 统计分析法

统计分析法通过分析反映组织经营在历史上各个时期状况的数据或对比同类型组织的水平，运用统计平均值法、极大(或极小)值法和指数法等统计方法来为未来活动制定标准。该方法常用于制定与组织的经营活动和经济效益有关的标准，其优点是简便易行，缺点是对历史统计数据的完整性和准确性要求较高，系统波动不能太大，否则制定的标准没有意义。

2. 经验估计法

实际上，并不是所有工作的质量和成果都能用统计数据来表示，也不是所有的组织活动都保存着历史统计数据。对于新从事的或缺乏统计资料的工作，可以根据管理人员的经验、判断和评估来为之制定标准。利用这种方法来制定工作标准时，要注意运用各方面的管理人员的知识和经验，综合大家的判断，给出一个相对先进合理的标准。该方法适用于缺乏技术资料、统计资料的情况，其优点是简便易行、工作量小，但受主观因素影响大，准确性差。

3. 工程标准法

严格地说，工程标准法也是一种用统计方法制定控制标准的方法，不过它不是对历史性统计资料的分析，而是通过对工作情况进行客观分析，并以准确的技术参数和实测的数据为基础，通过科学计算制定出标准。比如机器产出标准是其设计者计算的正常情况下被使用的最大产出量；工人操作标准是劳动研究人员在对构成作业的各项动作和要素的客观描述与分析的基础上，经过消除、改进和合并而确定的标准作业方法；劳动时间定额是利用秒表测定的受过训练的普通工人，以正常速度按照标准操作方法，对产品或零部件进行某个工序的加工所需的平均必要时间。

第二节 绩效评价

绩效评价的目的是形成有效的衡量与激励机制，改善经营管理，提高效率。传统的管理绩效评价手段是运用会计方法，通过分析财务报表、建立责任会计制度，来对组织整体业绩与分部业绩进行评价。当代管理方法的创新及信息技术的发展，使组织管理绩效评价手段有了进一步的提高与完善，其中最为著名是平衡计分卡(BSC)，该方法引用了非财务指标进行评价，为组织的综合绩效评价、战略计划、战略实施提供了一个相对完整的框架。

一、整体绩效评价——财务报告指标分析法

对组织绩效进行整体财务评价目的在于使用财务指标，分析、评价组织的营运能力、基本管理水平、获利能力及偿债能力。其方法是利用组织对外公布的财务报告，通过各财务指标间的比例及差异来进行评价，重点是评估组织本期及长期的财务风险及投资报酬，以便组织高层管理人员做出正确的决策，优化组织资源配置。

1. 主要财务报告指标分类

组织财务分析理论及实务中较常用的评价比率大致有四类：流动性比率、经营效率比率、收益比率、资本结构比率。从评价组织管理绩效的角度出发，可将这些财务指标分为两类：衡量财务风险的指标(风险类指标)及评价经营报酬的指标(报酬类指标)。风险

类指标主要衡量组织的财务安全程度。财务安全程度是指资产的质量，资本的结构及充足程度，组织的短期偿债能力(流动能力)。报酬类指标主要衡量组织经营在财务上的成功率，它主要指盈利能力、组织的成长性及市场评价。组织面临的财务风险与其所获经营报酬之间存在密切的关系。例如：较高的财务风险会影响财务报酬；盈利能力的持续下降可能会引发一定的财务风险；财务报酬的提高会使财务风险下降。

2. 财务报告指标分析法的具体应用

由于财务报告指标分析法的应用比较简单，其所需数据均可从公司对外财务报告中获得，故这里不再赘述。在此介绍净资产收益率的要素分析法：先把净资产收益率分解为多个不同财务比率的乘积，继而通过对财务比率跨年度变化的比较，对组织经营业绩的改进提出方向。在实务中，有三要素法和五要素法，公式如下。

(1) 三要素法

投资报酬率＝净利润/股东权益

＝销售总额/总资产×净利润/销售总额×总资产/股东权益

(2) 五要素法

投资报酬率＝净利润/股东权益

＝净利润/销售额×销售额/股东权益

＝净利润/税前利润×税前利润/营业利润×营业利润/销售额

×销售额/总资产×总资产/股东权益

上述两种方法是通过对各要素在每个会计期间的变化幅度来分析净资产收益率的结构性变化。由于各要素之间存在着此消彼长的关系，要素分析法能帮助管理者找出弱项，确定改进目标。这两种方法所包含的要素涉及资产管理、融资、财务成本控制等诸多方面，是对组织管理绩效进行的综合财务分析与评价。

二、分部绩效评价——责任会计考核法

对组织分部的管理绩效进行评价，目的是加强组织在分权管理体制下的内部控制，充分发挥分权管理的优点，抑制其弊端。其方法是建立责任会计制度。责任会计制度是为适应组织内部经济责任制的要求，在组织内部建立起若干个责任中心，并对其分工负责的经济活动进行规划与控制，以实现业绩考核与评价的一种内部会计控制制度。它把会计数据同各责任中心紧密联系起来，利用会计信息对分权单位进行业绩的计量、考核与评价，以提高各分权单位的积极性，协调各分权单位之间的关系，防止各分权单位片面追求局部利益而使组织整体利益受损，使各分权单位之间以及组织与分权单位之间在工作和经营目标上达成一致。责任中心是指有专人承担一定的经济责任，并有相应管理权限的组织内部单位。它是组织内部的一个单位，负有特定的任务，拥有一定的资源，具有一定的组织结构，并受一名责任人领导。根据组织内部责任单位权责范围以及业务活动的特点不同，可将组织在生产经营上的责任中心划分为成本中心、利润中心和投资中心三类。

1. 成本中心的业绩评价和业绩报告

1）成本中心的定义及特点

成本中心是指只对其成本或费用承担经济责任，负责控制和报告成本的责任中心。成本中心的工作成果一般不会形成可计量的收入，或其工作成果不便于或不必进行货币计量，因而仅计量和考核发生的成本。成本中心的应用范围最广泛，凡是组织内部有成本或费用的发生、需要对成本进行负责且能够控制的单位，均可作为成本中心加以考核。

成本中心所指“成本”与传统的财务会计中按完全成本计算法核算出来的产品成本有所不同。

第一，成本中心所需计量与考核的成本，不是归属于该成本中心的全部成本，而是其可控成本。所谓可控成本，是指该成本中心能预知其将要发生的耗费，并能对耗费进行计量、调节和控制。成本的可控与否并不是绝对的，这和责任中心所处管理层次的高低、权限的大小及控制范围有关。同时，成本的可控与否与成本形态亦有一定的联系。具体到某一成本中心而言，变动成本多为可控成本，固定成本多为不可控成本。但这并不是绝对的，例如，某生产部门所需的外购的半成品，从成本形态上来看是变动成本，但对该生产部门来说是不可控成本。

第二，与传统财务会计的产品成本归集对象和目的不同，产品成本一般按产归集，本着“谁受益，谁承担”的原则。而责任成本以责任中心为对象，按“谁负责，谁承担”的原则进行归集，其目的是对责任中心的业绩进行评价与考核。但两者的共同之处在于：在一定期间内，责任成本与产品成本的发生额是相同的。

2）成本中心的业绩评价与考核

从成本中心的业绩报告中，从全部成本中区分出可控的责任成本，将其实际发生额同预算额进行比较、分析，揭示出差异原因，据此对责任中心的工作成果进行评价。

需要注意的是，如果实际产量与预算产量不一致，则应按弹性预算方法首先调整预算指标。

3）成本中心的业绩报告

成本中心的业绩考核是通过编制业绩报告来完成。成本中心的业绩报告的格式为，按该中心可控成本的各明细项目，列示其预算数、实际数和差异数三栏。在实际工作中，可添加差异分析栏。各成本中心的业绩报告和责任预算应自下而上由最基层的成本中心逐级向上汇编，除最基层的成本中心外，其他层次成本中心的责任成本应包括该中心各项可控成本之和与下属成本中心转来的责任成本。

2. 利润中心的业绩评价和业绩报告

1）利润中心的定义及分类

利润中心是指对利润负责的责任中心。它是一个既能控制成本，又能控制收入的责任单位，所以利润中心是对收入和成本都要承担责任的单位。利润中心在组织中一般处于较高的责任层次，大多拥有对产品及劳务的生产经营决策权，如分公司、分厂、分事业部。利润中心有以下两种。

（1）自然的利润中心：是以对外销售产品而取得实际收入为特征的利润中心，如分公司、分厂等。

（2）人为的利润中心：是仅为组织内部各单位提供产品或劳务，不直接对外销售的利润中心。这类利润中心按内部转移价格计量产品转让收入，实现内部利润。实际上制造业的大多数成本中心均可在制定出合适的内部转移价格的基础上转成人为的利润中心。

内部转移价格

2）利润中心的业绩评价及考核指标

对利润中心进行业绩评价的指标是贡献毛益，其计算公式为：

贡献毛益＝销售收入总额－变动成本总额

在具体评价某一利润中心的业绩时，还需对其贡献毛益进行深入分析，以区分出部门经理业绩与部门业绩：

部门贡献毛益＝部门销售收入－部门变动成本 （11-1）

部门经理可控毛益＝部门贡献毛益－部门经理可控固定成本 （11-2）

部门毛益＝部门经理可控毛益－部门经理不可控固定成本 （11-3）

部门税前利润＝部门毛益－分配来的公司共同固定成本 （11-4）

式 11-2 部门经理可控毛益主要是评价责任中心负责人的经营业绩，它就该部门经理的可控成本进行考核，反映部门经理对所控制资源的有效利用程度。式 11-3 反映的是对部门业绩的评价与考核，是把部门可控的固定成本从部门的贡献毛益中扣除，从而得到部门毛益。式 11-4 反映的是部门税前利润，它是将公司总部所发生的一些共同费用，如管理费用、销售费用和财务费用等按一定的标准分摊到各公司责任中心后在部门毛益中予以扣除。有些时候，也可以不必对这些公司性费用进行分摊。因此，对各利润中心的业绩评价使用式 11-1、式 11-2、式 11-3 即可。

3）利润中心的业绩报告

利润中心的业绩报告，也称成果报告，应逐层列出部门贡献毛益、部门经理可控毛益、部门毛益、部门税前利润等项目，同时列出各自的预算数、实际数和差异数。与成本中心相反，若利润中心的销售收入、贡献毛益、税前利润的预算数小于实际数，则属于有利差异；反之，则属于不利差异。

3. 投资中心的业绩评价报告

1）投资中心的定义及分类

投资中心是指对投资负责的责任中心，其特点是既要对成本、收入和利润负责，又要对投资的效果负责。投资中心是最高层次的责任中心，它具有较大的决策权，同时也承担着较大的责任。从法律形式上看，成本中心基本上不是独立的法人；利润中心可以是也可以不是独立的法人，投资中心一般都是独立的法人。典型的投资中心有集团公司所属各子公司，子公司负责人直接对集团公司的总经理或董事会负责。

2）投资中心的业绩评价及考核指标

对于投资中心，不仅要考核其成本和利润，还必须对其资金使用效果进行重点考核及评价。常用的业绩评价及考核指标有投资报酬率及剩余收益。

(1) 投资报酬率。投资报酬率亦称投资利润率，是营业利润和经营资产的比值。经营资产是投资中心使用、控制的全部资产，即固定资产和流动资产的总额，在计算时取期初和期末的平均余额作为分母。作为分子的营业利润指税前息前利润，这是因为利息费用与组织融资及资产的取得有关，而与资产的使用无关。同时资产的取得及融资决策权多集中于上级主管部门，投资中心一般只关心如何有效地利用资产，利息费用对利润中心而言是不可控因素。另外，组织的税负受许多因素的影响，如税率高低、会计方法、税收优惠政策等，因此对投资中心而言，所得税费用亦属不可控因素。在考核投资中心业绩时，应使用税前利润。

(2) 剩余收益。

剩余收益的计算公式如下：

剩余收益＝营业利润－(经营资产×规定的最低报酬率)

剩余收益指标是一个绝对数指标，和投资报酬率结合使用能在一定程度上避免投资报酬率产生误导，并能鼓励投资中心的经理接受较有利的投资。既增加投资中心的剩余收益，又使投资中心的行为和组织总体目标相一致，可以有效防止各投资中心本位主义的产生。

3) 投资中心的业绩报告

投资中心的业绩报告与利润中心的报告格式相似，其基本项目有销售收入、销售成本、营业利润、经营资产的平均占用额、投资报酬率、剩余收益、销售利润率、资产周转率，并需列出每一项目的预算数、实际数以及差异数。

三、综合绩效评价——平衡计分卡

罗伯特·卡普兰和戴维·诺顿

平衡计分卡是20世纪90年代初由罗伯特·卡普兰和戴维·诺顿发展出的一种全新的组织绩效管理方法。平衡计分卡是绩效管理中的一种新思路，适用于对组织的团队考核。平衡计分卡从四个方面对组织战略管理绩效进行财务与非财务综合评价，它不仅能有效克服传统的财务评估方法的滞后性，偏重短期利益和内部利益以及忽视无形资产收益等诸多缺陷，还是一个科学的集组织战略管理控制与战略管理的绩效评估于一体的管理系统。

(一) 特点与作用

平衡计分卡打破了传统的只注重财务指标的业绩管理方法。该方法认为，传统的财务会计模式只能衡量过去发生的事情(落后的结果因素)，而无法评估组织前瞻性的投资(领先的驱动因素)。在信息社会里，传统的业绩管理方法并不全面，组织必须通过在客户、供应商、员工、组织流程、技术和革新等方面的投资，获得持续发展的动力。正是基于这样的认识，组织应从以下四个角度审视自身业绩：学习与发展、业务流程、顾客、财务。

平衡计分卡反映了财务、非财务衡量方法之间的平衡，长期目标与短期目标间的平衡，外部和内部的平衡，结果和过程的平衡，以及管理业绩和经营业绩的平衡等多个方面，也反映了组织综合经营状况，使业绩评价趋于平衡和完善，有利于组织长期发展。

采用平衡计分卡可以克服组织考评中的两个重大缺陷。其一是标准差距。大多数组织衡量其业务比率、质量和生产率时，主要集中关注历史数据，如与去年相比做得怎么样，而这样的标准与未来的成功并不相关。尽管这样的比率很重要，但它们不能衡量未来经营过程中的其他重要方面，尤其是那些难以量化的方面。其二是计划与管理行为的差距。许多组织推进重要的新战略却成效甚微，原因在于战略计划没有转变成管理者和员工能够理解并在日常工作中运用的具体措施。

平衡计分卡满足了绩效管理的两大需求。一方面，它可以防止战略稀释现象的发生。战略稀释指组织管理层在经营过程中逐步淡化组织战略的指导作用。绩效考核将经营活动与战略相联系，层层分解的业绩指标能减少这种稀释并确保组织目标的完成。另一方面，它可以增加业绩评估的维度。传统的组织内部管理与报告系统主要考虑财务信息，如预算计划的完成程度、权益报酬率、每股收益等。而当代组织的高级管理层要求的绩效管理能提供比传统会计角度更宽的视角，不但注重组织的投入与产出，而且要求从全面的角度来分析与看待组织的经营成果及发展潜力。绩效管理体系有助于组织中各个层面目标管理体系的实施，并激励每个任职者为完成组织目标做出自己的贡献。

（二）平衡计分卡的绩效评价指标体系

平衡计分卡通过四个逻辑相关的角度及相应的绩效指标，考察组织实现其愿景及战略目标的程度。

1. 平衡计分卡的四个角度

1）财务

虽然传统的仅偏重以财务指标衡量组织业绩的体系存在种种缺陷，但不等于我们要否定或者废除财务指标。财务指标不仅在平衡计分卡中占据一席之地，而且是其他角度的出发点和落脚点。从财务角度看，一个组织的平衡计分卡可以包括以下指标：利润、营业额、销售额、现金流、投资回报率。

一套平衡计分卡应该反映组织战略的全貌，从长远的财务目标开始，然后将它们同一系列行动相联系，最终实现长期经营目标。假如质量、客户满意度、生产率等方面的改善和提高，最终无法转化为销售额的增加、营业费用的减少、资产报酬率的增加等财务成果，前面的工作做得再好也无济于事。

处于生命周期不同阶段的组织，其财务衡量的重点也有所不同。处于成长阶段的组织，要进行数额巨大的投资，因此，其现金流量可以是负数，投资回报率亦很低，财务衡量应着重于销售额总体增长百分比和特定顾客群体、特定地区的销售额增长率等；处于发展阶段的组织，应着重衡量获利能力，如营业收入和毛利、投资回报率、经济增加值等；处于成熟阶段的组织，财务衡量指标主要是现金流量，组织必须力争实现现金流量最大化，并减少营运资金的占用。

2）顾客

在顾客方面，核心的衡量指标包括市场份额、老客户同类率、新客户获得率、客户满意度和从客户处所获得的利润率。这些指标存在着内在的因果关系：第一，客户满意度决定新客户获得率和老客户回头率；第二，后两者将决定市场份额的大小；第三，前面所提到的4个指标共同决定了从客户处获得的利润率；第四，客户满意度又源于组织对客户需求的反应时间，以及产品的功能、质量和价格。

3）内部流程

在内部流程管理方面，应根据客户需求来制定业绩衡量指标。早期的内部流程是以产定销式的，重视的是改善已有的流程；现在的流程却是以销定产式的，常常要创造全新的流程，它遵循着"调研、寻找市场→产品设计开发→生产制造→销售与售后服务"的轨迹进行。

对于不同的流程，采用的评价指标各不相同。

第一，对于生产制造过程的业绩衡量可以沿用财务指标，如标准成本和实际成本的差异、成品率、次品率、返工率等。

第二，对于产品设计开发可以采用以下指标衡量：新产品销售额在总销售额中所占的比例、专利产品销售额在总销售额中所占的比例、比竞争对手率先推出新产品的比例、开发新产品所用的时间、开发费用占营业利润的比例、第一次设计出的产品中可全面满足客户要求的产品所占的比例、在投产前对设计进行修改的次数等。惠普公司还推出了时间平衡法来衡量产品开发部门的工作效率，这一方法要计算从开始研制某新产品到新产品投放市场，并产生可以平衡研制投资的利润所需的时间。

第三，对于售后服务的衡量可以从时间、质量和成本几方面着手。可以采用的指标包括组织对产品故障反应的速度（即从接到客户请求到最终解决问题的时间）、用于售后服务的人力和物力成本、售后服务一次成功的比例等。

4）学习和发展

在学习和发展方面，最关键的因素是人才、信息系统和组织程序。组织若想超越现有业绩、获得未来持续成功，不能仅仅墨守组织上层制定的标准经营程序，必须尊重、重视和尽可能采纳第一线员工对改善经营程序和业绩的建议和想法，因为他们距离组织内部的工序和组织的客户最近。此外，要促进组织的学习和发展，还必须加强对员工的培训，改善组织内部的信息传导机制，激发员工的积极性，提高员工的满意度。这方面的衡量指标包括培训支出、培训周期、员工满意度、员工换留率、信息覆盖比率、每个员工提出建议的数量、被采纳建议的比例、采纳建议后的成效、工作团队成员彼此的满意度等。表11-1显示的是平衡计分卡中常见的指标。

表 11-1 平衡计分卡中常见的指标

项目	说明	指标
财务	用于体现股东权益，概括反映组织当期经营业绩	营业收入 资本报酬率 经济附加值 现金流量
顾客	用于体现顾客利益，反映顾客满意度、客户流失率、新客户开发程度和客户的可获利能力	客户满意度 市场占有率 旧客户保持率 新客户增长率
内部流程	主要包括以客户为中心进行市场定位、生产产品、提供服务、售后服务四个环节	新产品设计能力 周转时间 成本 返工率 客户付款时间
学习和发展	主要考核组织持续发展能力的增长情况，包括人员、信息系统和组织结构三个方面	培训支出 客户满意度 信息传递和反馈所需时间 员工受激励程度

上述四个角度之间的逻辑关系如图 11-1 所示：组织目标是为股东创造价值（财务角度）；财务（收入）的增长取决于客户购买量和满意度（顾客角度）；为了让客户满意，组织必须具备一定的技能（内部流程角度）；组织的技能归根结底取决于管理制度和人力资本（学习和发展角度）。

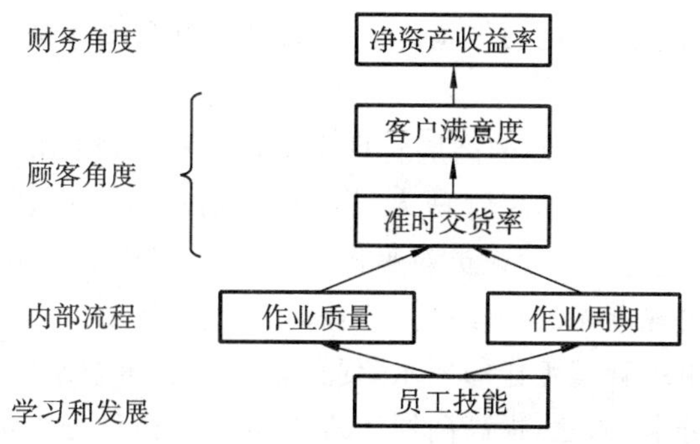

图 11-1 平衡计分卡四个角度及相应指标之间的逻辑关系

2. 平衡计分卡中的领先指标与滞后指标

好的平衡计分卡绩效考核指标体系包含领先指标与滞后指标，这两种指标有时又被称为绩效驱动指标和结果考核指标。

一般来说，结果考核指标只能反映一个过程的最终结果。不过，最终结果往往才是利益相关者所关心的东西，他们中的大多数人对于反映组织未来绩效的考核指标毫无兴趣。但是，组织需要监控自己的运转情况，如流程效率、客户市场的变化和员工的感受等，并对绩效形成过程中出现的种种问题及时予以处理。

组织通过平衡计分卡的多种角度所获得的信息，能够加深管理人员对组织近况的认识，并促使其做出适当的反应。如合作者满意度、次品率、市场供应及时率等绩效驱动指标，并不只是反映员工努力的效果和成绩，还可以反映员工努力的态度和行为。通过对这些绩效驱动指标的定期报告和讨论，管理者可以及时了解组织里所发生的多种情况。一旦这些绩效驱动指标出现异常，管理者就可以有针对性地迅速采取行动。

考虑到风险和责任的影响，要采用绩效驱动指标和结果考核指标这种分类形式。为了鼓励员工根据绩效驱动指标尽快采取行动，组织甚至要求员工对绩效驱动指标负责。不过，如果员工实现了绩效驱动指标，由于中间的联系过程没有控制好，导致最终的结果考核指标没有实现，组织还需要通过灵活的薪酬方案对实现绩效驱动指标的员工进行激励。

（三）建立基于平衡计分卡的绩效管理体系

美国管理会计师协会

美国管理会计师协会所进行的一项调查显示：89%的平衡计分卡用户相信，平衡计分卡促进了组织的绩效提升。虽然对不少有意实施平衡计分卡的组织来说，失败的风险是存在的，但许多国际知名组织运用的实践已经证明了平衡计分卡的有效性。

1. 实施平衡计分卡的具体步骤

为了成功运用平衡计分卡来促进组织整体绩效的提高，需要实施以下步骤。

1）培训组织的高层管理人员，促使其承担相应的职责

对组织的高层管理人员进行平衡计分卡培训，主要有三个目的：第一，统一高层管理人员对平衡计分卡的认识，避免在推行平衡计分卡的过程中出现重大的分歧；第二，让高层管理人员了解平衡计分卡的重要作用和对组织管理工作的要求，促使他们重新审视组织是否真正想要实施平衡计分卡；第三，提高高层管理人员对平衡计分卡的认同，促使其在实施过程中承担相应的职责。

如果高层管理人员不能认识到平衡计分卡在战略管理和绩效管理方面的作用，当平衡计分卡发展到比较艰难的环节如确定组织的关键绩效指标时，他们会对其失去兴趣。高层管理人员，尤其是 CEO 必须在实行

平衡计分卡的过程中承担一定的责任，促使平衡计分卡延伸到整个组织当中。同时，CEO 必须是平衡计分卡的核心驱动者。

高层管理人员通常没有充足的时间对平衡计分卡进行全面的监控。这就需要在平衡计分卡项目实施的初期，建立一个专职进行平衡计分卡项目推广的小型团队，作为高层管理人员与平衡计分卡项目之间的桥梁。高层管理人员需要定期与平衡计分卡项目团队进行交谈，以及时了解项目的进度，并处理相关问题。同时，高层管理人员还需要定期对项目参与者的建议和意见予以反馈。

2）组建一个平衡计分卡项目团队

为了更好地推行平衡计分卡，组织需要挑选 2～4 个经验丰富的员工组成一个小型平衡计分卡项目团队。同时，还要在项目团队和每个部门之间设立一个联络人。联络人需要了解其所在部门的具体业务，其主要任务是向平衡计分卡团队提供知识支持和反馈。另外，平衡计分卡项目团队需要建立一个数据库，来协助平衡计分卡的实施和相关绩效指标的测量。

3）重新审视、明确组织战略目标

越来越多的组织已经认识到，一个准确清晰、广为人知且易于理解的战略目标是多么重要。平衡计分卡的实施始终强调要关注组织战略目标的实现。组织需要重新审视、明确自己的战略目标，并将其融入平衡计分卡的实施过程。

4）关注关键结果领域，以组织的发展需要确定平衡计分卡的角度

在实施平衡计分卡时，组织容易犯的一个错误是：花上几个月的时间讨论平衡计分卡的角度等，却很少用心讨论组织的关键结果领域。其实，关键结果领域是平衡计分卡所采用的多个角度的主要来源。确定了组织的关键结果领域，平衡计分卡的角度也就明朗了。

在确定平衡计分卡的角度时，直接采用卡普兰和诺顿提出的四个角度是比较简单的做法。但问题是，这四个角度并不能适应和满足所有组织的实际需要。这就需要组织根据自身的发展阶段、竞争环境和行业特征，确定平衡计分卡的角度。

5）为平衡计分卡的多个角度选定关键绩效指标

平衡计分卡每个角度的关键绩效指标一般不超过 5 个，卡普兰和诺顿建议选择 20 个关键绩效指标，但问题在于如何从几百个指标中挑选这 20 个关键绩效指标。一个好的关键绩效指标的特点是：为组织所熟知，短期内的变化能迅速产生重大影响，责任能够落实到员工个体层面，积极的变化能够给其他很多指标带来积极影响。

在指标的选择上，应当同时采用绩效驱动指标与结果考核指标。很多组织只把结果考核指标作为关键绩效指标，其实，这样做有很大的风险。因为结果考核指标是许多已经发生的事情的综合结果，而这些结果指标只会显示组织是否在朝着正确的方向发展。如果内部流程等存在问题，它们也会有一定的反映，但不会显示组织问题到底出在哪里。所以，只有将绩效驱动指标与结果考核指标结合使用，才能在实现组织短期财务目标的同时保证长期的良好财务绩效。

6）为关键绩效指标建立具体的绩效目标

为平衡计分卡的关键绩效指标建立具体的绩效目标，如投资回报率＝15％，销售增

长率=8%,市场占有率=35%,员工流动率≤2%等。

7) 开始行动

在实施类似于平衡计分卡这样重大的项目时,组织通常倾向于借助外部专家的力量。不过,平衡计分卡的实施很难一蹴而就。卡普兰和诺顿的建议是"just do it"。组织所遇到的挑战是如何建立一种"just do it"的文化。在这种文化里,员工会相信:不是必须依靠专家去才能实施这个项目,认真去做就好。

第三节 战略变革

全球经济一体化和科学技术的飞速发展带来的经营环境的急剧变化使得组织战略管理必须具有更强的适应性。在复杂变动的环境中,"唯一不变的是变化",这句话有着非常重要的意义。洛克希德-马丁公司董事长兼CEO诺曼·奥古斯汀指出:"世界上只有两类组织:一种在不断变化,另一种被淘汰出局。"组织的竞争日益表现为动态的竞争,战略变革是所有组织都必须面对的严峻挑战。

一、战略变革的内涵

战略变革是组织可持续发展的根本动力。战略变革包含着全方位的内容,既涉及组织使命和目标的改变,也包括调整组织的经营范围、竞争战略、核心资源,还涉及进行相应的组织变革。

20世纪80年代以来,战略变革日益引起各方面的重视,但对如何定义战略变革到目前为止还没有一个被广泛认可的观点。拉贾戈帕兰和凯利(1997)指出,战略变革是由外部环境的变化引起的,战略变革的内容是由组织范围、资源配置、竞争优势和协调性变化带来的。明茨伯格认为,当组织变革的内容涉及方向性的组织要素时,如抽象性思维层次的使命、定位和具体性行为层次的程序等,这时的变革是战略变革。希尔和琼斯(1998)提出战略变革是组织从目前状态到未来理想状态而增加其竞争优势的活动。尽管这些表述存在视角与认知上的差异,但有一点相同,即战略变革是组织在内外部环境发生变化时,为了获得或保持竞争优势,而对经营范围、经营模式、竞争策略、资源能力等进行的重新定位和设计,这种变革既可能体现为组织业务的变化,也可能体现为组织的变化,更可能是两者的共同变化。组织是组织战略管理的基础,战略变革与组织变革密切相关。战略变革不仅涉及整个组织,而且会对组织未来的发展产生深远的影响。

二、战略变革的类型

在整个市场运作中,每个组织都有其独特的技术、产品与服务、战略与结构、文化,这些能够帮助组织获得巨大的影响力。因此,组织管理人员可以通过技术变革、产品与服务变革、战略与结构变革、文化变革来获得战略上的优势,开拓新的市场空间。

1. 技术变革

技术变革指组织生产过程的变革,包括其保证差异化竞争的知识库、技能库等的变革。这些变革的目的是提高生产效率,增加产量。技术变革涉及产品或服务的制造技术,包括工作方法、设备、工作流。如一个污水处理厂,其技术变革指设计出高效的污水再生系统,还可以采用先进的信息技术在组织内传播技术知识。

2. 产品与服务变革

产品与服务变革指一个组织输出的产品或服务的变革。产品变革包括对现有产品的调整或开辟全新的产品线。开发新产品的目标通常是提高市场份额或开发新市场、新顾客。如 Milacron 机床公司面对激烈的外部竞争和整个行业的变化,将自己转变为一个全面的服务供应商。它不仅提供机床,还提供所有的工业塑料、流体、化学制品。现在,机床业务只占 Milacron 公司全部利润的 1/4。新的产品与服务帮助它扩展了市场与顾客群,使它在这个行业中成功地生存了下来。没有组织的服务就没有顾客的忠诚。服务变革是提高产品竞争力、附加价值、差异化地位及效益的重要而有效的手段,其对组织形象、品牌形象具有强有力的塑造作用。

3. 战略与结构变革

战略与结构变革指组织管理领域的变革,管理领域涉及组织的监控和管理。这类变革包括组织结构、战略管理、政策、薪酬体系、劳资关系、管理信息与控制系统、会计与预算系统的变革。结构与系统变革通常是自上而下进行的,即由最高管理层下令进行变革。

4. 文化变革

文化变革指价值、态度、期望、信念、能力、员工行为等的变革。文化变革涉及员工思维方式的改变,它不是技术、结构或产品的改变,而是一种头脑中的变革。如 Global Metallurgical 是一家为化学行业供应特种金属的公司,它本来的文化特征是怀疑与不信任。管理人员经常不征询员工意见就强制进行变革,有时还会突然改变管理方法和政策。后来 Global Metallurgical 改变了它的文化,开始尊重员工的价值,鼓励员工的参与,对管理也有了新的认识,从而使得公司的产品质量得到了很大的提高。

三、战略变革需要的条件

1. 组织管理者的战略管理能力

在错综复杂的环境下,组织能否抓住机遇,应对挑战,进行全方位的变革,关键在于组织管理者有没有战略意识、战略能力。

首先,组织管理者必须具有战略意识。战略意识是一种高层次的意识,它是人类意识活动中目的性、能动性、创造性的突出表现。组织管理者首先要进行战略思维转型,即从项目导向的投资思维转向产业战略导向的投资思维,从开辟新利润增长点的思维转向确立产业价值链竞争的思维,从先筹钱后找项目的融资思维转向产业战略需求拉动融资战略需求的思维。其次,组织管理者要了解组织战略的关注点。战略关注点体现在五个方面：第一，形成明确的战略观点；第二，正确选择产业和提升产业能力；第三，优化业务结构，合理配置战略资源；第四，正确把握投资方向；第五，基于内部资源与能力，进行系统的管理升级与文化变革。有了正确的思路，才会有正确的出路。

最后，组织管理者必须具有战略能力。战略能力是组织管理者把握并处理全局性、根本性和长远性的能力。只有具备战略能力，组织管理者才能在领导活动中有效把握全局，运筹帷幄，才能健康发展。组织管理者应具有的战略能力包括以下几种。

1）战略思维能力

战略思维是在战略观念指导下，运用多种思维方式对战略问题进行分析研究，找出解决问题的办法的过程。战略思维能力是组织管理者能力的思想基础。

2）预测能力

作为组织战略规划与事实的设计者和组织者，组织管理者必须具有较强的预测能力，并运用准确、科学的预测，进行有效的战略规划。

3）创新能力

创新能力表现为管理者善于发现旧事物的缺陷，准确捕捉新事物的萌芽，提出大胆新颖的设想，然后进行周密的论证，拿出可行的方案来实施新设想。

4）战略规划能力

战略规划能力是管理者把握全局，为组织确定方向，制定组织发展战略的本领与水平。战略规划是管理者的头等大事，每个管理者必须明确自己的角色，清楚自己的职责，心中要有一幅组织发展的清晰蓝图，知道组织应该向何处去，怎么去。只有明确组织发展的方向与目标，具有强烈的责任感与全局意识，才能进行科学的战略规划。

2. 组织的学习能力

组织的学习能力指通过培养组织的学习气氛和文化，推动集体学习，促进组织里的所有员工不断学习，充分发挥员工的积极性和创造能力，不断改进管理、技术和服务，让组织获得持续的竞争优势和战略能力。由于知识的快速更新，员工对于专业知识的持续学习能力将决定组织所拥有的竞争实力。

1）战略与愿景

组织必须有一个往何处发展的愿景，这样员工才知道应该学习什么，学习的目标是什么。因此，组织必须制定详细的战略，促进员工的学习，推动组织向愿景靠近，同时组织的愿景和战略也必须支持和促进组织的持续学习能力。许多组织都证明了首先建立学习型组织的愿景非常有必要。20 世纪 80 年代初，通用电气是一个工业革命时代遗留下来的庞然大物，韦尔奇坚信它可以成为市场上高效率运营的公司和高价值的供应商。为了达到这个愿景，韦尔奇不断加强公司的学习能力和适应变化的能力，继而推动了公司的改革，通用电气也因此成为较成功的国际企业之一。

2）决策行为

设立愿景之后，便是决策行为。汉诺瓦保险公司的 CEO 认为，在一个学习型组织中，经理们肩负着一个重要而神圣的职责：创造一个能让员工高效工作的环境。组织的管理人员应该每天追问自己：为了创建一个有创造性的学习环境和让每一个员工能感到自己处于促进组织计划完成的过程中，我所做的最大的贡献是什么？

3）管理行为

在认真对待学习的组织中，经理人员会鼓励并促进员工个人的发展和成长，他们帮助员工整合所学到的知识，鼓励其冒险。经理们与决策层共享来自员工的新颖的想法和创意，决策层再利用这些想法和创意寻求进一步的改进和发展。

还有一些组织的做法是把员工放到他们不能完全胜任的职位上，他们必须学习、掌握新的技能，然后被派到新的岗位，不断进行岗位轮换。如果一个员工能完全胜任某个职位，这样的工作很快会让人产生厌恶感。美国《财富》杂志指出，未来最成功的组织是学习型组织。学习型组织是组织的未来发展趋势。只有学习才能保证创新源源不断地出现，才能具备快速的市场应变能力。因此，组织应转变为学习型组织，以应对激烈的市场竞争。

3. 组织需要持续创新

现在所处的环境由于各种因素的作用和变化而处于不断的变动之中，环境的动态化严重削弱了组织经营决策与行为可能性预见的基础。组织的每一种既定形式的竞争优势都不可能长久维持，它们最终都将消散，只是需要的时间长短不同而已。

在动态的环境中，如果组织只有一种竞争优势且无法创造竞争优势，组织将很难生存。要想进行有效的变革来获得持续竞争优势，就要求组织能够深刻预见或者洞察环境的变化并迅速做出反应。应该立足于持续创新，超越其所处的环境和市场竞争。通过持续创新，不断超越自己和他人，从既有竞争优势迅速转换到新的竞争优势，从而获得有利于整体发展的持续竞争优势。

总之，对于一些市场领先的组织来说，一定不要沉湎于自己过去的成功和今天的辉煌，以免成为今后创新发展的障碍；组织成立一个全力推动变革的领导小组也很必要，这些人天生都喜欢在变革中挑战自我，并不断创新；变革管理者要向员工说明变革后组织会走向更加成功的灿烂远景，并要和员工分享变革后带来的好处，然后共同制定变革的战略并且全力实现变革。

四、战略变革的实施过程

一个完整的战略变革实施过程，包括战略变革前的准备、战略变革的实施、战略变革的跟踪与持续改进三个阶段。

1. 战略变革前的准备

1）摸清组织现状

明确组织现状是实施组织战略变革的第一步，也是非常重要的一步。组织首先要弄清自己的现状，只有弄清自己是真的生病了还是处在亚健康状态之后，才能采取相应措施。毕竟组织不是为了管理而管理，组织任何管理的变革都必须有充分的内部数据和事实作为依据，抛弃了这些数据和事实，组织战略变革实现的可能性将非常小。组织经常采用的问卷调查、面对面的交流沟通、收集文件及记录、笔录、会议、座谈等活动都是为了摸清组织现状，找出自身的优势与不足。

2）确定战略变革目标

组织的任何行为都必须具有一定的目标，没有目标的计划或任务是没有任何意义的。通过对组织现状的调查与摸底,通过 SWOT 等方法来分析所收集到的数据,对影响组织运作或产生瓶颈的因素作阐述与分析,明确组织变革的目标,以及通过实现这个目标而解决的组织问题都必须翔实。当然,这个过程多数采用的是座谈、会议和面对面沟通等方法。这个阶段的主要任务是实现组织内部多数员工对目标的认可。

3) 目标分解及项目计划确定

组织变革只有大的目标并不现实,也没有可操作性。要使组织的目标可以进行实际操作,就必须采用结构分解的方式对组织战略变革的大目标进行层层分解,也只有将所有的子目标或子任务都分解到相关岗位,这个目标才有意义。其实在战略变革过程中,多数员工不可能非常清楚所有目标,但是多数岗位上的员工都想知道自己到底要干些什么。所以,积极沟通和协调,明确相关岗位的任务,然后让员工自己理解并完成任务,是组织战略变革倡导的重要方法之一。组织战略变革负责人必须将员工个人承诺的内容与其绩效挂钩,这样操作会使得员工在战略变革中既有压力,也有动力。

4) 战略变革内容的模拟、讲解及发布

战略变革是个复杂的过程,它应该属于一种系统的社会工程,组织要积极面对在这个工程里面所有的人际关系。因此,在组织准备实施战略变革的阶段完成以后,就需要对这个阶段定性、定量的内容进行模拟现场操作、讲解和座谈,让员工明白组织要提倡什么和反对什么。通过模拟,使员工清楚组织相关要求的内容;通过讲解,让员工清楚模糊的地方;通过发布,让员工清楚战略到底在什么时间进行切换。

5) 战略变革内容培训、宣传及试运行

战略变革实际上是一种思想上的斗争。既然是斗争,就肯定要有牺牲,组织要做的是把这种牺牲降到最低限度,降低到组织可以接受的范围。因此,战略变革内容的发布是个里程碑,也是长远规划的第一步。要使长远规划能顺利完成,就需要对变革的内容进行阶段性、计划性培训、宣传和试运行。通过试运行,找出模拟中没有发现的问题或不足,并及时改进。

2. 战略变革的实施

1) 战略变革管理团队的建立

在第二阶段开始时,组织应该建立一个由高、中、低层管理者和关键员工组成的战略管理团队,对战略变革实施综合、系统管理,尤其要注重中层管理者和关键员工的角色和作用。中层管理者承上启下的有机联动性和关键员工对战略执行绩效的真实感受和认识,是正确发起和实施战略变革不可或缺的要素。

2) 培育战略学习机制,提高组织战略的转换能力

战略作为连接组织和环境的纽带,通过环境、组织和战略三者间的反馈式互动,成为获取可持续竞争优势的重要途径和前进方向。战略学习机制在其中起着基础性作用。组织学习是以组织为基本单位的知识创新过程,所以要充分重视各种形式的组织知识创新活动,充分保证组织在实施战略变革时能按照既定时间进行,并提高战略变革质量。

3) 合理、谨慎地设计组织战略的变革过程

组织战略的变革要经历变革、方案制定、贯彻执行。其间伴随着绩效评估阶段,是个长期复杂的过程,需要深入调研、认真制定和扎实推行,应做到循序渐进、步步为营,不能

凭借“长官意志”而武断拍板，一蹴而就。

4）改变组织文化

无论战略还是文化都需要变革，战略的变革会带来不确定性和风险。尽管战略必须做好各种资源的评估，但由于组织文化的存在，不同个体对战略变革结果的接纳程度及风险意识都不同，对战略变革的态度自然也不同，战略变革甚至会激起反抗，从而导致变革失败。

如何让变革深入人心，让创新价值观成为坚定不移的价值取向，是战略变革成功的关键。变革需要付出成本，坚决清除变革途中的障碍是一种价值观取向的标杆，形成主流文化是向组织成员宣示这场变革的决心的最好途径。可以说，组织的变革是战略与文化如何协同的问题。在战略变革不可避免时，及时创建一种支持战略变革的组织文化，是战略变革最终获胜的根本因素，否则，组织文化便会成为问题之源。

5）构筑共同愿景

战略变革成功的关键在于如何发挥组织能量从而取得成功，这需要从说服那些参与变革人员接纳新的战略开始，也取决于组织成员能否在组织的前景上达成一致。解决这一问题的最好方式是规划共同愿景。愿景告诉人们“组织将成为什么”，它不同于战略目标——明确告诉成员什么时间能达成什么具体目标。一个明晰的愿景，应该是对组织内外的一种宏伟的承诺，使人们可以想象达成愿景后的收益。它应该具备以下特征：能够让人们激情澎湃，调动他们的积极性，让人们觉得有点高远但又愿意全力为之奋斗。所以，战略变革要提出共同愿景，给员工一幅足以让他们兴奋不已的蓝图，让员工和利益相关者提供帮助，甚至牺牲短期利益。用愿景激发员工变革的欲望，是战略管理必不可少的一环，也是现在的热门学科，是学习型组织建设的核心要素。

6）塑造核心价值观

价值观是指导人的行为的一系列基本准则和信条。其回答以下问题：“什么事至关重要？”“什么事很重要？”“我们信奉什么？”“我们该怎样行动？”一个组织的价值观是该组织对于内部和外部各种事物和资源的价值取向，是组织所有成员在长期的经营哲学指导下的共同价值观。价值观是我们进行决策，确定政策、策略和方法，以及选择行为方式的指导方针。因此，建设战略支持型组织文化，要把着力点放在塑造组织核心价值观上，在组织内部确立人的价值高于资产的价值、共同价值高于个人价值、团队价值高于个体价值、社会价值高于经济价值的价值观。

一个与组织发展战略相适应、相匹配的组织核心理念体系的创建和完善，为组织发展战略的推进提供着生生不息的价值导向、智力支持、精神动力、舆论引导和文化支撑，促进组织中的人拥护变革的观念，对既有的价值观进行创新，将其与新的战略实施框架相匹配，是战略管理实施的价值基础。

7）让战略变革在组织文化中根深蒂固

经过对共同愿景的规划和对既有价值观的创新，一种支持战略变革的组织文化就初步建立起来。这种组织文化仅仅是开始，组织成员对于新的文化价值观只是停留在了解阶段，此时如果过早放松对新的组织文化的培育，战略变革的努力会面临因缺乏动力而停滞不前的风险。因此，短期的变革成功并不意味着长期的胜利，只有当新的战略变革深入组织文化的根源中，变革的果实才会巩固。要保证战略变革在文化中根深蒂固，应把握以下几点。

（1）领导团队身体力行。要让组织中的每一个人相信愿景并愿意去实践共同的价值观，领导团队的身体力行最为重要。如果共同的价值观只是停留在口头、文字、会议等形式上，领导团队也高高在上，则这样的价值观不可能被员工接受。价值观不应该只是每天不断地说教，而应该每时每刻体现在行动上，因此，领导团队的行动更为重要。

（2）让价值观体现在工作绩效上。任何精神层面的东西，如果不体现在物质层面上就不可能让人们折服。要员工信奉共同价值观，就必然要让他们相信这样的价值观能够给他们带来绩效，无论是在薪酬上或者是在个人发展空间上，它必须有一个体现的载体。所以，要有意识地向员工表明新的战略变革将如何帮助他们提高工作绩效，从而使他们将战略变革的作用与价值观联系起来，进而愿意去坚持这种价值观。

（3）清除变革中的障碍。战略变革一开始往往让组织成员在观念上无所适从。文化惯性使他们怀疑变革的真实性，既有利益者更会在非正式场合散播不利因素。

3. 战略变革的跟踪与持续改进

战略变革完成以后，所有变革的内容就成了组织的“内部法律”，任何员工必须无条件地去执行。让员工改变一种习惯需要不断进行培养和奖惩，所以在这个阶段，组织必须坚持公正、公开、透明的原则，这在正式运作前期坚决不可以打破，否则组织战略变革很容易误入歧途。同时，在这个过程中，组织的管理部门必须跟踪和检查，并进行阶段性质询，然后根据发生的问题进行新一轮的组织战略变革。这样，一个组织战略变革的循环系统就完成了。

需要注意的是，该循环系统的完成应在一个保持动态变化的环境中进行。组织的动态能力主要强调基于环境快速变动的特征。战略管理的作用在于适应、整合和重组组织内外的技能、资源和功能，以适应环境的变化。在动态环境中，为了获得持久的竞争优势，组织需要的是创新能力。组织只有通过其动态能力的不断创新，让组织的资源和能力随时间的变化而改变，才能利用新的市场机会来创造竞争优势的新源泉。所以，在一个动态的环境中，组织的动态能力是其战略变革的基础。

案例　Globe Metallurgical：一个注重实效的实验者

Globe Metallurgical 是一家规模小，生产高附加值的特殊金属产品，目标市场为全世界的化工和铸造行业的营利性制造商。公司已经在许多国家赢得了质量奖，并且被业界公认为最具有创新能力的公司之一。然而，就在不久之前，Globe Metallurgical 公司还是一个让美国的金属制造业感到烦恼的、在教材中常见的案例之一。其主要特征为陈旧的设备、可怕的劳工关系、无差异性的产品、不具有竞争力的成本结构。阿登·西姆斯是 Globe Metallurgical 公司的总裁，他最初通过降低成本、重获竞争力来应对这些问题。但是，薪金的大幅降低以及运营的困难重重证明这些重获竞争力的措施是无效的。日渐衰弱的公司正在面临着破产的危险。

Globe Metallurgical 公司重新回到了角落中，开始为了组织的存活而斗争。公司开始进行实验，在长达 8 年的转型期间，公司表明有能力学会新的运营方法。这些变化并不是一些有洞察力的控制计划的结果，而是因为面临着一系列危机，迫使公司必须着手考虑哪些方法可能比传统的方法更加有效。阿登·西姆斯在思考学习过程时说："我不知道哪一种方法能够替代传统的方法。在有些情况下，我自己能够发现解决方案；在其他情况下，有些人必须对我加以指点。一般情况下，解决方案的获得都需要进行各种尝试。"有些创新是偶然发现的结果，但是不必考虑来源，一旦发现了有价值的洞察力，阿登·西姆斯就能够娴熟地将其转化为公司经营的新标准。

当 Globe Metallurgical 公司的两家工厂中的一家工厂由于罢工而关闭时，最重要的学习阶段来临。在此期间，阿登·西姆斯和 35 个员工组成的团队坚持每天工作 12 小时每周工作 7 天，这样持续了几乎一年时间。阿登·西姆斯这样描述这段时期："罢工带来了巨大的压力，也带来了巨大的进步。我们进行了各种不同的尝试，可以说是在一种速度极快的、持续改善的模式中运营。每天，人们都提出许多关于改善运营状况、运行流程、物流方式等方面的建议。我随时都会作记录，如果我发现了什么，我也会先记录下来，然后在喝咖啡或者午餐期间与团队成员进行探讨和交流。每天我都会将记事本写满。"

新过程的形成使得 Globe Metallurgical 公司成为如何推广学习过程的典范。在用餐期间，工人们经常探讨究竟应该如何来破碎金属板。在阿登·西姆斯的鼓励下，他们找出了适合的方法。这次变革为公司带来了巨大的进步，就在罢工开始之后的几个星期内，工厂的产量比罢工之前增长了 20%；在罢工开始之后的第十个月，工厂开始获利。

[1] 彼得·圣吉.第五项修炼:学习型组织的艺术与实践[M].扩充修订版.北京:中信出版社,2017.

[2] 查尔斯 W L 希尔,加雷思 R 琼斯.战略管理:概念与案例.薛有志,李国栋,等,译.北京:机械工业出版社,2017.

[3] 伊迪丝·彭罗斯.企业成长理论[M].赵晓,译.上海:上海人民出版社,2007.

[4] 卡洛克,沃德.家族组织战略计划[M].梁卿,译.北京:中信出版社,2002.

[5] 亨利·明茨伯格.组织战略计划——大败局的分析[M].张艳,等,译.昆明:云南大学出版社,2002.

[6] 亚历克斯·米勒.战略管理[M].3版.何瑛,等,译.北京:清华大学出版社,2011.

[7] 陈继祥,王家宝.企业战略管理[M].北京:清华大学出版社,2015.

[8] 朱伟民,李玉辉,牛海树.战略管理[M].大连:东北财经大学出版社,2013.

[9] 胡恩华,等.企业战略管理[M].2版.北京:科学出版社,2017.

[10] 王方华,吕巍.战略管理[M].北京:机械工业出版社,2010.

[11] 蓝海林.企业战略管理[M].3版.北京:科学出版社,2018.

[12] 林建煌.战略管理[M].北京:中国人民大学出版社,2005.

[13] 李维刚.企业战略管理[M].北京:科学出版社,2010.

[14] 陈继祥.战略管理[M].上海:上海人民出版社,2008.

[15] 张新国.企业战略管理[M].北京:高等教育出版社,2010.

[16] 尤建新,蔡文珺,尤筱玥.基于质量改善视角的业务流程优化研究[J].工业工程与管理.2017(6).

[17] 杨锡怀,王江.企业战略管理 :理论与案例[M].北京:高等教育出版社,2010.

[18] 赵光洲.企业战略管理[M].北京:高等教育出版社,2011.

[19] 徐飞.战略管理[M].3版.北京:中国人民大学出版社,2016.

[20] 刘立钢.战略管理:可持续发展观点[M].沈阳:辽宁人民出版社,2010.

[21] 徐大勇.企业战略管理[M].北京:清华大学出版社,2015.

[22] 黎群,汤小华.战略管理教程[M].北京:清华大学出版社,北京交通大学出版

社,2012.
[23] 任浩.战略管理——现代的观点[M].北京:清华大学出版社,2008.
[24] 魏农建,等.战略管理[M].北京:化学工业出版社,2011.
[25] 金彦龙.战略管理[M].北京:高等教育出版社,2014.
[26] 田虹,杨絮飞.战略管理[M].北京:机械工业出版社,2011.
[27] 王昶.战略管理:理论与方法[M].北京:清华大学出版社,2009.
[28] 唐飞,巩维才.企业战略管理[M].北京:北京大学出版社,2015.
[29] 汪长江.战略管理[M].北京:清华大学出版社,2013.
[30] 王玉,王琴,董静.企业战略管理教程[M].4版.上海:上海财经大学出版社,2013.
[31] 李启明.现代组织管理[M].5版.北京:高等教育出版社,2017.
[32] 徐盛华.林业霖.现代组织管理学[M].3版.北京:清华出版社,2016.
[33] 王铁男.企业战略管理[M].2版.哈尔滨:哈尔滨工业大学出版社,2010.
[34] 黄旭.战略管理:思维与要径[M].2版.北京:机械工业出版社,2012.
[35] 魏江,邬爱其.战略管理[M].北京:机械工业出版社,2018.
[36] 周永亮.价值链重构:突破企业成长的关口[M].北京:机械工业出版社,2016.
[37] 王关义,刘益,刘彤,等.现代组织管理[M].3版.北京:清华大学出版社,2013.
[38] 杨永胜.从竞争力到核心竞争力:中国企业集团国际化的理论与实践[M].北京:中国发展出版社,2016.
[39] 高红岩.战略管理学[M].2版.北京:清华大学出版社,北京交通大学出版社,2012.
[40] 郑俊生.组织战略管理[M].北京:北京理工大学出版社,2011.
[41] 苗莉.企业战略管理[M].北京:清华大学出版社,2010.
[42] 周德孚.学习型组织[M].上海:上海财经大学出版社,1998.
[43] 王利平.管理学原理[M].4版.北京:中国人民大学出版社,2017.
[44] 张旭,易学东,刘海潮.战略管理[M].北京:清华大学出版社,2010.
[45] 胥悦红.企业管理学[M].2版.北京:经济管理出版社,2013.
[46] 杨月坤.企业文化[M].北京:人民邮电出版社,2017.
[47] 王德中.企业战略管理[M].4版.成都:西南财经大学出版社,2016.
[48] 王迎军,柳茂平.战略管理[M].2版.天津:南开大学出版社,2013.
[49] 张东生,李艳双.企业战略管理[M].2版.北京:机械工业出版社,2011.
[50] 秦杨勇.平衡计分卡与战略管理[M].北京:中国经济出版社,2007.
[51] 刘益,徐波.战略管理:工具与应用[M].北京:清华大学出版社,2010.
[52] 周润仙.选择一般竞争战略类型的理论与方法[J].中南财经政法大学学报,2003(3).
[53] 王东民.基于生命周期的企业战略选择[J].特区经济,2005(9).
[54] 董晓玲.浅议西方主流战略管理学派发展历程的特点[J].现代经济信息,2018(7).
[55] 张保法.构建核心竞争力是我国企业的战略任务[J].郑州大学学报(哲学社会科学版),2003(1).

[56] 严秋雯,企业愿景的高瞻远瞩性:高层次情感的图景化呈现[D].厦门:厦门大学,2014.

[57] 黄秋萍.爱奇艺行业竞争环境分析——基于波特"五力"模型[J].声屏世界,2018(8).

[58] 袁冰.价值链视角下组织精益化成本管理研讨[J].知识经济,2017(13).

[59] 陈强,颜婷,常旭华.企业产品研发管理:发展趋势、模式比较及启示[J].科技进步与对策,2016(18).

[60] 黄焱.浅析战略人力资源管理[J].中国市场,2011(26).

[61] 李炜铮.企业转型过程中的财务战略管理及实例分析[J].企业改革与管理,2018(21).

[62] 杜芳.企业并购财务整合应该注意的问题解析[J].知识经济,2018(5).

[63] 汤向东.沃尔玛的成本领先战略分析[J].北方经济,2011(23).

[64] 于丹,马影.沃尔玛价值链成本管控分析[J].财务与会计,2018(3).

[65] 袁东阳,马颖,程一木.差异化战略与竞争优势的可持续性——理论与案例研究[J].技术经济,2014,33(5).

[66] 徐万里,吴美洁,黄俊源.成本领先与差异化战略并行实施研[J].2013,27(10).

[67] 于晓萍.谈企业差异化战略的实施[J].现代商业,2007(27).

[68] 汤学耕,常红华.SPACE矩阵在农业银行上市战略中的应用[J].市场周刊(管理探索),2005(5).

[69] 王德民.组织战略计划[M].大连:大连理工大学出版社,1992.

[70] 李洪涛.浅析施工组织发展战略实施的保障措施[J].中小组织管理与科技(下旬刊),2012(9).

[71] 王红兵.组织目标定位的内涵及应用分析[J].湘潮(下半月)(理论),2007(9).

[72] 张震,朱兴珊,张品先,等.国内外大组织战略规划管理的经验与启示[J].国际石油经济,2017,25(5).

[73] 杨光.飞跃公司战略分析和选择[D].北京:对外经济贸易大学,2001.

[74] 赵静,袁霞光.商业计划书对于企业融资的重大意义[J].经贸实践,2018(1).

[75] 赵静,李斌.中小微企业商业模式研究——基于帮助企业融资撰写商业计划书的实务探讨[J].中国商论,2018(1).

[76] 唐东方,冉斌.商业模式:企业竞争的最高形态[J].企业管理,2009(11).

[77] 于中江.如何解读商业模式[J].中国机电工业,2011(10).

[78] 如何撰写标准的商业计划书[J].国际融资,2018(10).

[79] 史琳,宋微,李彩霞,吴学彦.量身定制商业计划书[J].价值工程,2013,32(28).

[80] 张敬伟,王迎军.商业模式与战略关系辨析——兼论商业模式研究的意义[J].外国经济与管理,2011,33(4).

[81] 胡蓉."护花使者"安全出行报警器商业计划书[D].广州:华南理工大学,2018.

[82] 马颖玥.基于产品生命周期理论的设计要素分析[J].艺术教育,2018(19).

[83] 黄建东.如何有效控制企业管理风险[J].商场现代化,2017(11).

与本书配套的二维码资源使用说明

本书部分课程及与纸质教材配套数字资源以二维码链接的形式呈现。利用手机微信扫码成功后提示微信登录，授权后进入注册页面，填写注册信息。按照提示输入手机号码，点击获取手机验证码，稍等片刻收到4位数的验证码短信，在提示位置输入验证码成功，再设置密码，选择相应专业，点击“立即注册”，注册成功。（若手机已经注册，则在“注册”页面底部选择“已有账号？立即注册”，进入“账号绑定”页面，直接输入手机号和密码登录。）接着提示输入学习码，需刮开教材封面防伪涂层，输入13位学习码（正版图书拥有的一次性使用学习码），输入正确后提示绑定成功，即可查看二维码数字资源。手机第一次登录查看资源成功以后，再次使用二维码资源时，只需在微信端扫码即可登录进入查看。